職業心理學

呂建國・孟　慧◎編著

序

　　職業是人們謀生的手段，也是人們社會地位的象徵。職業貫穿於人的一生，在市場經濟條件下，人們求職、轉業、再求職，經過「跳槽」達到人—職最佳匹配，最後在工作上獲得自我實現。

　　日益革新的人事與勞動就業制度爲求職者的職業選擇提供了廣闊的前景，但是，在求職者有多種就業機會的同時也給求職者提出了嚴峻的挑戰。因爲在勞動力就場中實現的是雙向選擇——人擇業、業擇人，因此引入了競爭機制，加劇了就業者的競爭。

　　本書的目的，就是讓求職者在職業世界裡了解自我，了解職業，從而進行正確的職業選擇，把握自己的職業前途，爲自己的人生之路奠定良好的基礎。

　　本書第1章闡述了當今社會中四大產業的發展，以及其對人們職業素質的要求；第2章有系統地介紹了職業心理與職業指導的七種理論，分屬於個人取向和社會取向範疇的分類結果。在其後兩章中具體介紹了求職者的職業選擇的全部過程——策略、過程、應聘技巧等，在對求職者的職業選拔中強調了採用心理選拔的重要性，以及心理測驗、模擬與角色扮演等使用方法。第5章介紹了職業生涯的發展模式、計畫系統及其中可能遇到的問題。最後兩章詳述了如何爲求職者進行職業指導與職業心理諮詢。

　　全書由呂建國與孟慧編寫，朱麗參與編寫，彭賀參與了本

書的最後整理，但願本書能為航行在職業世界中的求職者、轉
業以及再就業者指明方向，並給予具體幫助。

呂建國・孟慧

目　錄

導論
面向二十一世紀人才與勞動力市場的
職業心理學

一、職業心理學發展簡況

　　職業心理學是在現代心理學發展起來以後，爲適應現代工業發展所帶來的勞動分工精細化、對人—職匹配越來越高的要求而應運產生、發展起來的。中國與西方古代也曾有過比較豐富的職業心理學思想，但是都沒有形成一定的理論系統。

古代的職業心理學思想

　　在中國古代文獻中，孔子較早提出了「上智」、「下愚」的基本個性分類，並將這兩種基本個性類型與當時的社會階層匹配。孔子還進一步提出了「狂」、「狷」、「中行」的個性類型三分法，並用這三個類型分析他七十二位弟子的個性，進一步對他們的職業、人生發展進行了預測與匹配。中國古代一直把職業分爲官及士農工商兩個層次、五個類別，並與一定的德才標準匹配，制定「士」與「官」的選拔標準。

　　在古希臘，柏拉圖較早提出了「理智型」、「意志型」、「情緒型」的個性三分法，並將這三種性格類型與社會地位及社會職業進行匹配。在柏拉圖看來，「理智型」的人適合作統治者和哲學家，高居於民眾之上；「意志型」的人適合作戰士和公職人員，爲國家服務；而「情感型」的人則只可作平民，接受統治與管理。

　　由於古代生產力發展緩慢，職業心理學思想進展也十分緩慢。直到1879年，德國生理學家、心理學家馮特在德國萊比錫

大學建立世界上第一個完整的心理學實驗室，才宣告心理學正式從哲學中脫離出來，成爲一門獨立的學科，職業心理現象才正式成爲科學研究對象，並在第一次世界大戰前的美國發展起來。

國外現代職業心理學的發展

國外現代職業心理學的發展線索可以歸納爲一個源頭，兩條支流。

一個源頭，指在心理學的基礎理論學科中，都要涉及與職業心理學有關的理論研究，生理心理學中的反射理論、普通心理學中的個性理論及社會心理學中的社會化理論、態度理論及群體理論，以及發展心理學中的終生發展理論等，爲職業心理學的發展提供了廣闊的理論背景。兩條支流指帕森斯所開創的、從個體出發的職業心理學發展路線，以及閔斯特伯格所開創的、從職業組織出發的職業心理學發展路線。當前，兩條支流開始匯集在一起，在職業世界中發揮著越來越顯著的作用。

從提高個體擇業能力、幫助就業出發的國外職業心理學實踐

(一) 美國

美國是現代職業心理學的發源地。美國的職業心理學是從職業指導開始的。

十九世紀末，勞動分工的變化、科學技術的高速發展、民主政治和職業教育的發展四大社會因素促成了美國職業指導及

職業心理研究和應用事業的產生與發展。

1894年，梅內爾在舊金山加利福尼亞工藝學校推行職業輔導，這是最早的職業心理學實踐。

1908年，「職業心理學之父」帕森斯在波士頓創設「職業局」，標誌著美國職業心理學的誕生，同時，也標誌著美國心理輔導的誕生。當時，新生的職業輔導為提高人員就業素質、改善人們心理——社會適應狀況的社會整合工作和提高職業組織的生產績效發揮了積極的作用。

1911年，布盧姆菲爾德在哈佛大學開設第一個輔導學的專業課程，開始了職業輔導專業人員的培養，帶動其他各州推行職業輔導人員培訓計畫。

1913年，美國「全國職業輔導協會」（NVGA）正式成立，其章程中正式將有關教育、職業、生活和社會的內容納入工作範圍，並於1915年出版發行《職業輔導學刊》，社會回響強烈。

1952年，NVGA與其他人事方面的學術組織合併，組成「美國人事與輔導協會」（APGA），出版了《人事與輔導雜誌》。到1980年，APGA的會員發展到了四萬多人。

美國職業指導的發展在政府立法支援下，形成了學校系統、政府系統和社會系統相互補充、協調的完整體系。學校系統中，從聯邦政府教育總署到州、地方學區都設有專管青少年職業指導的人員，各學校設有職業指導業務機構；政府系統中，聯邦設有國家職業情報協調委員會，各州也設有職業情報協調委員會，向社會提供就業資訊，建立職業供需的資料結構，為勞工部認可的一萬三千個職業提供有關資料；社會系統中，除了前述職業指導行業組織和學術組織外，有關社會科學的學者與職業組織合作，在職業問題研究領域中推出了許多在

全世界產生重大影響的成果，其中，不同流派的心理學家爲職業科學的發展做出了重大貢獻，這些貢獻推動了職業心理學的蓬勃發展。

（二）前蘇聯

前蘇聯十分重視職業教育和職業培訓方面的理論和應用研究，職業指導工作起步稍晚於歐美各國。二十世紀七〇年代以後，職業指導在前蘇聯受到特別的重視，在政府的立法支援下，政府部門、社區、企業、學校都設有職業指導的組織機構。

各區（市）蘇維埃執行委員會都在職業技術教育委員會下面設立了協調委員會，負責協調學校、企業各方面事務，推進職業定向教育。

一些城市社區設立了職業定向工作中心，聯合學校、校際教學生產聯合體以及企業的職業定向辦公室，向青年學生提供有關職業與人才需求資訊，指導青年學生的職業選擇，同時，調查他們的求職心理、測查他們的個性心理特徵。

許多企業提供實習機會，以配合學校的職業定向教育。教學生產聯合體按照學生的專業方向提供初級的生產勞動教學，使學生對自己的專業方向和職業適應程度獲得更加清晰、實際的認識，爲學生的進一步學習、培訓以及未來的職業定向打好基礎。

從中央到地方的教育部門和普通中學都設有職業定向教育機構。國家教育部與各加盟共和國教育部都設有青年職業教學法委員會，負責指導和協調全國及各加盟共和國的青年職業指導工作。普通中學一般都設有職業定向教學法教研室，負責對

青年學生進行職業興趣的培養、專業思想教育及職業選擇指導。職業定向教育已經成爲學校的一項專門工作，通常要求全體管理者參加，班主任負主要責任。

(三) 日本

日本的職業指導又叫做「出路指導」，由政府文部省負責，透過頒發有關文件對全國學校的出路指導進行督導。每一所學校都在校長的領導下成立出路指導部，發揮連接企業與學生、直接指導學生職業選擇的作用。各校因地制宜實施出路指導，有的學校不但設有統管全校出路指導工作的主任，還分別設置專人負責全校的規劃與經營、訊息資料、調查與鑑定、出路教學等方面的工作。有的學校還設置對外聯絡組，負責與有關企業單位的聯繫和協調。絕大部分學校都設立了出路指導委員會，所有指導工作都按文部省規定，有嚴格的、具體的指導工作計畫。文部省編輯出版的《初中、高中出路指導手冊》列出了名目繁多的指導計畫，供第一線的指導管理者根據教學需要選擇。

(四) 法國

法國的職業指導管理體制由中央、地區和地方三級結構組成。工作特點是中央集中領導、依靠校外機構溝通學校與社會各方面的聯繫來實施職業指導。

中央由教育部直接領導，設立職業指導部和全國教育與職業資訊委員會。職業指導部負責指導人員的培訓，制定職業指導政策，研究職業指導理論；全國教育與職業資訊委員會研究全國勞動力市場、經濟發展和教育趨勢、需求、各種職業的要

求，編制各種職業和教育訊息資料，出版職業指導專業刊物，並負責協調教育部門與社會其他部門的聯繫。

地區設立地區職業資訊與指導委員會。地區組織的主要職責是溝通地方與中央的聯繫，負責落實職業指導部與主管委員會的政策和計畫，向上級通報本地區的職業指導情況；對地方則是負責協調工作和處理人事問題，並負責檢查地方職業指導工作，幫助地方組織與當地其他社會機構加強聯繫。

地方則設立職業資訊和指導中心，直接爲學校和學生提供服務，並接受社區失業和轉業人員的來訪，爲他們提供幫助。

二、職業內涵的界定

職業是人類社會分工的結果，隨著社會歷史的發展，生產力水準在科學技術的推動下越來越高，社會分工越來越精細，職業的類別和內部構成、外部關係也隨之越來越豐富，對職業這個概念的界定角度、所涉及的內涵也越來越多、越來越豐富。

從詞義學的角度解釋，構成「職業」這個詞的「職」字，有「社會責任」、「天職」、「權利與義務」的涵義，而「業」這個字，有以某些特殊的技能「從事某種業務」、「完成某種事業」的涵義。

中國自古以來就有「職業」這個術語，它的四個基本涵義與現代的解釋比較一致：

1.官事與士農工商四民之常業。

2.職分，應作之事。

3.職務，職掌。

4.事業。

　　美國社會學家舒爾茲認爲，職業是一個人爲了不斷取得個人收入而連續從事的、具有市場價值的特殊活動，這種活動決定著從業者的社會地位。他認爲，「職業」範疇的三要素是技術性、經濟性和社會性。

　　日本勞動問題專家保谷六郎認爲，職業是有勞動能力的人爲生活所得而發揮個人能力，向社會做貢獻的連續活動。他認爲職業具有五個特性：

1.經濟性：即職業是個人收入的來源。

2.技術性：即職業需要個人才能與特長並提供舞台發揮個人才能與特長。

3.社會性：即職業要求個人承擔社會分工、履行公民義務。

4.倫理性：即職業要求個人從業行爲符合社會需要，爲社會提供有用的服務。

5.連續性：即職業人員所從事的勞動是相對穩定，而非中斷性的。

保谷六郎關於職業「連續性」特性的界定，實際上區分了作爲人類生活實踐所必需的勞動與職業活動之間的聯繫和區別。

　　美國著名哲學家、心理學家杜威從實用主義哲學觀點出發，認爲職業是人們從中可以得到利益的一種生活活動。

　　美國社會學家泰勒在所著的《職業社會學》一書中提出，職業的社會學概念，可以解釋爲一套成爲模式的、與特殊工作

經驗有關的人群關係。這種成為模式的工作關係的整合，促進了職業結構的發展和職業意識形態的顯現。泰勒的觀點指出了職業作為生產關係的本質。從泰勒的觀點出發，我們可以推論，職業是社會關係中的角色體系，它由特定的社會歷史文化條件所規定，由個體相應的資格條件來擔當，二者的合理匹配有利於職業組織的發展和社會的發展。

　　我國一些學者認為，職業指人們從事相對穩定的、有收入的、專門類別的工作。它是對人們的生活方式、經濟狀況、文化水準、行為模式、思想情操的綜合性反映，也是一個人的權利、義務、權力、職責，進而是一個人社會地位的一般性表徵。也可以說，職業是人的社會角色的一個極為重要的方面。

　　把職業看成社會角色體系有利於我們更深入地把握職業的心理層面。社會文化、科學技術的發展透過職業組織轉變為形形色色的職業角色，又透過職業角色引導人們的職業社會化，把個體的人生發展目標整合到社會文化發展的軌道上來，同時，人們也透過職業角色的獲取來運用社會提供的資源，盡可能充分地發展自己，滿足自己從物質層次到精神層次的各種需要。在這個過程中，個體的自我意識在職業角色網路所織就的人際關係中得到發展，隨著對工作內在意義的不斷追求和工作成就感、滿意感的增強，以及個人生活目標與社會目標、職業組織目標整合程度的不斷提高，個人的潛能得到更大程度的發揮，在社會發展、職業組織發展的前提下，個人的需要也進一步得到了滿足，個人的生活品質也得到了進一步的提高。

三、職業的特徵

　　行業是一種普遍存在於社會之中的次文化現象。作爲行業次文化現象中的職業，具有以下特徵：

1. 同一性：某一類別的職業內部，勞動條件、工作對象、生產工具、操作內容、人際關係等方面相似或相同，形成共同的行爲模式、共同的語言，容易認同。
2. 差異性：不同職業間在前述方面具有很大的差異。
3. 層次性：重要性、價值等方面的社會評價使不同行業的社會地位具有層次上的差別。
4. 基礎性：職業是個人和社會存在和發展的基礎。
5. 廣泛性：職業問題牽涉所有社會成員和社會的各個領域。
6. 時代性：一是職業隨時代的發展而變化，二是每一個社會都有自己的時尚職業。

個體職業心理結構中包含著下列三個相輔相成的系統：

1. 職業導向系統：職業價值觀、世界觀、職業倫理。職業導向系統中的各種成分引導個體去選擇特定的職業、追求特定的職業目標、接受和內化職業價值、建立正確的職業角色期望、評價自己和別人的職業行爲、努力爭取職業成功。
2. 職業動力系統：需要、動機、興趣、信念、理想。職業動力系統中各種成分推動和維持個體朝向職業目標的努力，

推動個體積極地樹立職業目標、去克服各種各樣的困難、去堅持不懈地爭取職業和人生的完善。

3.職業功能系統：氣質、性格、能力。職業能力系統中的各種成分保證個體在特定職業活動中的勝任，同時，在努力勝任挑戰性工作任務的過程中，個體的心理功能也得到磨礪、發展和加強。

四、職業與人生

從一定意義上講，人的一生都生活在職業所編織的氛圍中：從胎兒期開始，個體就生活在父母職業所帶來的整個家庭生活風格之中；在兒時的遊戲活動中，兒童模仿職業中成人的行爲，獲得最初對職業角色的粗淺印象；然後，個體開始進入爲未來社會職業做準備的學業歷程；接下來，個體開始帶著自己的職業理想正式了解職業、選擇職業、進入職業社會，獲得經濟上、社會上的獨立地位，爭取職業的成功；最後，在爭取職業保障的前提下離開職業，進入晚年退休生活。儘管並非每一個人在每一種環境條件下都能做到，追求職業中的成就和成功仍是我們社會中每一個成員的期望。因爲，職業成功對個人來說，意味著一定的社會地位、經濟地位以及滿意的生活風格、生活品質；對職業組織來說，意味著企業、事業的效率和發展；對社會來說，意味著文化的進步與發展。因此有人認爲，職業就是人生，職業就是生活，職業就是社會。

五、職業心理學對象的規定性

職業過程是人與職業組織、與社會文化相互作用的過程，在這三個相互關聯的系統中，各種因素構成複雜的相互作用網路，使職業現象充滿不確定性和挑戰性。從關注職業組織的發展與其中員工發展的角度出發，職業心理學工作者一般重視下列四個方面的問題：

個體差異、個體職業選擇與職業（就業）指導

個體身心特徵上的差異既是社會分工的結果，又是社會分工的依據。不同生理素質、心理素質的人適合不同的職業和工作。個體職業選擇的過程實質上是在社會文化所提供的可能性的條件下，個體所進行的重大人生決策。任何有效決策都需要充分、可靠的資訊。在職業決策中，個體決策的成功與否取決於對自己、對職業的充分了解以及二者之間的合理匹配。在職業分工越來越複雜、內容越來越豐富、素質要求越來越高的當今社會中，了解自己和了解職業成為越來越不容易的事情，於是，職業（就業）指導作為一種幫助人們認識職業、認識自己的社會實踐就發展了起來。職業指導運用心理學原理和技術幫助職業選擇和職業發展中的個體提高決策、適應的心理能力。

組織的人員選拔

　　個體職業選擇基於職業組織提供的實際的就業機會。從職業組織的現實生產和發展目標出發，職業組織透過工作分析確定人員選拔計畫，再透過計畫實施，從來自組織內或組織外的申請人員中選拔出合乎要求的人員，將他們安置在相應的職位上，並根據職位支付給報酬。職業組織對人員的選擇實質上是建立在對申請人員職業潛能的預測基礎之上的一種工作決策。運用心理學的原理和技術對申請人員的心理素質和心理潛能進行相對可靠的評估可以使選拔決策更加科學、有效。

職業生涯、職業適應、職業培訓和職業心理諮詢

　　職業選拔中的一系列程序和技術都是建立在工作崗位要求和申請人身心特徵靜止不變的基本假設之上的。實際上，新員工進入職業崗位後，工作環境由於新人員的介入而必定發生變化，新員工進入工作崗位這個新的環境，心理上也要發生變化。實際的工作崗位與原來想像中的總是有一定的差距，需要新員工對職業及自己所做出的選擇作進一步了解、評定，探測自己的職業發展方向、途徑，以爭取自己在職業中的成功。在職業道路中，個人還會碰到職業中的種種變動、職業與家庭生活的協調等許多問題。要解決好這些問題，保證個人積極成長，最終保證在職業組織的發展。從個人方面來說，涉及到職業中的心理適應問題；從職業組織方面來說，涉及到為員工提供充分的培訓，以幫助員工適應和成長的問題。

　　在職業生涯發展決策、職業適應與職業培訓中，職業組織

除採取一般管理措施外，借助職業心理諮詢的理念、方法和技術也是重要途徑。

職業環境優化與職業滿意感、個人職業成長與職業成就

員工追求職業成功的動機與職業組織的基本發展動機是一致的。職業組織提供適合的工作環境（物質的、技術的、社會的）以至職業文化環境，以激勵員工為達成職業組織的發展目標進行高投入、發揮高潛能，涉及到職業環境優化與職業滿意感、個人職業成長與職業成就等等方面的問題。從這個意義上講，不管是員工個人還是職業組織，了解組織文化、組織變革、激勵性工作設計的原理，以創造良好的組織文化、推動有效的組織變革、參與激勵性工作再設計，是確保職業崗位成為提供職業滿意感、成就感以及促進職業成長的重要認識前提之一。

這些問題，就構成了現代職業心理學的實踐出發點。

為反映上述情況，在傳統職業心理學定義的基礎上，我們把職業心理學界定為：研究在不斷變遷的社會、經濟、文化條件下個體職業發展和職業組織發展中的心理現象，揭示個體與職業組織、社會經濟文化之間在職業領域內相互作用的心理規律，並透過臨床應用，來促進個體職業發展、職業適應及潛能開發，進而提高職業組織效能的應用心理學分支。

第1章
職業發展與個體職業社會化

　　職業發展這個概念可以從三個層次進行界定：廣義的職業發展指在生產力推動下的產業進步與發展；次廣義的職業發展指行業及行業中專業組織的發展，又叫做社會職業發展；狹義的職業發展指個體選擇職業、適應職業並在職業中成長的過程，是一個透過社會，個體為進入職業做準備、做決策、獲得職業角色、建構職業自我、適應職業角色，最終在職業中成功的過程。

1.1　產業進步與社會職業變化

　　所謂產業，指存在並發展於社會生產勞動過程中的技術、物質和資金等要素，及其相互聯繫構成的基本組織結構體系，即社會生產勞動的基本組織。

　　簡而言之，產業是指人類社會為人們有效地參與物質生產活動而構築起來的技術物質舞台，是由日益高級化的技術和物質資料發生一切可能聯繫而組織起來的，更為有效、更為理想的生產方式與物質生活空間。技術和物質資料是構成產業的最基本因素，資金和其他因素則是組織和推動兩種最基本因素運動和發展的力量。

1.1.1　產業結構的進步

（一）人類產業進步的趨勢

　　1935年，美國經濟學家費舍爾在所著《安全與進步的衝突》

一書中，根據人類生產活動發展的三個階段，把整個人類社會的產業更迭分為三次：

第一產業是直接以自然界為對象進行生產活動，如農業、畜牧業和林業等，產品靠人類自身的體力勞動直接從自然界取得。

第二產業則是把第一產業獲得的原料加工成各種物品的活動，如製造業、建築業等等，產品是透過對第一產業所獲得的產品加工而成，產品的型態發生了顯著的變化，不再保留原來的自然物質型態。

第三產業是從事產品交換和生活服務的活動，如商業、金融保險業、公用事業、文教衛生事業等等。

在這種產業劃分中，比較充分地考慮了產業結構和技術結構之間相互聯繫、相互制約和相互促進的關係，如表1-1所示。

1971年，聯合國頒布了標準產業分類法，正式將產業確定為三部類：第一產業以農業為主，第二產業是製造業，第三產業為服務業。

在傳統經濟理論中，產業結構指生產要素在各產業部門間的比例構成和它們之間相互依存、相互制約的關係，即一個國家或地區的資金、人力資源與物質原料在國民經濟各個部門之間的配置狀況及相互制約的方式。

近十多年來，資訊技術帶動了資訊產業的急劇發展。在資

表1-1　產業結構與技術結構存在的對應關係

產業分類	活動方式	技術種類
第一產業	直接從自然界獲取資源	農牧技術
第二產業	對獲取的資源進行加工	工業技術
第三產業	產品交換和服務	管理技術

訊產業中，資訊產品的製造屬於第二產業，而資訊服務及諮詢業則應歸入第三產業。資訊服務與諮詢業實際上所創造的價值遠遠高於資訊產品製造業。

由於科技進步尤其是第三產業中服務業的發展，三次產業之間出現了融合的趨勢。三次產業之間的界限逐漸模糊，同時，服務業又迅速向第一、二產業擴張和滲透。

三次產業融合的趨勢表現在兩個方面：(1)農業產業化的進程加快使得農業與加工工業以及服務行業之間的滲透與融合出現加快的趨勢，在發達國家出現了集農、工、商、服務於一體的生產經營綜合體，把農業的產前、產中和產後的各個環節連接起來，形成生產、經營和服務一條龍的農業生產經營體系；(2)第三產業對第二產業的生產性服務的加強使第二、三產業出現融合的趨勢。在直接生產過程的前期、中期和後期，與生產有關的各種服務，如研究、設計、資訊回饋等，隨著生產社會化程度的提高和市場體系的不斷完善，其在產業中所占的比例和作用越來越大，以至生產規模和市場規模越是擴大，就越是要依靠市場需求、市場訊息的獲得，就越是需要市場研究的深入以及廣告宣傳和企業形象設計的加強。這種趨勢促進了第四產業的興起。

第四產業比起第一、第二和第三產業，具有以下五個特點：

1.屬於精神產品再生產的領域。
2.其資產以無形資產為主，主要是智力資源。
3.以社會效益為主。
4.從業人員主要是腦力勞動者。

5.生產既為物質文明建設服務，又為精神文明建設服務。因此，有學者又將第四產業稱為「資訊產業」或「知識產業」。

知識產業的內涵就是高技術產業，它促成以知識為資本的經濟的成長和發展。在過去十年中，世界經濟合作與發展組織成員國的高技術產品在製造業產品中的比例和對外出口中的比例增加了一倍多，達到20％至25％。在知識密集型的服務部門，如教育、通信、資訊部門，發展則更為迅速。

（二）產業進步對社會分工基礎的影響

產業進步對社會分工的基礎產生革命性影響。隨著產業中技術與知識含量的增高，社會分工的基礎從體能為主逐步發展到以腦力（智力）為主，如圖1-1所示。

從產業發展歷程來看，每一次產業的更迭，新出現的產業對原有產業的品質都會施以革命性的影響。例如，第二產業的興起帶來了農業的機械化，減輕了過去農業勞動中的體力強度，提高了農業生產效率；第三產業的興起帶來了農業生產中

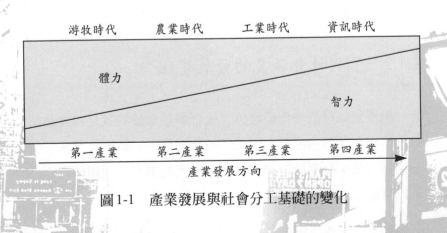

圖1-1　產業發展與社會分工基礎的變化

的技術革命和農─工─商一體化的農產品市場化；第四產業的興起將會給農業帶來的是高科技、國際化的前景，幾千年來靠天吃飯的粗放型農業將會變成不受氣候季節影響、深度加工與經營一體化的現代化農業。

產業的發展對行業的影響可能產生兩個後果：(1)使一些行業和職業消亡；(2)使繼續存在的行業內涵（產品和服務的內容、技術內核）發生變化，導致行業的經營、運作哲學和職業分工的依據的變化，以及人員勝任素質的變化。

隨著社會分工基礎中體力主導地位的削弱，婦女在就業中與男性平等競爭的可能性提高，同時，殘疾人就業與退休人員再就業也有了更大的可能性。

行業進步從整體上講，對人員勝任素質的要求大大提高了。

產業進步的代價也是很大的：進步越快，技術淘汰就越快，轉業、因人員技術落後造成的失業可能性就越大。政府和職業組織都必須為此制定相應的政策和實施方案，避免這個過程可能帶來的社會震盪。

整體來看，產業的進步對人、對職業組織的綜合素質的要求都大大提高了。

1.1.2　當代社會職業的發展變化

對產業結構的變化最敏感、受影響最直接的就是社會職業結構的變化。第四產業的出現，一方面使一些新行業產生，另一方面又使一些原有行業受到社會更大的重視，並因此得到空前的發展。

學者王樹林在《二十一世紀的主導產業──第四產業》（1996）一書中指出了第四產業應包含的九種行業：(1)科學研究（自然科學和社會科學）；(2)教育產業；(3)資訊服務業；(4)諮詢服務業（包括經濟諮詢、技術諮詢、工程諮詢、管理與各種決策諮詢）；(5)新聞出版業；(6)廣播電影電視業；(7)文化事業（文藝創作、演出、圖書館、博物館）；(8)民間公證業（會計事務所、資產評估事務所）；(9)法律服務業（律師事務所等）。

1.1.3　產業進步對人的整體素質的挑戰

獲取知識的能力、運用知識的能力和創新知識的能力是知識經濟時代個人、企業、國家在激烈的國內、國際競爭環境中成敗的關鍵。社會職業的發展對人的素質與提高人的素質的當代教育提出了嚴峻的挑戰。

美國哈佛大學國際事務研究中心的策略專家們提出了「現代人」素質分析模型，認為現代人應該具備的素質有：(1)願意接受新事物，思想上傾向於革新和變化；(2)樂於發表意見；(3)時間觀念強；(4)對人本身的能力較有信心；(5)計畫性較強；(6)普遍的信任感，對周圍的人有較多的信任；(7)信奉並願意遵循公平待人的原則；(8)對新式教育感興趣；(9)比較尊重他人。

著名管理學家德魯克認為，在知識社會中有教養的人，是學會了學習的人。

最近，美國國家工程院院長提出了「通才」的幾個關鍵因素：(1)強調基礎，如數學、物理、化學等方面的基礎教育；(2)要了解行政程序，以此培養研究跨學科難題並獲得突破的能力；(3)認識人類活動的國際化。

美國學者考夫曼在《未來的教育》一書中提出培養專深與廣博結合的人才的六項內容：(1)接近並使用資訊，包括圖書館和參考書、電腦資料庫、商業和政府機構的有關資料等等；(2)培養清晰的思維，包括分析語義學、邏輯、數學、電腦程式、預測方法、創造性思維；(3)有效的溝通，包括公開演說、身體語言、文學、語詞、繪畫、攝影、製片、圖形繪製等等；(4)了解人與生活環境，包括物理、化學、天文學、地質和地理學、生物和生態學、人種和遺傳學、進化論、人口學等等；(5)了解人與社會，包括人類進化論、生物學、語言學、文化人類學、社會心理學、種族學、法律、變遷的職業型態、若干生存發展問題等等；(6)個人能力，包括生理能力與平衡、求生訓練與自衛、安全、營養、衛生和性教育、消費與個人財物、最佳學習方式和策略、記憶術、自我動機和自我認識等等。

二十世紀八〇年代，美國就開始了為進入知識經濟而進行的教育創新。美國的科學界、教育界提出了「為全美國人的科學」的口號，制定了以提高全美國人科學素養為重要目標的教育創新計畫——「2061計畫」。制定這個計畫的1985年是哈雷彗星經過地球的一年，下一次預計經過地球的時間正好是2061年，其間的七十六年正好是美國人期望的平均壽命，因此，美國人將「2061」作為這個龐大計畫的代號。「2061計畫」的實施共分四個階段：

1.教育理論設計階段（1985-1988）：基本任務是確立教育改革理論，設計出從幼稚園到高中所有美國學生都必須學習、掌握的知識、技能，以及培養他們對科學技術的基本態度和理論框架，徹底改革美國的科學教育制度，進行教

育和教學創新。

2.課程設計階段（1989-1998）：按照美國各學校、各地區和各州的不同情況，由教育家和科學家共同組成的課程編制小組將「為全美國人的科學」的基本思想轉變為幾種不同的教育課程，並對教師培訓計畫、教材、教學技術、考試、教育經費以及其他問題做出詳細的計畫。

3.試行階段（1999-2009）。

4.全面開展階段（2010年以後）。

「2061計畫」的顯著特點：(1)科學家介入教育領域，代表了今後教育發展的總趨勢。提出了在教學中貫徹「越少則越多」的原則，把教學的出發點放在培養學生能夠在畢業後和今後的生活、工作中自我吸收科學資訊和科學知識的能力；(2)明確了科學素養的涵義。科學素養包括數學、技術、自然科學、社會科學。公眾的科學素養應達到這樣一些要求：了解自然世界，尊重自然世界的統一性；了解數學、技術和科學之間的相互依賴的重要方面；了解科學和一些重要的概念和原則；具有用科學方法進行思維的能力；了解科學、數學和技術是人類的事業，雖然科學具有解決問題和造福人類的功能，但也有其局限性；能夠運用科學知識和科學的思維方法思考個人和社會的問題。

1.2 社會職業發展與員工素質要求

1.2.1 當代社會職業發展變遷的趨勢

在二十世紀，社會分工和職業分化的趨勢進一步加快，社會職業出現了以下幾種新趨勢：

（一）社會分工變革在不斷加速，越來越多的新職業種類湧現出來

在農業社會裡，社會分工發展極為緩慢，產生一種新職業要經歷相當長的時期。進入工業社會後，情況有了很大的變化，隨著社會分工的發展加快，新職業種類的出現顯得十分的頻繁。到了當代，新社會分工的發生和新職業種類的出現，可謂達到了經常化的程度。許多國家發行的職業分類詞典等出版物需要時常修改，有時甚至需要每年修訂，正是這一發展趨勢的具體反映。社會職業種類的大幅度增加，使人們有更多的機會根據自己的興趣和特點選擇職業，同時，也增加了職業選擇過程的準確、有效獲取職業資訊、做出決策的複雜性和難度。人們在擇業決策中對資訊與對策幫助的強烈需求，必然推動職業指導、職業諮詢行業的發展。

（二）不同類別職位數量比例的變化越來越頻繁

這一變遷發展趨勢與前一趨勢有著直接的聯繫，並具體表現為一些職業的職位在經常性地增多，另一些職業的職位在迅

速地減少，新職業的不時出現使新職位要占去社會總職位數的
一定比重，舊職位的淘汰會使其職位完全消失等。

（三）分布於第三、第四產業中的職位的比重在不斷增加

　　第三、第四產業是伴隨現代工業社會的發展而崛起的一類
新興行業，它包括交通運輸業、郵電通訊業、商業、服務業、
金融保險業、衛生、體育、教育和文化藝術等。這些行業的多
數，在當代社會都發展得很快。第三、第四產業為社會提供了
更多的空額職位，使更多的勞動者獲得工作。

（四）體力勞動腦力化及專門職業化的趨勢

　　世界上是沒有純粹的腦力勞動或體力勞動職業的。由於社
會中越來越多的勞動領域採用了可減輕體力勞動的設備，機械
化、自動化的發展便使越來越多的體力勞動消耗減少，讓腦力
勞動的消耗增加或使這種消耗的比重增加。於是體力勞動腦力
化的趨勢就出現了。專門職業化是指專門職業種類和就業人數
都不斷增加的發展過程。它與體力勞動腦力化雖然有區別，但
聯繫還是較為密切的。例如，有的職業因腦力勞動付出的比重
增大後，可能成為專門職業。當前，職業資格證書在許多國家
進一步受到重視，就與體力勞動腦力化和專門職業化的發展趨
勢直接相關。

（五）同一職業或職位對就業者的要求也不斷發生變化

　　體力勞動腦力化和專門職業化會使部分職業或職位對就業
者的某些要求發生變化。另有一些職業，或因新設備應用之
故，或因其任務、職責有一定改變之故，對就業者的要求也會

發生一定的變化。前者如現在會計師職位，不但要求其就業者
會打算盤，而且還要求他們會操作電腦；後者如當代企業的產
品推銷員多需要做公關工作，由此便對其就業者提出了新的要
求等。

1.2.2 職業設計的過程

（一）職業組織設計的一般環節

職業組織設計一般要經過六個環節：(1)確定職業組織的哲
學；(2)確定組織的使命；(3)制定組織政策；(4)目標系統設置；
(5)界定工作單位活動；(6)制定員工的工作任務。

◆確定職業組織的哲學

儘管許多職業組織並沒有書面的組織哲學或理念，領導人
的口頭表達和行動也會建構起他們的運作哲學。領導人用書面
或口語形式表達的組織哲學或理念為組織決策和員工行為建立
起總體準則。不管是書面的還是口頭的組織哲學，都傳達著組
織的最高管理層或領導人的價值觀。所有員工的價值觀與組織
價值觀之間的一致性程度是職業組織成功的關鍵因素。這些價
值觀構成職業組織文化的核心。因此，做好第一步，根據社
會、政治、經濟、文化發展與產業發展的要求，選擇具有建設
性的組織哲學是職業組織成功的基礎。

◆確定組織的使命

第二步是根據組織哲學和價值觀，界定組織的使命與任
務。組織的任務界定需要說明組織的長期發展策略任務究竟是
什麼，組織準備生產什麼產品、怎樣生產，具體說明組織存在

的理由。要界定清楚組織的指導長期行動的最高使命。透過組織使命的設定，把職業組織與外界環境聯繫在一起。組織哲學爲員工行爲提供準則，使命和任務說明透過行動達到什麼樣的結果。任務界定可以用作評定組織長期績效的標準，完成這些使命可以保證組織的存在與發展。

◆ 制定組織政策

爲了順利地實現自治的最終使命，組織需要制定一些相應的政策。組織政策與組織使命一樣，都要發揮規範員工行爲的作用。爲有效指導員工的行爲，組織政策要與組織使命一致。政策的廣泛性應該表現在對組織中各種人員的行爲都有規範作用，並且讓每個成員知曉。

◆ 目標系統設置

要使理念與結果聯繫起來，建立具體的目標體系十分重要。最基本的任務是把意義廣泛的使命轉化爲更具體的可能結果。這種結果定向的任務可以進一步具體化爲組織中工作單位的短期目標。在職業環節中，只要定義具體的操作要求，就可以建立起實現組織使命的不同運作水準。在實現從策略到戰術運作轉移的過程中，組織要確定最有效、最充分的完成任務的途徑。

◆ 界定工作單位活動

一旦組織目標系統建立起來，每個工作單位就必須確定自己的功能。功能是每個工作單位的特徵，它規定工作單位的主要活動。工作單位的活動可以進一步把自上而下的任務分解並與每個單位的具體工作任務結合起來。

◆ 制定員工的工作任務

工作單位的活動確定以後，單位就會把任務分配給單位中

每一個具體的人員。單位活動就進一步細化爲工作任務、職責，以及責任。

爲了影響和引導員工在工作中的努力，組織就會根據工作的特性制定具體的報酬制度，對員工的努力與付出進行補償。

在考慮制定報酬政策的時候，組織一般要根據工作設計流程中提供的資訊來決定不同工作之間的差別。

（二）從產品生產流程出發的工作設計

這一般要經過五個環節：(1)生產設計思想與理念；(2)預計產出的產品或服務；(3)所需技術、設備、流程、方法、程序；(4)人員結構、領導層次、基本分組、知識和關係；(5)實際產出。

（三）職業組織的成長過程

在產業發展所推動的行業發展中，職業組織也在朝著現代化方向發展。在全球經濟一體化的過程中，職業組織面臨的機遇和挑戰空前巨大，因此，每個職業組織、每個企業在吸收新成員、建設自身的組織文化的時候，都十分注重團體建設。

◆有效職業組織的特徵

1. 成員之間有良好的共同關係。
2. 成員之間有高度的交互作用和影響力，因而易於調整彼此之間的關係。
3. 組織的許多決策過程在較低的階層進行，從而使多數成員感到有較大的自由控制自己的工作。
4. 組織成員樂於接受組織的目標。

5.成員有較強的工作動機。

6.組織成員有良好的精神狀態，較少不安和焦慮，充滿自信與自尊。

7.組織有比較高的生產性，能夠不斷學習與創新。

◆職業組織的發展階段

第一階段——定向階段：重點解決組織內部權利和權威的關係問題及人際關係格局初步形成問題、組織目標、何時誰負責等等，逐步形成對領導的依賴。

第二階段——衝突與挑戰（重新定義）階段：成員日漸擺脫對領導的依賴，開始考驗、質問、當場抵制領導，領導權威受到挑戰，需要重新定義角色與權威。人們在團體中權力和地位的分配上，重新整合則導致凝聚力增強，進入第三階段，否則便固著在混亂中，團體效能低下。

第三階段——凝聚（協調）階段：成員解決了權力與權威的不確定性，明確自己的位置，內在結構和程序建立起來，凝聚力增強。

第四階段——迷惑階段：為保持和諧感情，成員們掩蓋、壓制差異，以致耗費大量時間、精力，團體運轉並不充分，成員為凝聚力並未帶來所有問題的解決而迷惘。

第五階段——醒悟階段：由於小團體與派系出現，成員從不現實的和諧中醒悟，凝聚力遭到削弱，人們開始重新審視團體的實質以及了解每個成員，開始變得更加理性。

第六階段——接受階段：在新的理解的基礎上，團體有了更大的靈活性和調節情景的可能性，依靠各自的技能與能力，個人和小團體都有了團體認可的地位，個別差異、不同意見為

團體所包容、接受。建立在理性基礎上的新的和諧於是到來了。

1.2.3　職業組織的發展對人的素質要求

（一）素質的內涵和職業素質

◆素質的內涵

　　素質是人的活動的主觀條件和內在依據，一定意義上講，是一個人的品質的代名詞。

　　素質的特徵表現為社會性、整體性、內在性、基礎性、穩定性和發展性幾個方面。素質的社會性，指人的素質是適應社會需要而培養和發展起來的，是透過人類遺傳的積澱和現實教育以及實踐活動等方式實現的；整體性是指素質反映了人的整體面貌；內在性指素質是人本身所具有的一種不可直觀的東西，它要透過人的活動能力和社會行為才能表現出來；基礎性是指素質是能力的基礎，能力是素質的表現；穩定性是指人的素質一旦形成，就會以比較穩定的形式表現和反映出來，在各種不同的場合顯示出較為一致的品格；發展性是指素質穩定是相對的，是可以改變和發展的。

　　關於素質的內容，可以劃分為思想品德素質、生理素質、心理素質、科學文化素質、審美素質等幾個方面。

　　1.思想品德素質：是指人的思想觀念、政治觀念、倫理道德水準，也包含人的紀律觀念、法制觀念等。在職業活動中，它也包含了一個人的職業道德水準。

2.生理素質：是運動能力的基礎，其中包括力量素質、速度
　素質、耐力素質、柔韌性素質和靈敏性素質等。

3.心理素質：是指人的認知過程、情感過程、意志過程的具
　體特徵及人的個性心理特徵與個性傾向性的具體特徵。心
　理素質的水準直接影響人的自身發展、人的活動效率及人
　對各種環境變化的適應情況。

4.科學文化素質：是指人的科學文化知識面、結構、層次和
　科學方法以及科學意識和科學精神。科學精神又包括了奉
　獻精神、創新精神、協作精神、求實精神等。

5.審美素質：是指人的審美修養，包括感受美、鑑賞美、表
　現美和美的創造情趣。

　　以上幾種素質是以心理和生理素質為基礎、以科學文化素
質為核心、以思想品德素質為導向、以審美素質為補充的素質
結構體系，從而反映人的整體面貌。

◆職業素質

　　職業素質，是從事專門工作的人自身所必須具備的條件。
雖然每個勞動者，無論從事什麼職業，都必須具備一定的生理
素質、心理素質、科學文化素質、思想品德素質和審美素質，
但事實說明，不同的職業對於人的這五種素質的要求是不同
的。

　　人與職業的適應與不適應，主要是人的職業素質是否達到
了職業對人的要求，也就是適應力的問題。職業對人來說都有
適應力的一般要求和特殊要求，不同的職業對人的不同要求就
是對人的適應力的特殊要求，也就是對其素質優勢的特殊要
求。如果缺乏素質優勢的基礎，即使職業工作給人提供的條件

再好，也無濟於事。

（二）社會職業的發展對人的素質要求

◆面對當今社會瞬息萬變、日益複雜的情況，職業對人們思
　想品德素質的要求顯得日益突出

隨著社會經濟的高速發展，整個社會的職業體系發生了很
大變化，許多舊的職業開始在內涵上產生新的變化甚至是走向
消亡，同時又有許多新的職業產生甚至成為熱門職業，這就要
求人們首先要轉變對社會職業發展變化的觀念，形成適應於新
社會職業體系的新思想觀念。

也正是隨著整個社會經濟和文化的發展，社會生活日趨民
主化、法制化，這就要求人們在具有強烈的職業道德感和責任
感的同時，也具有比過去更強烈的法制意識和法制觀念。

◆社會職業的發展要求人們不斷提高自身的生理素質

隨著社會職業的發展，整個社會出現了體力勞動腦力化的
趨勢。從表面來看，這種腦力化趨勢似乎對人的生理素質要求
開始下降，但事實上由於生理素質是一切活動的基礎和保證，
因此越是趨向腦力化越應重視提高人們的生理素質。

◆社會職業的發展要求就業者提高自身的職業心理健康水準

由於社會職業的迅速變遷，使得人們面臨了更大的工作壓
力，競爭加劇，工作和生活節奏加快，從而更可能引發精神上
的疲勞、緊張、焦慮等不良情緒，影響心理健康，降低工作效
率，給工作帶來消極影響。因此，為適應當代社會職業的發
展，人們必須增強自己的意志力、自控力、認識力及心理調適
能力，從而加強其對職業和社會的適應性。

◆社會職業的發展需要具有科學精神的複合型人才

　　社會職業的發展使得職業種類變化迅速，勞動分工越來越細化，各種分工之間的聯繫越來越密切而複雜，因此就要求現代人必須具有強烈的奉獻精神、創新精神、協作精神和求實精神。另外，由於職業種類的迅速變遷，同一職業對就業者的知識技能要求發生著不斷的變化，而新職業的出現會對人們的知識技能提出新的要求，因此就要求就業者在知識技能方面要做到一專多能，在知識結構層次上應成為複合型人才。

1.3　人生發展、職業發展與家庭生活週期

　　從終生發展的觀點出發來考察個體的職業心理發展，我們能夠系統地把握影響人的生活品質與潛能發揮的各種因素及其相互作用的規律。

1.3.1　終生發展的影響系統

　　終生發展心理學家認為，人的發展是由多重影響系統共同決定的，個體發展的任何一個過程都是年齡階段影響、歷史階段影響和非規範事件影響三種影響系統相互作用的結果。

（一）年齡階段影響

　　年齡階段影響指與實際年齡（生理年齡）有很強聯繫的那些生物學因素和環境因素的影響，如個體生理上的成熟以及與年齡有關的社會文化事件——包括家庭生活週期、接受教育

（入學升學年齡）、職業活動（就業與退休）等等。這類影響在開始時間、延續長短、先後次序等方面都有很大的可預見性，某一特定社會文化中的所有成員都比較一致，因此，這類影響是規範性的。

（二）歷史階段影響

歷史階段影響是特定歷史時期有關的生物學因素和環境因素的影響，例如，經濟繁榮或衰退、社會進步、人口統計狀況和社會職業結構的變化、戰爭、流行病等等。

這些時間對某一生活中某一年齡群體的大部分成員以相似的方式發生，因此就某一特定年齡來說，其影響也有較大的可預見性。但對於出生於不同歷史年代的人來說，由於所處的歷史條件以及所遇到的歷史事件不同，不同的年齡群體之間表現出發展上的差異。因此歷史階段影響也屬於規範性影響，但具有一定的歷史相對性。

（三）非規範事件影響

非規範事件的影響指與特定個體相聯繫的生物學因素和環境因素的影響，例如，個人職業的變化、疾病、事故、離婚、親人亡故等等事件所產生的影響。這些事件缺少個體之間的同質性，其發生的時間、形式、次序不適用於多數個體，也明顯低於其他事件的影響，其影響一方面取決於事件發生的時間、形式等條件，一方面也取決於個體的調整和過去經驗等因素。因此，它既無普遍性，又無預見性。

（四）三種影響系統的作用

在個體一生中的各個時期，三類影響系統的作用與重要性有所變化。年齡階段影響在兒童期起著最終控制的作用，隨著個體社會化的進程，生物學因素的控制作用越來越小，年齡階段影響也相應不斷減弱。不過，到了老年期，年齡階段影響又會加強。歷史階段影響在青少年期和成年初期特別明顯，因為在這個時期，個體發展的大多數基礎（如家庭生活、職業生活等等）都要受到當時社會環境的影響。非規範事件影響可能在一生中逐漸增強，重大生活事件在人的發展中起著越來越重要的作用。

歷史條件和個人特殊事件是成人發展變化的重要調節者，因此，成年期和老年期個體內部和個體之間的變異和分化比兒童期明顯得多。

對人生三種影響系統的了解，可以使我們充分把握個體內部和個體間的差異。對形成差異的原因的深刻認識，使我們有了控制這些因素，並讓這些因素發揮積極影響以促進人的職業發展的可能性。例如，為了減少重大生活事件對個體發展的非規範影響所帶來的負面效應，社會可以採取一定措施，使一些可控的社會生活事件，如就業、結婚、生育兒女等活動與一定的年齡階段匹配起來，以減少個體發展中許多人為的障礙和問題。

1.3.2　人生發展週期

雪恩認為，沿著年齡階段的線索，人的一生交織在由三個

生命週期構成的心理—社會生活空間當中。這三個生命週期是生物—生活週期、工作—職業週期以及家庭生活週期，如圖1-2所示。

在每一種生命週期的終生歷程中，個體在不同階段上都需要完成一些關鍵性的重要人生任務，這些任務具有很大的挑戰性，會帶來很大的壓力，需要個體盡最大努力去應對。應對成功，個體得到積極發展，並對下一階段的發展產生積極效果。如果應對失敗，就會成為問題，對下一個階段的發展帶來不利影響。

在人生發展週期曲線上，波峰意味著發展的一個障礙或選擇點，標誌著人生的一個重要任務。平滑的谷底是一種平衡、適應的最佳功能發揮狀態。

在兩條曲線同時處於波峰的時候，個體一般傾向於減少在某一方面的投入，降低對某一個週期的參與程度，但是，這樣

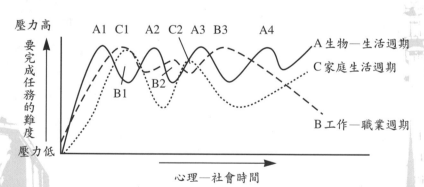

註：A1：青少年期危機；A2：30歲而立之年的危機；A3：中年危機；A4：晚年危機；B1：進入職業組織；B2：取得任職；B3：適應退休；C1：結婚、生孩子；C2：子女成長、離家。

圖1-2　人生發展週期曲線

做一般會加大其他方面的壓力。例如，結婚、生孩子與工作之間發生衝突，精力無法照顧過來，若採取對家庭減少參與的策略，必然會導致家庭關係的緊張；若採取對工作減少參與的策略，工作上的矛盾和壓力就會加重。

解決好生命週期中的各種衝突和矛盾，需要個體素質與社會支援兩方面的條件。

（一）個人方面的條件

1.身體素質（健康、體能、天資、氣質等等）。

2.童年期體質與情感方面的經驗（營養、童年健康狀況、父母的感情張力等等）。

3.社會化程度（透過他人學到的價值觀以及建立在此基礎上的生活目標、抱負、實現目標與抱負的現實途徑等等）。

4.所積累的生活經驗（與解決新問題相適應的觀點、方法）。

（二）社會支援

1.職業組織以人為中心的管理氛圍（政策、獎酬制度、工作環境等等）。

2.同輩人的幫助（認知、情感和行動方面等等）。

3.家庭關係（良好的家庭人際溝通、諒解和支援等等）。

人生發展週期這個概念給我們提供了一個十分有用的制定職業生涯發展計畫的參考框架。職業組織和員工在關於人生的哪些階段上需要解決哪些重大問題方面如果能夠達成一致的看法，就有可能達成職業組織與個人之間在組織政策、制度上和

個人工作、社會安排上的默契,產生良好的互動,使個人和職業組織都能夠在相互促進中不斷成長、發展。

1.4 個體職業社會化

社會化是社會心理學中的一個重要研究課題,也是職業心理學關心的一個問題。在個體社會化進程中,個體的職業社會化也相伴而行。個體職業社會化的結果是個體對職業社會的適應及個體在職業生涯中的成就感和滿意感。個體對職業社會的適應是透過職業角色的勝任實現的,因此,在職業社會化過程中形成什麼樣的職業意識、職業態度、職業興趣,發展什麼樣的職業能力和個性,將影響到他對職業從選擇到適應的整個職業生涯。因此,理解職業社會化及為適應職業角色需要做一些什麼準備以與發展中的職業匹配就顯得十分重要。

職業社會化是指人一生都在與各種各樣的職業打交道,獲得對各種職業的認識,選擇適合自己的職業,在職業中獲得成功,而這些都要受到周圍生活環境中有關職業的價值觀和行為規範的影響。

1.4.1 個體職業社會化的概念

個體職業社會化是個體成為合格的社會勞動者所必須經過的人生歷程。解決好個體職業社會化中的各種問題,有利於個人在職業生涯中的成功以及獲得人生的滿意感。

個體職業社會化即個體進行與職業有關的社會化,包括學

習與職業有關的知識、形成一定的職業意識，以至有效選擇和
適應職業角色、有效應對失業和退休後的再適應的整個歷程。

　　從童年時代的角色遊戲中，兒童就開始了對職業的探索，
隨著年齡的增長，個人社會活動空間不斷擴展，於是，對職業
逐步有了更深刻的理解，職業意識也越來越鮮明，職業定向也
就越來越清晰。個人職業社會化的過程與身心發展過程在基本
方向上是一致的，也要經歷從低級到高級，從準備到介入，從
被動到主動的發展過程。

1.4.2　個體職業社會化的內容

（一）職業意識

　　職業意識主要是指個體對不同職業的看法和認識。不同的
人對不同的職業既可能有相似的看法，也可能對同一職業有不
同的看法。例如，兩個人可以把公務員和清潔工都看做是爲人
民服務的高尚職業，但他們在對幼稚園教師的看法上，可能一
個人認爲這是女性的職業，而另一個人認爲無論男女都能擔任
這一職業。因此，各人的職業意識互不相同，是自身所特有
的。職業意識對人們選擇職業有很大的影響，正是有了一定的
職業意識，才會使得一個人選擇某一職業，而不是其他職業。

　　職業意識的發展是職業社會化的一個組成部分，同樣受到
社會文化、家庭、學校、同輩群體、大眾傳媒等的影響。如個
體透過大眾傳媒、同輩群體等管道來了解自己所不熟悉的職
業，會根據社會文化來判斷一項職業的價值，可能形成與父
母、教師相似或符合他們期望的職業意識。

　　職業意識是隨著個體的成長逐漸形成的。幼兒在學習語言的過程中，首先接觸到各類職業的名稱，他們透過諸如老師、醫生、工人、農民等詞彙的獲得，對這些一般性的職業有了模糊的印象。在兒童期，促進職業意識發展的主要是一種角色遊戲，這種角色遊戲通常被稱爲「辦家家酒」。在遊戲中，兒童利用道具或想像扮演各種職業角色如司機、教師、醫生等等，並且模仿成人的職業行爲。這樣，兒童就了解了這些職業的大致概念和內容，知道這些職業是做什麼的，也對不同的職業有了一定的傾向性，即產生了職業意識的萌芽。進入初中階段，個體透過以往的經歷以及各種資訊來源，對具體職業與職業本身已比較了解，建立了對不同職業的價值判斷和不同的態度，對某些職業產生了興趣並有了對職業的理想。可以說，在這一階段個體的職業意識初步形成了。但個體的這種職業意識還不完整，很大程度上帶有片面性、幻想性、不穩定性，他們往往單憑表面的認識和自己的興趣來看待某種職業，在對職業的興趣和理想上也往往不考慮自己的實際情況而對未來充滿了完美的期望，這樣的理想並不具有現實意義。直到高中、大學階段，個體考慮到了自身的狀況及與職業之間的關係，能夠從更全面、更理智、更實際的角度看待各種職業並且從中思考自己將來所要從事的職業，形成了能夠達到目標的理想，這時，個體的職業意識才眞正告以完成。

（二）職業需要與職業動機

　　需要是人腦對生理和社會的要求的反映。人爲了求得自身在社會的生存和發展，就必須要求獲得一定的事物，如飲食、睡眠、衣服、交通、勞動、人際交往等等。這些各種各樣的要

求反映在個體的大腦中，就形成了需要。因此需要是個體的一種內部狀態、一種傾向。需要是個性心理傾向性的基礎，它通常以動機等形式表現出來。需要是個體行為積極性的源泉，是人活動的動力。在人的活動中，需要不斷地被滿足，又不斷產生新的需要，從而不斷推動活動向前發展。

當需要指向職業活動時，就是職業需要了。職業需要對職業活動意義重大，它是人從事職業活動和積極工作的動力來源。職業需要是由多種因素交織在一起的，且具有多種類、多層次特點的複雜心理傾向。從引起職業需要的因素來看，可分為以下幾種：

1. 維持和改善生活的需要：這主要是物質方面的需要。在現代社會中，人們除了維持生存和繁衍以外，還有種種對美好生活的要求，如衣、食、住、行、娛樂等方面的要求。職業能提供物質報酬，人透過工作就能滿足維持和改善自己及家人生活的需要。

2. 發展的需要：人們在職業活動中不斷地學習到新的東西，努力適應自己的職業角色，發展和完善自我。同時從事職業活動也促進了個體社會化的發展。

3. 交往和歸屬的需要：人透過與他人的交往來滿足社會性的需要，職業活動提供了更廣泛的與人交往的機會。人們在職業生活中結交各種各樣的人，參與一定的群體，從中獲得歸屬感。

4. 獲得自尊的需要：社會通常要求其中的個體透過職業活動來盡一份職責，使得社會自身能夠向前發展。相反的，人們也透過職業從社會中取得相應的形象和地位，使自己受

到他人的認可與尊重，從而滿足了自尊的需要。

5.自我實現的需要：這是一個人最高層次的需要。個人希望
自己特有的潛能得到極度發揮，並追求實現理想，做一些
自己認為有意義的事情。只要從事適合自己的職業，個人
就可能實現人生價值，滿足這一需要。

職業需要的直接表現形式是職業動機，是人們從事職業活
動的現實原因。例如，一個人選擇做律師，是因為律師受人尊
重，這就是職業動機，而實際上滿足的是自尊的職業需要。職
業動機的重要作用在於它決定職業選擇的方向，並發動、維
持、激勵或阻礙人進行工作。早期的管理理論認為，人進行工
作的基本動機是為了金錢，但後來有研究表明，即使有足夠的
錢，大部分的人還是不願意放棄工作，其原因是工作中能與人
保持聯繫。在另一調查工作中最重要因素的研究中，「收入高
低」也未被列入首位，而是「工作穩定」最重要。而對更高層
次動機的研究則認為，以上「保健因素」即收入、人際關係、
工作條件等因素的不滿足只會使人失望而並不是積極動機之
源，「工作的實質」即工作本身、進展、成績、承認和責任及
能夠發展自我、發揮自身潛力才是人工作的目的。

人們的職業需要和職業動機一般不會只存在一種，而通常
是幾種同時並存，並相互交叉。而且對於不同的人或同一個人
在不同的情況下，各種職業需要和動機強度的比例會有所差
異。職業在滿足人們需要的程度上也會有所差異，人們因而通
常選擇適合自己職業需要的職業，實現職業與需要的匹配。實
際上儘管人們總是追求這些需要的同時滿足，但職業需要有時
會和職業實踐產生一定的矛盾。首先，社會就業會出現求大於

供的情況，使得人的職業需要與各種職業所要求工作者的數量
出現不平衡，即某種職業已有足夠的人員而需要這一職業的人
還有很多。其次，任何一種職業對其工作人員的品質都有一定
的要求，甚至有些職業的要求還非常高，即使個人有對某種職
業的需要，但如果沒有該職業要求的生理、心理素質也是無濟
於事。

由於上述兩個原因，需要與職業就不能達到完全的匹配。
因此，為解除這些矛盾，使個人的職業需要能夠與職業匹配並
得到健康發展和充分滿足，個人在進行職業選擇和從事職業活
動過程中還應培養適合職業需要的品質，並且不時地調整和強
化自己的職業需要。

（三）職業態度與職業價值觀

態度是個體對某一對象所持的評價和行為傾向，是一個比
較穩定持久的個體的內在結構。態度的特徵包括對象性、持續
性、複雜性、社會制約性和內在傾向性。態度作為調節外界刺
激與個體反應之間的仲介因素，主要由認知、情感、意向三個
部分組成。其中，認知指對事物好壞的評價，這種評價由人們
用來區分好壞標準並指導行為的心理傾向系統即價值觀決定；
情感指對事物所抱有的好惡情感；而意向即是行為傾向。事實
上，價值觀除了認知範疇以外也包含有情感和意志的成分。態
度和價值觀主要是後天受自身需要和環境影響形成的，對個人
的行為有較大作用。

當態度的對象指向職業時就是職業態度了。職業態度的中
心是認知體系，是對職業好壞的評價，也就是職業價值觀。職
業態度的意向是人們在職業選擇過程及工作的積極性和忍耐力

中表現出來的行為傾向。職業態度的情感成分則是伴隨在評價與行為傾向的同時喜歡或厭惡、熱情或消沈等情緒情感。職業態度和態度一樣有積極和消極之分，對人職業行為的影響也不同。人們對抱有積極態度的職業評價很高，樂於參與其中、積極工作，並往往取得高效率和好成績。反之則不願意從事抱有消極態度的職業，即使進行工作也不易發揮水準。有一點要說明的是，職業態度與職業行為、工作效率之間並不是必然存在正相關的。在現實情況下，決定人們工作積極性的除態度外還有很多情境性因素，如當時的身體健康、心境、動機以及工作的難度、強度等主觀和客觀因素，但職業態度仍起著較為穩定和主要的影響作用。

要使態度、價值觀與職業匹配，就要使人對所從事的職業抱有積極的態度和正確的價值觀。一方面，在職業選擇過程中要尋找自己態度與價值觀認可的職業，另一方面，也要在選擇和從事職業過程中變消極態度為積極態度、變不正確的價值觀為正確的價值觀。職業態度不是一成不變的，可以在家庭、職業教育、職業實踐等環境中受父母、教師、同事等人的影響，經過服從、認同、內化的過程而改變。對個體自己來說，可以透過增加與職業對象接觸，提高理性認識，虛心聽取說服意見，客觀評價不同意見，遵循有關社會規範和團體規定等方式來形成積極的態度體系。價值觀也可以透過解放思想、更新觀念、加強自身修養來加以引導。

1.4.3　社會職業意識的發展

(一) 職業聲望

美國社會學家特萊曼對二十世紀六〇年代初所作的兩項調查進行分析，排出了八十三種常見職業的社會聲望等級，發現排在前五位的是總統內閣成員、眾議院議員、最高法院法官、內科醫生和科學家，排在最後五位的是看門人、雇農、撿垃圾人、清潔工和擦皮鞋者。特萊曼的研究表明，職業聲望的決定因素主要是職業收入，其次是職業所擁有的權力、從業人員受教育的年限、職業所需要的經驗以及職業的稀奇程度。研究同時也發現，社會職業聲望的排序一般來說在相當長的時間內是穩定的，不同社會階層和不同地區的公眾對職業聲望的評價基本上一致，不同國家的公眾對職業聲望的評價也有很高的相關性。

(二) 職業價值

◆傳統工作價值

傳統的工作價值包括經濟價值、安全價值和倫理價值。

第一，經濟價值。問及人們為什麼工作時，他們會說：「為掙錢。」若干世紀以來，經濟方面的需要是人們工作的主要原因之一。工作使我們有能力付帳和購買生活必需品。很容易理解人們為什麼特別關注所做工作能掙多少錢。許多人還相信，掙錢的能力、所獲報償和一個人在社區中的地位三者是相互關聯的。因為這樣或那樣一些原因，許多人同時從事一個以

上職業。

第二，安全價值。人們也為安全感而工作。需要是否隨時得到滿足是我們大多數人關心的焦點。日常開支、健康保險和其他保障是否能終生保持穩定，變得越來越重要。對未來的不確定性往往引起不安。安全環境中安全的工作會消解這種憂慮。人們也會因為自己是勞工中的一員而感到安全，因為有「團結有力量，分裂要失敗」這種信念的力量。

第三，倫理價值。我們中的一些人從小就被告知，工作是一種道德責任。工作倫理告訴我們，為大家貢獻是我們對社會應盡的道德責任。我們應該做一些對人類有利的事，以回報社會為我們所提供的一切。即使經濟上仍處於依賴地位的人，也會感受到這種責任，常常自願獻出自己的時間或錢財來回報社會。

◆現代工作價值

現代工作價值包括：個人認同、加強自我價值、個人成長和成就感以及人際交往等方面。

第一，個人認同。除傳統工作價值外，透過工作加強自我同一性、自我價值感、個人成長以及社會交往的需要正在崛起。許多社會中，人們都把工作內容與社會認同聯繫起來，似乎在「你叫什麼名字？」這個問題後，接下來很自然就要問「你在做什麼工作？」人們常用所做的工作來描述自己。這種社會認同接下來就會轉化為個人認同——我是一個會計師、我是一個社會工作者等等。對於大多數人來說，工作已經成為心理成長的組成部分。我們在工作團體中的成員身分給予我們認同感和自尊感的發展、加強和確定。

第二，加強自我的價值。心理發展中一個十分重要的組成

部分是自尊的發展。我們的自我價值常常與在職業生涯中我們的所為相關聯。如果我們所為得到承認，或者我們欣賞我們自己的所為，我們就會感到在他人眼中有一定地位，就會有自我價值感。如果我們在工作中失敗或失去工作，我們的自我價值感就會陡然下降。如果我們對自己所做的工作失去興趣，我們就會開始感到消沈。

第三，個人成長和成就感。現代工作價值要求職業用長期個人發展和成就取代厭煩和消沈。絕大部分人贊同，當我們成長、學習和感到所做工作既有價值又重要時，我們會感到振奮和幸福。也許你會記得你過去得到的職業（或你剛得到職業），在剛開始面臨新技能挑戰時你所感受到的興奮。當你業已掌握大多數必需知識後，你就會感到枯燥乏味，恨不得每一個工作日早些結束。也許，當你開始工作的時候，你所做的一切顯得對他人有價值，而後，人們對你所做的給予了報償，你的個人需要就不再充分滿足了。

第四，社會交往。社會交往和歸屬也是職業滿意感的一個重要方面。與尊敬的人建立友好關係，與一般人建立同事關係，對長期工作滿意感來說，是一個十分重要的因素。這些關係具有提供友誼、支援、友愛和情感的潛能。舊格言「不要把工作與愉快混在一起」再也不適合現代人了，我們的一些最好的朋友往往來自工作中。

（三）職業生活與工作品質

◆生活品質

在考慮什麼職業最適合自己的時候，我們必須思考我們未來所追求的生活風格或生活品質。在我們思考生活風格的時

候，許多問題會在頭腦中浮現出來，如我們在什麼地方居住、我們希望獲得什麼樣的成就、我們能承受多大的壓力、我們將發展什麼樣的社會關係等等。確實，在什麼地方居住，對我們的生活品質具有戲劇性的影響。正如我們在〈生活工作在舊金山〉這篇文章中所讀到的那樣，在什麼地方居住，成了大多數人取得成就的中心，以及發展家庭、鄰里、工作人際關係的中心。卡塞爾在刊登於《今日美國》的〈探測未來趨勢〉一文中說道，在一項調查中，53％的人表示他們不願意離開當前的社區去尋找更好的工作。當然，如果我們對居住在什麼地方沒有過分偏好，我們對未來的職業就會更加開放。

◆工作品質

工作品質也是直接或間接影響生活品質的一個重要因素。對工作和職業中人際關係的滿意感會加強我們對生活品質的看法。我們發現我們常在家中談論工作，並在工作中談論自己的家庭，很難把我們生活中這兩個主要方面截然分開。從工作品質中獲得滿意感取決於我們在工作中感受到的自己個性、興趣和能力的充分表達。

（四）職業角色意識

1987年，中國社會科學院對大陸四十七家企業一萬五千四百七十二名職工做了一項職業角色意識方面的調查，發現大陸企業職工在工作積極性的五個向度上存在著如下情況：

1.努力性處於一般偏高水準。

2.主動性處於較低水準：職工的等待性、被動性較強，一般處於被動接受任務的水準，主動接受較多工作的人遠遠少

於嫌任務太多的人。

3.缺乏創造性：大多數人在遇到困難時能想辦法解決現有問題，但不願多動腦筋去開拓創新。

4.負責性處於一般水準：人們能服從安排、遵守規定、接受要求，但主動參與精神和負責精神不夠。

5.缺乏情緒性：多數職工在工作中很少體驗到高漲的情緒和緊張感，一些職工明顯流露出低沈、消極情緒。

進一步分析發現，除廠級領導幹部以外，企業職工對本職工作的安心程度及主人翁感較低，工作主動性也較低。

在中國社會科學院社會研究所與日本青少年研究所及早稻田大學社會學研究所合作的一項題目爲「中日青年工人勞動意識調查」的跨文化研究中，得出的關於大陸職工職業意識的結論也十分相似。

在以時間感爲測度的工作投入程度上，大陸青年工人低於日本青年工人，如表1-2所示。

在經濟保障情況下生活安排的取向上，大陸青年工人中想玩的人比日本青年工人要多，如表1-3所示。

這兩組資料都說明大陸青年工人的職業角色意識相對比較淡漠。

表1-2 問題：你在工作時，覺得時間過得快，還是過得慢？

單位（%）

	大陸青年工人	日本青年工人
時間一下子就過去了	14.8	33.2
時間過得很慢	23.1	7.8

表 1-3 　問題：如果你有足夠的錢，不工作也能愉快、充裕地生活，那麼你是想玩還是想工作？ 　　單位（%）

	大陸青年工人	日本青年工人
想玩	49.8	26.7
想工作	50.2	73.1

（五）閒暇

作為成人，人們不僅需要學會工作，還需要學會如何放鬆和享受閒暇時間。閒暇指工作之餘的愉快時光，在這些時間，人們有空尋求屬於自己的活動和興趣，如個人愛好、運動、讀書等等。

閒暇有恢復、補償價值，給個人完善不同層面、角色和需要的空間以及自我提高、自我實現的空間。

1.5　影響社會化的因素

影響社會化的因素有很多，整體而言是指對個體發生影響的全部社會環境，其中包括宏觀環境和微觀環境兩類。宏觀環境指的是社會文化，微觀環境包括家庭、學校、同輩群體、大眾傳媒等。

1.5.1　社會文化

對文化概念的理解有很多，目前比較通俗的是把文化解釋為凝聚在一個民族的世世代代和全部財富中的生活方式的總和。它包括衣、食、住、行的方式，物品製作和使用方式，待

人接物、言談舉止等交際方式，以及蘊涵在哲學、宗教、道
德、法律、文學、藝術、科學、風俗傳統中的思考方式等等。
文化具有無所不在的特點，人們的行為無不體現著本民族的文
化，即使從最簡單的事情中也能看出。例如，人餓了時要吃
飯，不同的民族就有不同的習慣，中國人喜歡用筷子並且大家
吃同一盤菜，西方人用刀叉並採取分食制，日本人在吃飯前和
吃完飯後一定要說一些禮貌用語等。另外一個例子是，人們在
相互交談時保持的距離也表現出文化的特點，如歐洲人特別是
北歐人在交談時會保持較遠的距離，甚至到一公尺開外，而阿
拉伯地區的人的交談距離會近到鼻子貼鼻子的地步。社會文化
對個體社會化的影響很大，但是社會文化不能直接對個體發生
作用，必須要透過一定的代理人，這種代理人就是微觀環境。

1.5.2　家庭

家庭環境對個體社會化的影響具有特殊意義。國外研究表
明，學前期是接受社會化的最重要時期，而兒童在家庭中生活
的時間最長，約占其全部生活時間的三分之二，因此兒童首先
會受到家庭環境的影響。在家庭中，對子女施加社會化影響最
多的莫過於父母了。首先，父母在教養子女的過程中，反映了
社會文化的要求，他們根據社會規範、價值標準、風俗習慣來
判斷子女的行為，實際上是把自身早已內化了的社會文化灌輸
給子女。父母透過限制子女的言行以及對子女的期望和要求，
使子女領悟到只有遵守父母準則的行動才能滿足自己的需要，
而在子女學會遵守父母的準則的同時也就習得了社會的準則。
其次，父母的行為作為子女學習的榜樣，對子女的行為起到了

潛移默化的作用。孩子一邊觀察父母的行為，一邊把他們的行為方式吸收了進去，以後遇到同樣的情況，就會以類似於父母的方式作出反應。此外，家庭中的其他成員也對兒童的社會化有一定的影響。總之，家庭對個體社會化的作用是非常大的。

1.5.3　學校

學校不同於家庭，它以一定的教育方針、培養目標，有計畫、有步驟地把社會規範、道德的價值觀及歷代積累下來的知識、技能傳授給下一代，從而幫助學生實現社會化。學校一般透過教材、教師、教育方式、考試考核、各類學生組織如學生會、社團等對學生的社會化產生影響。其中，教師的作用尤其突出。一個有威信的教師會使學生樂於接受他傳授的知識和要求，能夠激勵學生進步，他的表揚與批評對學生很重要，易於幫助學生遵守規範。學生把有威信的教師看成是自己的榜樣，自覺或不自覺地在自己的行動中加以仿效，原先體現在教師身上的社會道德要求就會轉化為學生自身的品德，這也是一種社會化過程。此外，教師的期待──即對具有各種心理特點的學生加以分析並提出相應的要求──在學生的社會化過程中也有很大作用。有研究表明，被教師期待的學生學習成績會好於不被期待的學生，因此教師的期待能夠推動學生的社會化。

1.5.4　同輩群體

同輩群體對青少年的社會化影響具有不同於家庭和學校的特點。同輩群體的社會化影響通常在一種自然的狀態下進行，

個體完全在不知不覺中接受影響。同輩群體中的同伴是青少年自由選擇的，並且可以自由地交往、自由地探討一些秘密的問題，這樣往往滿足了個人的社會需要，如安全需要、歸屬需要、自尊需要等。同輩群體一般有自己的價值標準、思維和行為方式，個體會採取這樣的價值標準、思維和行為方式來尋求支援和歸屬感。所以，同輩群體是個體社會化的重要因素之一。

1.5.5　大眾傳媒

大眾傳媒是指多種不同的通訊形式，如書籍、報刊、廣播、電視、電影、網路、影音出版物等等。現代社會中的個人已經離不開這些形形色色的資訊來源了。雖然在資訊的發送者和接收者之間沒有任何個人聯繫，但大眾傳媒無疑對個體有著直接的影響。大眾傳媒是社會文化的代言人，對個體來說是一種強大的社會化力量。

除此以外，影響個體社會化的因素還有很多，如就業單位、業餘組織、志願團體、宗教團體等。這些不同的因素並不總是相輔相成的，有時會有極大的矛盾衝突，如宗教信仰和政治信仰可能完全迥異。但很明確的一點是，人是有主動性的，不會只學習社會要求的東西，而是會進行選擇，選擇符合自身需要的東西。

1.6　職業發展的理論

1.6.1　職業動力論

著名的美國管理心理學家、職業心理學家雪恩經過多年研究，發現了職業過程中組織與個體之間相互作用的心理動力機制，提出了職業動力論和相互作用的職業發展觀。透過外職業、內職業的區分，職業通路分析及人力資源管理基本模型的建構，描述了職業發展與個體成長之間的關係與心路歷程。

(一) 外職業與內職業

雪恩認為，個人的職業或職業生涯可以分為外職業和內職業兩個相輔相成的方面。這兩個方面有著不同的內容和成就條件。成功的職業生涯需要兩方面條件的滿足，其中又特別是內職業條件的滿足。

◆外職業

這是指個人經歷的職業道路（從接受教育開始，經由工作期，直至退休）。進入外職業的條件有三：首先，一種職業要提供主要工作層面或等級；其次，要提供隱含的地位階梯；最後，職業中要有明確的規範。

◆內職業

這是指從業者在一種職業中所經歷的通路是「他或她自己的職業通路」，即一個人外職業的主觀方面的滿足。在內職業

中，階段性是不重要的，而更多涉及個人取得成功或滿足的主觀感情。在內職業中，人們力圖使工作事務與他們的其他需要、家庭義務和個人休閒取得均衡。

（二）職業動力論

在確定了外職業、內職業兩個基本概念的基礎上，雪恩便開始了對職業動力論的探索。他認爲，職業動力論就是探討職業組織的外職業系統與人們內職業系統之間相互作用的規律，揭示人們爲什麼喜愛或討厭自己的工作、爲什麼人們的創造力有大有小、人們爲什麼要忠實或背棄組織等涉及組織發展與個人發展的問題背後的基本原因。

（三）職業發展觀

職業過程中，三個方面的問題貫穿職業組織、個人生命史的全過程：職業組織爲維持其效益、生存和發展而招聘、管理與開發人力資源；個人在自己完整的生命週期中尋求具有安全感、挑戰性和自我發展機會的工作或職業；社會的發展需要前兩者的整合。

職業組織的發展與職業中個人的發展是在相互作用中共同向前運動的，只有將二者聯繫起來，才能充分理解這種相互作用的機制，使個人的職業追求與職業組織提供員工發展道路有機地關聯起來。

要使行業興旺、員工進步，從職業發展觀出發，職業組織著手解決下列問題是十分必要的：

1.改善組織的人力資源計畫和開發活動的問題。

2. 改進個人職業計畫，幫助陷入工作困境的人更有效地應付這種情景的問題。

3. 改善所有職業階段上的匹配過程，使處於早、中、晚期職業危機的組織和個人雙方能更有效地解決這些危機的問題。

4. 職業生涯的中、晚期會出現的技術落伍退化、動力消退與安穩的問題。

5. 在不同生命階段，使家務和工作取得均衡的問題。

6. 使所有那些有貢獻的個人或無意沿著組織階梯爬升的員工保持生產率和動力的問題。

　　雪恩在職業發展要素的基礎模型中形象地表達了職業組織提供的外職業與個人認同的內職業之間的動力關係，並明確了社會文化對職業組織和個人雙方的制約關係，如圖 1-3 所示。

　　從職業組織的立場出發，雪恩又把這個模型稱做「人力資源計畫與開發的基礎模型」。

1.6.2　金斯伯格的職業發展理論

　　美國心理學家金斯伯格把個體職業心理的發展分爲三個時期：幻想期、試探期和實現期。

(一) 幻想期

　　當兒童四、五歲的時候，遊戲活動成爲他們的主導活動。他們把對成人世界的觀察所獲得的社會角色的直覺印象，透過遊戲活動簡單地展現出來。他們充分運用他們的想像力，模仿

工人、軍人、醫生、廚師等許多職業角色的典型行為，在夥伴
和成人的讚許中，他們的職業意識開始萌芽。

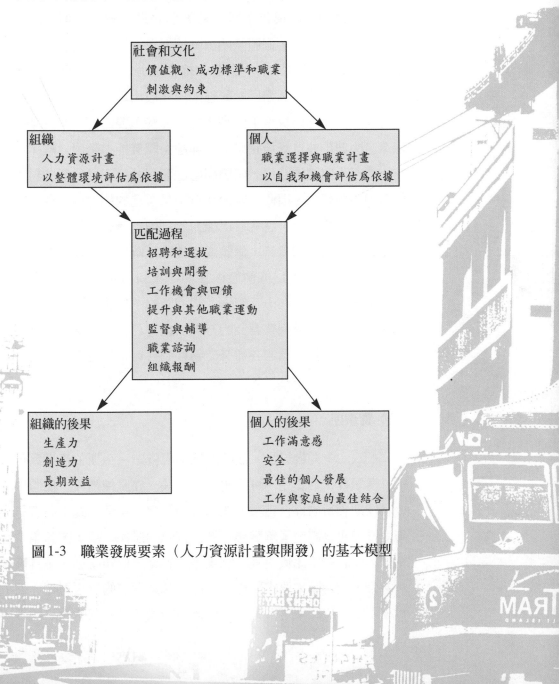

圖1-3　職業發展要素（人力資源計畫與開發）的基本模型

（二）試探期

　　與早期的被動模仿不同，隨著個體進入青少年期，獨立性、成人感的出現，個體開始主動憧憬自己的未來發展，對職業進行更深層次的探索。金斯伯格把這個時期分爲興趣、能力、價值與轉移四個階段：興趣階段一般出現在十一至十二歲的時候，個體開始覺察不同職業之間一些重要的差異，對某些職業產生興趣並自覺培養自己的興趣；職業能力階段一般出現在十二至十四歲的時候，個體開始注意到各種不同的行業對人能力的不同要求，因此，開始注意衡量自己的能力與某些自己喜歡的行業的差距，注意自己能力的訓練；職業價值階段出現在十五至十六歲的時候，個體開始注意了解職業的社會價值和個人價值，並運用這些價值做參照，重新審視自己的職業喜好；轉移階段發生在十八至十九歲的時候，個體綜合有關職業的資訊，正確了解職業發展的方向，把自己的職業選擇範圍進一步縮小，並把自己的各種努力轉移到自己初步選定的方向上來。

（三）實現期

　　十八、十九歲以後，個體開始實現就業。金斯伯格把實現期分爲試探、具體化、專門化三個階段。在試探階段，個體根據試探期獲得的綜合結果，開始透過觀察、訪談、查詢等資訊獲取方法更具體地了解職業，進行實際的試探，爲選擇職業做準備；一旦有了比較明確的職業選擇對象，個體就進入了具體化階段，透過職業要求與自身條件及職業理想的反覆對比，逐步縮小自己的職業選擇範圍；專業化階段涉及到個體對具體專

業方向的確定，專業院校的選擇或工作部門、所在地及其他相關條件的考慮，並以實際行動投入到自己的選擇中去，努力將自己的目標變成現實。

　　金斯伯格的職業發展論為我們展開了一幅從幼年期到青年期個體職業心理發展的生動圖景，揭示了早期職業心理發展對人生職業選擇的重要影響。

1.6.3　薩帕的職業發展理論

　　繼金斯伯格之後，美國另一位對職業心理發展興趣濃厚的心理學家薩帕從終生發展的角度出發，結合職業發展型態，把人整個一生的職業發展分為成長期、探索期、創立期、保持期和脫離期五個時期。

（一）成長期（○至十四歲）

　　這個時期，兒童少年透過對家庭、學校（包括幼稚園）及鄰里中的重要他人的觀察來發展關於職業角色的意識，並把他們與自我概念聯繫起來。中國古代「孟母三遷」的典故生動地說明了這個過程。在這個漫長時期的早期階段，兒童的主觀需要和幻想在職業意識發展中起著主導作用。隨著社會生活環境的不斷擴大，有關職業的興趣和能力逐漸成為兒童少年所關注的重要方面。根據活動內容和形式的發展變化，這一時期內部又可以分為三個階段。

◆幻想階段（四至十歲）

　　這個階段職業心理發展的特點是兒童以主觀需要為主導，在幻想和模仿中實現自己對成人職業世界的追求。以玩具作工

具，以玩伴爲工作夥伴，透過角色遊戲來實現自己對職業角色的認同。

◆興趣階段（十一至十二歲）

這個階段的特點是愛好和興趣成爲兒童願望和行爲的主要因素。

◆能力階段（十三至十四歲）

這個階段的特點是兒童少年開始考慮職業所需要的條件和必要的教育訓練，開始關注自己能力的發展。

（二）探索期（十五至二十四歲）

這個時期正是個體國中畢業到高中畢業、再到大學畢業的時期。在這個時期，青年力圖更多地了解自我，並作出嘗試性的職業決策。同時，在嘗試的過程中透過經驗的不斷積累，不斷地改變自己的職業期望。這個時期可以分爲試驗、過渡和試行三個階段。

◆試驗階段（十五至十七歲）

個體透過想像、討論、觀察、訪問、見習、社會實踐等活動，開始全面考慮自己的需要、興趣能力、價值觀及謀職機會等，並據此作出試驗性的職業選擇。

◆過渡階段（十八至二十一歲）

當個體進入勞動市場和專門訓練時，從過去的理想進入當前的現實，對自己已有的職業期望進行一定的現實性調整。

◆試行階段（二十二至二十四歲）

進入基本上適合自己的職業領域，開始正式的職業生活，並試圖將其作爲自己的終生職業。

(三) 創立期 (二十五至四十四歲)

在這個時期，個體已經進入了特定的工作領域，努力掌握該領域中職業發展的資訊，力圖開闢自己在職業中的發展道路，把基本上適應的該職業確定為自己的終生職業。這個時期又可以分為適應和穩定兩個階段。

◆適應階段 (二十五至三十歲)

這個階段因人而異，有些人較長，有些人較短，有些人不經過這個階段直接進入職業穩定狀態。在這個階段中，若個人一直不能適應，就有可能轉換職業。如果一個人要轉換職業，他的個人職業發展又會從探索期重新開始。

◆穩定階段 (三十一至四十四歲)

個體已經適應了整個職業環境，明確了自己在工作中的責任和權利，能夠順利、成功地解決職業中的各種問題，開始在職業中體會到滿意感和成就感，並確定以現有職業作為自己的終生職業。

(四) 保持期 (四十五至五十九歲)

在這個時期，個體已經在工作領域內取得了一定地位，一般不再尋求新的職業領域，而是朝著既定的目標前進。在這個時期，由於技術進步、產業結構調整等因素，個體容易進入「職業發展高原期」，出現技術落後、發展停滯等現象，因而需要接受繼續教育，繼續學習和提高。

(五) 脫離期 (六十歲以上)

個體到了退休年齡，開始脫離工作崗位，考慮退休後的生

活安排。隨著世界人口平均壽命的延長，退休後的老員工還可以採取不同的方式重返職業社會，發揮餘熱。

職業發展理論家們不僅對職業發展進行了階段性劃分，而且揭示了各階段職業發展的任務。所謂職業發展任務，指與職業發展各階段相適應的、個體正常發展所應達到的發展水準或所應取得的發展成就。在個體心理發展的歷程中，由於各發展階段之間的邏輯性和連續性，前一階段任務的完成情況直接影響到下一階段的發展。

薩帕概括地列舉了職業心理發展階段的發展任務：

1. 學前兒童時期：主要為增進自我協助和自我引導能力。
2. 小學生時期：主要任務是發展與他人合作的能力，選擇適合於個人能力的活動，承擔個人行為的責任，以及從事零星的家務勞動。
3. 中學生時期：進一步發展其一般能力與特殊能力，選擇就讀學習或就業的職業領域，選擇修業課程，發展獨立性。
4. 青年時期：選擇高等教育機會或就業途徑，選擇修業課程，選擇適當的職業與發展職業技能。
5. 中年時期：維持職業穩定，探索適當的發展或晉升途徑。
6. 老年時期：逐步適應退休的來臨，探詢適應的活動來補充退休後的空閒時間，以及可能維持自足的能力。

職業發展理論認為，可以用「職業成熟度」來表達與年齡相適應的職業行為發展的程度和水準，即個體在整個職業生活過程中達到社會期望的水準。薩帕認為，職業成熟度應該包括以下五個方面的內容：

1.職業選擇的取向：指個體對職業選擇的關注及運用各種資
　料解決問題的能力。

2.資料與計畫能力：指收集有關職業資料並作出計畫的能
　力。

3.職業選擇的一致性：指發展過程中，前後所選擇的職業的
　範圍、層次及職業的穩定性與一致性。

4.人格特徵的定型：指與人格有關的特性，如個性、興趣、
　獨立性等成熟定型的程度。

5.選擇職業的明智：指職業的選擇與其能力、活動、興趣、
　社會背景相吻合的程度。

1.6.4　台德曼的職業自我概念發展理論

　　美國心理學家台德曼在金斯伯格與薩帕理論的基礎上，提
出了「職業自我概念發展」的觀點。他認為，個體職業心理發
展的過程，實際上是個體所作的一連串職業決策的綜合，也是
個體職業自我概念不斷分化與綜合的過程。所謂「職業自我概
念」，指個體對職業與自身關係的認識及定型。職業自我概念是
個體在與社會的接觸中對自我發展進行反省的結果。當職業自
我概念定型的時候，職業定向也就形成了。職業定向一旦形
成，就要影響個體的職業態度，進而影響個人的職業選擇。

　　他認為，職業抉擇貫穿人的一生。在這裡，職業抉擇指職
業選擇的具體過程。職業抉擇過程一般包括預期與實踐兩個環
節。

（一）預期

預期這個環節包含試探、具體化、選擇與明確化三個步驟：

◆試探

試探活動一般表現出隨機、形式多樣、內容豐富的特點。個體在各類活動中比較廣泛地考慮一系列自己希望並可能獲得的職業目標，並對每一種選擇都作出程度不同的掌握評估。

◆具體化

當目標比較明確並形成整體印象的時候，個體就進入具體的職業定向過程。

◆選擇與明確化

透過澄清，進入正式選擇。進一步確定選擇以後，思想上各種疑慮得以消除，職業選擇明確化，個體著手實踐選擇。

（二）實踐

實踐這個環節包含入門、重建與維持三個步驟：

◆入門

個體獲得一種職位並開始工作，原來關於職業的意象、概念開始接受實際的檢驗。當個體能為職業團體所接納，個體與團體之間的相互作用是積極的，個體就會初步肯定當初的選擇，獲得最初的職業滿意感。

◆重建

在團體的共同利益和共同目標下，個人的決定能得到團體的支援，能體驗到自己的獨立性和自主性，能自覺地把自己的生活目標與職業的社會目標整合起來。

◆維持

　　個人融合到團體之中，並且得到他人的肯定。個人與團體、與同事之間的動態平衡，使個體力圖維持現有的職業崗位、職業關係，以實現自己的職業期望。

　　台德曼認為，在個體的整個職業心理發展過程中，職業抉擇起著分化與綜合兩種作用：分化使個體在職業選擇關鍵時刻，根據認知、觀念與若干外在資訊，對各種問題加以鑑別分析，形成新的觀念；而綜合則將新的、片斷的分析結果加以整理與組織。在職業抉擇的每一個環節中，這種分化與綜合交替進行，從而達成「自我發展」的最終目的。

　　職業發展理論把整個職業發展看成自我發展的過程，職業選擇的過程是發展個體職業認同的過程，「自我」是認同的核心。

本章摘要

◆由於產業結構的變化，社會職業結構也發生了重大變化。
產業進步對人、對職業組織的綜合素質的要求都大大提
高。獲取知識的能力、運用知識的能力和創新知識的能力
是知識經濟時代個人、企業、國家在激烈的國內、國際競
爭環境中成敗的關鍵。

◆素質是人的活動的主觀條件和內在依據，在一定意義上
說，是一個人的品質的代名詞。職業素質是從事專門工作
的人自身所必須具備的條件。人與職業的適應與不適應，
主要是人的職業素質是否達到了職業對人的要求。

◆雪恩的人生發展週期理論為我們提供了一個十分有用的制
定職業生涯發展計畫的參考框架。

◆個體職業社會化是職業心理學裡的一個重要課題。個體的
職業社會化包括了職業意識、職業需要與職業動機、職業
態度與職業價值觀。

◆影響社會化的因素包括：社會文化、家庭、學校、同輩群
體、大眾傳媒等。

◆職業的發展理論有：職業動力論、金斯伯格的職業發展理
論、薩帕的職業發展理論、台德曼的職業自我概念發展理
論。

思考與探索

1.試述社會職業發展與人的素質的關係。

2.談談從人生發展週期出發，如何制定職業生涯發展計畫。

3.試述影響個體職業社會化的因素。

4.試比較各種職業發展理論。

第2章
職業心理與職業指導的理論

2.1　職業心理與職業指導理論概述

　　職業指導人員在界定問題的性質或設計指導方法時，都必須遵循一定的準則。問題的界定涉及到對求職者狀況的正式或非正式的測評，因此需要選擇適當的工具或具體方法，諸如量表、問卷或會談。這些測評工具或具體方法都是以對人類行為的某種理論假設為基礎的。職業指導理論影響指導實踐主要有兩個方面：首先，理論可以幫助實際工作者分辨職業問題的一般現象，其次，當實際工作者在進行問題診斷、設計指導方法等具體工作時，可依據特殊的理論觀點作指導。

　　既然理論對實際工作者具有重要作用，那麼了解職業指導的理論就成為職業指導工作者之必需。職業指導理論一方面反映了職業指導實踐的需要，另一方面反映了心理學的發展對職業指導的影響。

2.1.1　職業心理與職業指導理論的源流

　　以職業指導的歷史發展來看，最初並無任何理論可循。先有實際的工作，而後才逐漸由實踐經驗中，抽繹出若干基本原則與假設，再加以驗證與總結，進而便有理論的建立。職業指導人員的這種由個人生活和指導經驗發展出來的非正式理論，不僅重視每個求職者的獨特經驗，同時也從許多求職者身上找到一些可循的共同規律，並嘗試將這些經驗進行提煉和概括，因此實踐工作便成為職業指導理論的重要來源。

　　職業指導理論的全面發展要歸功於心理學，尤其是心理測驗技術的發展。二次大戰後，社會學家和職業指導工作者廣泛運用心理學的原理和方法研究職業問題。二十世紀五〇年代之後，逐漸形成更多的職業指導理論派別，職業指導更趨於系統化和多樣化。

　　心理學的理論可以作爲職業指導的理論基礎，而工作上的經驗積累又可以驗證理論的假設。職業指導人員從其對人性的觀點、人格發展的過程、人生價值觀等基本認識中，引出指導的策略與方法，再配合工作經驗上的發現與體驗，逐漸發展出具體、適當而又系統的職業指導觀點。

　　職業指導實踐經驗的積累和心理學理論與方法的運用已成爲職業指導理論的兩個基本來源。最初的職業指導理論要歸功於被稱爲「職業指導之父」的弗蘭克・帕森斯。

　　帕森斯所揭示的職業指導三要素，雖然嚴格說來不能稱之爲正式的理論。但卻成爲後來「特性—因素論」的基礎，影響職業指導工作數十年。

2.1.2　職業心理與職業指導理論的定向

　　心理學的發展爲職業指導理論的蓬勃發展奠定了重要基礎。二次大戰後許多重要且有影響的職業指導理論大多源於心理學理論與方法的運用，諸如以行爲主義心理學爲基礎的「行爲論」、以發展心理學爲基礎的「發展論」、以精神分析心理學爲基礎的「人格動力論」以及以人本主義心理學爲基礎的「需要論」等等。此外還有從社會角度探索職業指導的「社會學理論」。

　　縱觀職業指導的各種理論派別，儘管模式不一，見解各異，但各種理論之間互爲補充，或者強調個人因素，或者強調社會因素，或者強調兩者的綜合，其中又以強調個人因素者居主導地位，如特性論、動力論與發展論等。爲了討論的方便，我們對職業指導的各種理論模式按其理論取向分成三大類：

（一）個人取向

　　這類理論重在從個體的角度來探討職業行爲，重視個人的需要、能力、興趣、人格等內在因素在職業選擇與職業發展中的重要作用。個人取向的理論又可大致區分爲三類：以強調個人特性與職業特性相匹配的特性論模式（如特性一因素論、人格類型論）；以強調個人內在動機爲核心的動力論模式（如需要論、心理動力論）；以及從發展的觀點來研究個體職業行爲發展論模式。

（二）社會取向

　　這類理論傾向於研究作用於個人職業選擇和職業發展的社會環境因素，強調個人所處的家庭與社會環境等外在因素在職業選擇與職業發展中的重要作用，包括社會學理論、經濟論等。

（三）綜合取向

　　這類理論認爲，無論是個人因素還是社會環境因素，都不能單方面決定個人的職業選擇和職業發展。職業選擇與職業發展既受個人因素的影響，也受個人所處的家庭與社會環境的影響，兩者相互作用，共同決定個人的職業行爲。這類理論有行

爲論和決策論。

為了全面深入地了解職業心理與職業指導的基本理論，我們將對職業指導領域具有代表性的理論模式進行較爲系統的介紹，包括每一種理論的基本理論觀點、指導策略及指導方法，同時作簡要評價。

2.2 特性—因素論

「特性—因素論」爲職業指導中歷史淵源最深的理論，它源於十九世紀的官能心理學研究。它在職業指導方面的應用，則是建立在帕森斯關於職業指導三要素思想的基礎上，由美國職業指導專家威廉遜發展而形成。其後由於差異心理學的研究發現、心理測量技術的發展，以及職業資料系統的建立，逐漸充實其內涵，形成具體的框架，而成爲職業指導實際工作中最重要的理論依據。

2.2.1 理論觀點

特性—因素論基本上是一種以經驗爲導向的指導模式，其主要焦點就是人—職匹配。這一模式的理論基礎是差異心理學的思想。

特性—因素論認爲個別差異現象普遍地存在於個人心理與行爲中，每個人都具有自己獨特的能力模式和人格特性（即特質）：而某種能力模式及人格模式又與某些特定職業相關。每種人格模式的個人都有其適應的職業，人人都有選擇職業的機

會，人的特性又是可以客觀測量的。職業指導就是解決個人的興趣、能力與工作機會相匹配的問題，幫助個人尋找與其特性相一致的職業。

根據帕森斯所揭示的職業指導三要素，職業指導的過程由三步組成：

（一）評估求職者的生理和心理特點

透過心理測量及其他手段，獲得有關求職者的身體狀況、能力傾向、興趣受好、氣質與性格等方面的個人資料，同時透過談話、調查等方法獲得有關求職者的家庭背景、學業成績、工作經歷等情況，並對這些資料進行評估。

（二）分析各種職業對人的要求（因素）並向求職者提供有關的職業資訊

其包括：

1.職業的性質、工資待遇、工作條件以及晉升的可能性。
2.求職的最低條件，諸如學歷要求、所需的專業訓練、身體要求、年齡、各種能力及其他心理特點的要求。
3.為準備就業而設置的教育課程計畫，以及提供這種訓練的教育機構、學習年限、入學資格和費用等。
4.就業的機會。

（三）人—職匹配

指導人員在了解求職者的特性和職業的各項指標的基礎上，幫助求職者進行比較分析，以便選擇一種適合個人特點又

有可能獲得的職業。

2.2.2　指導策略

特性—因素論最基本的指導策略是重視心理測量技術的運用和問題的診斷。

（一）心理測量技術的運用

特性—因素論與心理測量有密切的關係，指導過程的實施是以測定人的特性爲前提的。職業指導中的心理測驗類型包括能力測驗、特殊能力測驗、職業興趣測驗以及人格測驗，同時還包括常規的身體和體質檢查、求職者的家庭背景、經濟狀況、學業成績及其他有關背景情況等。心理測驗技術的發展爲職業指導中特性因素方法提供了手段，而職業指導中廣泛運用心理測量技術又反過來促進了心理測量運動的發展。二十世紀二〇年代以後，許多心理測驗量表開始出現和使用，諸如霍夫蘭的「興趣量表」、「自我指導檢索量表」，「加拿大職業興趣量表」，「差異能力傾向測驗」等。同時，根據特性—因素理論，編制了一些職業指導書，如《加拿大職業分類詞典》、美國的《職業詞典》等。

（二）問題的診斷

特性—因素論的職業指導十分重視診斷的功能。對於職業選擇發生困難的人，必須先加以診斷，然後再對症下藥。威廉遜闡明了診斷的意義在於以一種邏輯的程序，由各項相關的或無關的資料中，了解求職者的特性，尋找出前後一致的方向或

目標，並進一步預測判斷該方向或目標對求職者未來適應的重
要性。為了診斷求職者的問題，威廉遜提出了下列四種可能的
問題情況：

1.沒有選擇：求職者不知道也無法表達所需要選擇的職業。
2.不確定的選擇：求職者雖說出自己所希望的職業名稱，但
　不知道是否合適。
3.不明智的選擇：求職者所選擇的職業與自身的能力、性格
　等條件不相符合。
4.興趣與能力相互矛盾：這種矛盾包括三種情況，一是興趣
　高但能力低，二是興趣低於能力，三是興趣與能力不在同
　一領域。

威廉遜認為，為確定求職者真正的問題所在，指導人員必
須儘量收集所有相關資料，分析求職者問題的癥結所在，以作
為指導的主要依據。

為了保證指導工作有目的、按計畫地進行，特性─因素論
者提出了以下指導步驟：

1.分析：透過各種測驗工具及其他途徑，收集有關求職者個
　人的興趣、性向、態度、家庭背景、知識、教育程度及工
　作經歷等資料。
2.綜合：以個案研究法及測驗的側面圖，綜合整理所收集的
　資料，以顯示求職者個人特點的資料。
3.診斷：描述求職者顯著的特徵和問題，將個人能力的側面
　圖與職業要求相對照，分析其匹配的程度，查出問題之所
　在。

4.預斷：依據各項資料，預測個人職業成功的可能性，或者
　可能產生的後果以及調整職業的可能性，據此確定選擇或
　調整的方向。

5.諮詢：協助求職者了解、接受並運用各項有關的個人與職
　業方面的資料，進而與求職者晤談有關擇業或調整的計
　畫。諮詢的主要過程為：首先與求職者建立良好的人際關
　係，進而透過交談、測量或其他方法幫助求職者更加深入
　地了解自我；然後幫助求職者作出教育或職業的計畫；最
　後幫助求職者實施自己的職業計畫。

6.追蹤：協助求職者執行計畫，若有問題產生，則再重複上
　述有關步驟。

以上六個步驟中，前四項主要為職業指導人員的工作，求
職者僅在最後兩項步驟上積極參與指導過程，因而有關資料的
收集、處理與解釋，均為指導人員的任務，而測驗工具的使
用，以及有關職業資料的提供等兩方面即為特性—因素論的根
本所在。

職業指導人員與求職者的接觸大致可分為三個階段：第一
次接觸主要是建立關係，從求職者前來指導中心洽談開始，職
業指導者就其所提供的基本資料，對求職者作一初步了解；第
二次接觸則在實驗測驗之後，主要為測驗結果的解釋，將測驗
結果傳達給求職者；第三次接觸則為目標或問題解決方法的分
析、選擇或決定。在最後過程中，主要對各種可能的選擇途徑
作深入的了解，然後協助求職者作出決定。

2.2.3　指導方法

特性—因素論的指導方法以使用測驗與提供資料為主，威廉遜認為測驗的解答有下述三種方法：

（一）直接建議

職業指導人員直接告訴求職者最適當的選擇或必須採取的計畫與行動。

（二）說服

職業指導人員以邏輯方式向求職者提供其對各項資料所作的診斷與預斷，求職者可據此推知答案。指導人員不作直接建議，僅以說服的方式讓求職者明瞭其應做的抉擇。

（三）解釋

職業指導人員向求職者說明各項資料的意義，以增進求職者的認識。威廉遜認為解釋的方法是最完整而較令人滿意的方法。解釋的過程通常是由職業指導人員從興趣測驗的結果開始談起，然後將其興趣與智力、性向、成就等測驗配合分析，加上人格測驗資料，然後再解說其與上述測驗結果的關聯。各項資料解釋完後，再與求職者討論其與職業選擇的關係。

職業資料具有提供資訊、改正錯誤觀念、引發動機、參與抉擇過程並執行計畫等作用。職業指導工作者可視當事人的問題狀況，採取不同的方式選擇與呈現資料：

1.以口頭方式（配合若干必要的小冊子或簡介）與求職者溝通。
2.與求職者共同研閱並討論書面資料。
3.指導求職者自己向有關部門索取資料。
4.訪問從業人員或藉培訓機會獲得第一手資料。

2.2.4 評價

特性—因素論是最早的職業指導理論，它奠定了職業指導的基礎，其模式與方法為職業指導所廣泛採用，影響深遠，根本原因就在於這一理論抓住了職業領域中「求職與就業」這一主要矛盾，透過對求職者和職業兩方面的全面深入的分析，從而尋找人—職間的最佳匹配，使職業指導有規可循、有資可用。

注意個別差異與職業資料的收集與利用，是該理論的基本特點。在這一背景下，各種心理測量工具得以迅速發展並付諸使用，使職業指導建立在心理學基礎之上；而職業資料的收集和運用，促進了求職者對職業的廣泛了解，使得職業指導成為廣大求職者與招聘單位間的橋樑，溝通了二者間的聯繫，從而使職業指導這種以「為人謀職」和「為職找人」為基本功能的專門行業開始誕生，並迅速發展。

特性—因素論模式也有其自身的局限。一方面，個人所具有的特性錯綜複雜，性向、需要、價值觀之間存在著交互作用，很難精確地加以測量；另一方面職業也是千差萬別，種類繁多，很難為每一種職業確定所需的個人特性，最多只能限於通用性強的職業和少數特殊職業。同時，人—職之間的最佳匹

配也很難用某種固定模式來解決。

　　儘管如此，特性－因素論的模式與方法還是深深影響著職業指導的實施，甚至後來發展的各種理論均受其影響。如果把特性－因素論所強調的個人特性與職業資料作為職業選擇與職業發展的一種自我發展活動，借助於各種測驗結果及職業資料的分析，來增進個體的職業自我觀念，並透過其他方法來補充該模式的局限，就會更好地發揮該模式的優勢。

2.3　人格類型論

　　美國職業指導專家霍蘭德於二十世紀六〇年代所創立的「人格類型論」是在特性－因素論的基礎上發展起來的。這一理論一方面源於人格心理學的概念，認為職業選擇為個人人格的反映和延伸，另一方面則源自霍蘭德本人的職業諮詢經驗，經過大量的研究形成了一套系統的職業指導模式。

2.3.1　理論觀點

　　人格類型論是一種人格職業類型匹配的理論。這一理論的基礎在於霍蘭德對人格類型的劃分以及兩者間的關係。

　　有關人格與職業關係，霍蘭德提出了一系列的假設：

　　　　在我們的文化中，大多數人的人格都可以分為六種類型：實際型、研究型、藝術型、社會型、企業型與傳統型。每一特定類型人格的人，便會對相應職業類型中的工

作或學習感興趣。

　　環境也可區分為上述六種類型，人們尋求能充分施展其能力與價值觀的職業環境。

　　個人的行為取決於人格和所處的環境特徵之間的相互作用。

在上述理論假設的基礎上，霍蘭德提出了人格類型與職業類型模式。不同類型人格需要不同的生活或工作環境，例如「實際型」的人需要實際型的環境或職業，因為這種環境或職業才能給予其所需的機會與獎勵，這種情況即稱為「和諧」。類型與環境不和諧，則該環境或職業無法提供個人的能力與興趣所需的機會與獎勵。為此，霍蘭德在其所著《職業決策》（1973）一書中描述了六種人格類型的相應職業：

（一）實際型

　　基本的人格傾向是，喜歡有規則的具體勞動和需要基本操作技能的工作，但缺乏社交能力，不適應社會性質的職業。具有這種類型人格的人其典型的職業包括技能性職業（如一般勞動、技工、修理工、農民等）和技術性職業（如攝影師、製圖員、機械裝配工等）。

（二）研究型

　　基本的人格傾向是，具有聰明、理性、好奇、精確、批評等人格特徵，喜歡智力的、抽象的、分析的、獨立的定向任務這類研究性質的職業，但缺乏領導才能。其典型的職業包括科學研究人員、教師、工程師等。

（三）藝術型

基本的人格傾向是，具有想像、衝動、直覺、無秩序、情緒化、理想化、有創意、不重實際等人格特徵，喜歡藝術性質的職業和環境，不善於事務工作。其典型的職業包括藝術方面的（如演員、導演、藝術設計師、雕刻家等）、音樂方面的（如歌唱家、作曲家、樂隊指揮等）與文學方面的（如詩人、小說家、劇作家等）。

（四）社會型

其基本人格傾向是，具有合作、友善、助人、負責、圓滑、善社交、善言談、洞察力強等人格特徵，喜歡社會交往、關心社會問題，有教導別人的能力。其典型的職業包括教育工作者（教師、教育行政人員）與社會工作者（如諮詢人員、公關人員等）。

（五）企業型

具有冒險、野心、獨斷、樂觀、自信、精力充沛、善社交等人格特徵，喜歡從事領導及企業性質的職業，其典型的職業包括政府官員、企業領導、銷售人員等。

（六）傳統型

具有順從、謹慎、保守、實際、穩重、有效率等人格特徵，喜歡有系統有條理的工作任務，其典型的職業包括秘書、辦公室人員、記事員、會計、行政助理、圖書館管理員、出納員、打字員等。

　　然而上述的人格類型與職業關係也並非絕對的。霍蘭德在實驗中發現，儘管大多數人的人格類型可以主要地劃分為某一類型，但個人又有著廣泛的適應能力，其人格類型在某種程度上相近於另外兩種人格類型，則也能適應另兩種職業類型的工作。也就是說，某些類型之間存在著較多的相關性，同時每一類型又有一種極為相斥的職業環境類型。霍蘭德用六邊形圖簡明地描述了六種類型之間的關係，如圖 2-1 所示。

　　從圖 2-1 可以看出，每一類型都有兩種相近的類型（圖上用「—」表示），諸如實際型的相近類型為傳統型和研究型。每一類型又有兩種中性關係的類型，即處於相近和相斥類型間（圖上用「———」表示），如實際型的中性關係類型為企業型和藝術型。每一類型又有一種相斥類型（圖上用「------」表示），如實際型與社會型。這裡的相近說明二者之間有許多一致性，中性表示二者之間有一致性的地方，也有不一致的方面，相斥表示二者毫無共同之處。

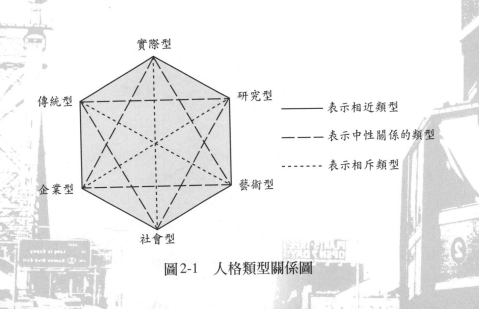

圖 2-1　人格類型關係圖

　　霍蘭德經過大規模的實驗，分別確定了男性和女性的各種
類型之間的相關係數（見**圖2-2**和**圖2-3**）。霍蘭德認為，最為理
想的職業選擇就是個體能找到與其人格類型重合的職業環境，
如實際型人格的人在實際的職業環境中工作，這稱為「一致

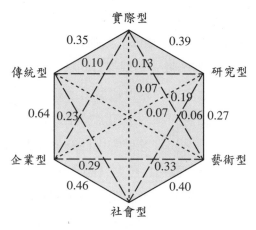

圖2-2　男性人格類型之間相關圖

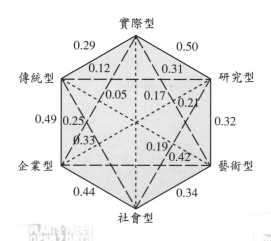

圖2-3　女性人格類型之間相關圖

性」。一個人在與其人格類型相一致的環境中工作，容易感到樂趣和內在滿足，最可能充分發揮自己的才能。如果個人不能獲得與其人格類型重合的職業，則尋找與其人格類型相近的職業環境，即兩種類型之間有較高的相關係數，如實際型人格的人在研究型的職業環境中在男性中，其相關係數為0.39，女性中相關係數為0.50，他們經過努力，能適應其職業環境。然而，個人如果選擇與其人格類型相斥的職業，則既不可能感到樂趣，也很難適應，甚至無法勝任工作，這稱為「非一致性」，如傳統型人格的人在藝術型的職業環境中男性相關係數只有0.07，女性只有0.05。

2.3.2　指導策略

人格類型論主要的指導策略是人格類型的評定與分析。上述的六種人格類型可透過以下方法加以評定：

（一）定性方法

以個人自己表示的職業或教育方面的偏好，或目前所從事的職業，再參照各職業或教育所屬的類型，評定其人格類型所屬的範圍。

（二）定量方法

運用心理測量手段來測量並進行分析。測驗結果可分別得到六種人格類型的分數，得分最高的一項即表示被試者接近該種類型，也就是其人格類型。霍蘭德編制了兩種類型的測評工具：一個是「職業偏好問卷」（VPI），另一個是「職業自我探索

量表」（SDS）。VPI量表1953年編制，1975年和1977年又分別作了修訂。這一量表透過讓被試者在一系列工作中作出選擇答案，最後經過統計處理，確定其職業興趣領域。SDS量表1970年編制，1977年作了修訂，這一量表包括個人的職業願望、具體職業所需的能力、能力傾向測驗及自我評估等項目，可幫助被試者在廣泛的職業領域中作出抉擇，最後透過電腦處理，確定與其人格一致的職業類型。

（三）人格組合的評定

由於各類型彼此並非完全獨立，實際情況中往往不可能完全屬於某一特定類型人格，而是多重人格的組合。因此，個人的人格可依測量結果分數高低排列所得的側面圖，以最高分數前三項代表個人的人格組合。

（四）一致性分析

在人格類型的六角形模式中，相鄰的類型具有較多共同的特性，其一致性高，如實際型與研究型、研究型與藝術型等。相對的人格類型，則具相反的特性，其一致性低，如實際型與社會型、研究型與企業型等，其餘各種類型的一致性介於上述兩類之間。類型一致的程度與個人人格穩定性及職業的成功有密切的關聯。

（五）區分性分析

測量結果所得的六種類型的分數，最高分與最低分之間的差距大小，可顯示人格組合的區分性高低。區分性高者，其職業發展過程可能較明確而穩定；區分性低者，可能出現較多變

異情況。

（六）和諧性分析

在個人生活或工作環境中，其人格類型與環境類型之間的和諧程度（即一致性）與職業穩定及成就密切相關。人格類型與職業環境完全吻合，其和諧程度高，因為職業環境所提供的機會與報酬合乎個人需要，因此可能適應良好，工作滿意；反之，人格類型與職業環境完全不一致，其和諧程度低，則適應情況可能較差。至於人格類型與職業環境不完全一致，但並非相斥，則和諧性屬中等程度，其適應狀況介於上述兩種情形之間。

根據上述的測評結果，在職業選擇中，一般常見的問題有以下幾種：

1. 當事人對自己的興趣、能力或自我意識了解不足。
2. 當事人對自己的興趣、能力或其他特性了解不具體或相互矛盾。
3. 當事人缺乏職業環境資料的學習經驗。
4. 當事人對職業環境資料的學習經驗相互矛盾。
5. 無上述問題，但缺乏自信心、決斷力或其他職業選擇障礙。

職業指導人員針對上述問題，可分別採取適當的指導方法。通常有效的方法是提供模擬的工作經驗，讓求職者（或當事人）試探六種不同類型的模擬活動，據此確定其偏好的類型。同時亦可以根據各種職業的性質與具體要求，與求職者的人格特性進行綜合的比較與分析，以供個人選擇與參考。另一

種方法是利用「職業自我探索量表」等工具，鼓勵求職者對自己及工作環境作深入的探索與評估，並協助求職者澄清有關問題。

2.3.3 評價

人格類型論也是一種人—職匹配理論，與特性—因素論相比，更注重到人與環境間的交互作用。由於其理論框架的完整、嚴密，成為職業指導中最受重視的一種學說。這一理論所發展的測驗工具，尤其是「職業自我探索量表」普遍為學校及職業機構採用，能有效地協助職業指導工作。根據人格類型理論，職業資料的整理更完整、系統，有助於職業指導工作者操作使用，個人也可藉此自行參閱，配之以電腦輔助工具的應用，職業諮詢工作只需根據特殊個案作個別處理，因而顯得實用性強，操作方便。

然而，人格類型論同特性—因素論一樣，存在著自己的局限。它試圖透過人格類型與職業環境類型的匹配來說明個人的職業選擇與職業適應，這一假設尚缺乏足夠的實證證據。從發展的觀點來看，個人人格是不斷變化發展的，人並非環境的被動適應者，同時也具有對環境的積極控制作用。個人人格特徵並非就是職業選擇的決定性因素，也並非職業成功的決定因素。因而在職業指導中應考慮除人格因素外更廣泛的社會背景和發展因素來進行全面綜合考察分析。

2.4　需要論

　　美國臨床心理學家和職業指導專家羅恩根據其從事臨床心理學的經驗以及有關各類傑出人物的個人生活史與人格特徵的研究，並綜合精神分析理論與馬斯洛的「需要層次論」原理，提出了職業選擇的需要理論。

2.4.1　理論觀點

　　需要論關於個人職業選擇的中心論點是，一個人早期所受的養育方式，影響其追求的職業類型以及在所選擇領域中可能達到的水準。職業指導就是要幫助個人識別自己的需要，發展滿足需要的技術，消除需要發展中的障礙。

　　這一理論強調早期經驗所發展的適應模式對其日後職業選擇行為的影響。職業選擇是個體滿足其心理需要的過程，而個體心理需要的性質與滿足方式又受遺傳與環境的交互影響，特別是早期經驗決定著個體心理需要的發展方向，而個體便朝此方向選擇職業。早期經驗影響個體需要的發展表現為：

1.如果個體需要獲得滿足，則不會變成無意識的動力來源。
2.如果個體的高層次需要（如馬斯洛所謂的「自我實現」、「美的追求」、「尊重」等）未獲滿足，則此等需要將永遠被消除，不再發展。
3.如果低層次需要，如生理、安全等需要未獲滿足，則將成

為主要的驅動力，促使個體滿足這些需要以求生存，從而妨礙高層次需要的發展。

4.如果延遲其需要的滿足，則這些需要將成為無意識的驅動力。

上述這些需要滿足的發展情況與個人早期家庭環境，尤其是父母對待子女的態度，將極大地影響到個體成年後的職業選擇。羅恩將父母的行為分為三種類型：

1.關注子女型，包括溺愛型和嚴格型。

2.迴避子女型，包括拒絕型和疏忽型。

3.接受子女型，包括隨意接受型與撫愛接受型。

個人基於早期家庭環境的影響，發展出與人際關係、情緒反應以及職業選擇有關的態度與興趣。生長於溺愛、過度保護及過度要求的家庭者，將發展出順從型人格，而選擇與他人有關的職業；生長於拒絕、忽視或不穩定的家庭者，將發展出傾向於獨立型的人格，而選擇與他人無關的職業；如果個體感受家庭過度保護的情況非常嚴重，則可能產生強烈的防衛與侵略性格，形成非人際的傾向。

家庭環境影響個人職業活動的型態，而心理需要的強度則增強其動機而提高其成就水準，但仍難超過遺傳與其社會背景的限制，因此即使屬於同一類型的家庭，個人的發展仍有許多差異之處。

需要論模式的另一特點就是羅恩的職業分類。他以工作類型及其難易與責任水準兩個向度，將職業進行系統分類。工作類型是以職業活動的基本性質為分類標準，共分為八類；難易

與責任水準則以所作決策的數量、困難程度及所遇問題的性質
為標準，共分為六個層次，如表2-1所示。

2.4.2　指導策略

需要論強調個人心理需要與其職業選擇的關係，因此，職
業指導人員必須了解求職者的心理需要，以及需要滿足的情
況。前者可透過會談或其他方式加以了解；而了解求職者的心
理需求狀況，並借助測量早期家庭影響的量表，如「家庭關係
量表」、「親子關係問卷」等。

指導人員在確定求職者的需要後，可進一步根據羅恩的職
業分類系統及各種職業所需的能力與責任層次，協助求職者選
擇適合其需要的職業或分析其目前工作是否能滿足需要。

經過上述診斷與測評後，若發現求職者的心理需求無法獲
得滿足，則以諮詢或心理治療的方式協助求職者重組其需求型
態。首先要協助求職者了解早期經驗對其心理需求的影響，特
別是父母管教方式及態度與其需要滿足之間的關係；進一步的
工作便是重組求職者的需求型態，協助求職者發展高層次的心
理需求，根據重組後的需求型態，配合羅恩的職業分類系統考
慮適合的職業方向。

2.4.3　評價

需要論將環境及個人經驗背景納入職業選擇的理論框架
中，兼顧個人內外因素的影響。這種從動態的觀點考慮人的職
業選擇行為，較之特性─因素論和人格類型論所強調的人─職

表2-1　需要論的職業分類系統

職業水準 / 職業類別	1.專業性與管理性A	2.專業性與管理性B	3.半專業性和小型商業	4.技術性	5.半技術性	6.非技術性
服務性	精神病醫生 心理學家 社會工作督導 諮詢指導員	社會工作者 職業治療師 逃學檢查員 (受過訓練的)	私家偵探 警官 福利工作者 都市視察者	理髮師 護士 警員 廚師	計程車司機 管家 侍者 消防員	女侍 醫院工友 電梯操作員 巡夜者
商業性	主管	主管 公共關係諮詢員	推銷員：汽車、證券、保險等 批發商 零售商	拍賣人 採購員 訪視員	小販	
組織性	總統及內閣人員 國際銀行家 工商大亨	會計師 商業及政府的行政主管 經紀人	會計人員 管理人員 商店老闆	出納員 銀行職員 庫房領班 售貨員	檔案及股票等辦事員 公證人 信差 打字員	送信者
技術性	發明家 總工程師 船長	應用科學家 廠長 船上官員 工程師	飛機駕駛員 承包商 工頭 無線電操作員	鐵匠 電工 工頭 機械工	推土機操作手 送貨員 冶礦工 卡車司機	助手 勞工 包裝者 庭院工人
戶外性	顧問專家	應用科學家 大地主及經營者 測量工程師	旅行推銷員 農場主人 森林巡邏者	礦工 油井鑽探工	園丁 農民 趕牲口者 礦工助手	擠牛乳工人 農場工人 伐木工人
科學性	科學研究家 大學教授 醫學專家 博物館館長	半獨立的科學家 護士長 藥劑師 獸醫	醫事技術員 氣象人員 物理治療師	技術助理員	獸醫院工友	非技術性的科學工作者
一般文化性	大法官 大學教授 預言家 學者	編輯 中小學教師	法官 廣播員 記者 圖書管理員	法律書記		
藝術和娛樂性	藝術創作家 偉大表演家 藝術系教師 博物館館長	運動家 藝術評論家 設計家 作曲家	廣告作家 設計家 室內裝潢家 演藝人員	廣告美術家 櫥窗裝潢家 攝影師	插圖畫家 舞台管理者	

匹配，無疑給職業指導實踐提供了一個新的思想方法。它提醒
職業指導人員注意求職者的個人需要，協助求職者選擇適當的
職業以滿足其需要，同時培養滿足其需要的能力，並克服阻礙
滿足需要的心理障礙。此外，羅恩的職業分類系統採用多向度
的分類方法，在職業資料的整理上具有重要價值，同時有助於
求職者對工作世界作深入的了解。

　　但需要論也存在著眾多局限，就其理論基礎而言，目前尚
無許多證據證明早期經驗對職業選擇的影響，且很難對此兩者
間的相關性進行確切的分析。從職業指導實踐來說，需要論顯
得籠統，未發展出具體明確、操作性強的指導方法與技術，對
實際指導助益不大，且了解求職者的個人需要費時費力，同時
也缺乏有效的測評技術。

2.5　心理動力論

　　美國心理學家鮑亭、納奇曼、施加等人以佛洛伊德的個性
心理分析理論爲基礎，吸取了特性—因素論和心理諮詢理論的
一些概念和技術，對職業團體進行了大量研究，於二十世紀六
〇年代後期提出了一種強調個人內在動力和需要等動機因素在
個人職業選擇過程中的重要性的職業選擇與職業指導理論，稱
之爲「心理動力論」。

2.5.1　理論觀點

　　心理動力論者認爲職業選擇爲個人綜合快樂原則與現實原

則的結果。個人在人格與衝動的引導下，透過昇華作用，選擇可以滿足其需要與衝動的職業。職業指導的重點應著重「自我功能」的增強。若心理問題獲得解決，則包括職業選擇在內的日常生活問題將可順利完成而不需再加指導。

鮑亭等人依據傳統精神分析學派的觀點，探討職業發展的過程，視工作爲一種昇華作用，而影響個體職業選擇的動力來源則是個人早期經驗所形成的適應體系、需要等人格結構。它們影響個人的能力、興趣及態度的發展，進而左右其日後的職業選擇與行爲有效性。個人生命的前六年決定著他未來的需要模式，而這種需要模式的發展受制於家庭環境，成年後的職業選擇就取決於早期形成的需要，旨在滿足個人的這些需要。如果缺少職業資訊，職業期望可能因此受到挫折，在工作中會顯示出一種嬰兒期衝動的昇華。若個人有自由選擇的機會，則必將選擇能以自我喜歡的方式尋求滿足其需要而又可免於焦慮的職業。

心理動力論者認爲，社會上所有職業都能歸入代表心理分析需要的、分屬以下範圍的職業群：養育的、操作的、感覺的、探究的、流動的、抑制的、顯示的、有節奏的運動等，並認爲這一理論除了對那些由於文化水準和經濟因素而無法自由選擇的人之外，可以適用於其他所有的人。

2.5.2　指導策略

（一）產生職業問題的求職者類型

心理動力論強調個人需要的滿足與焦慮的降低。因此，職

業指導人員必須以診斷與測評的方法，了解求職者的人格動力
狀態。診斷的工作應以動態的觀點，對求職者的問題作詳盡的
分析，而不僅是將其問題加以分類即了事。鮑亭認為，產生職
業問題的求職者可能有五種情況：

◆依賴性

　　求職者缺乏獨立判斷和自我決策的能力，而將問題的責任
交付他人，在他人的指引下，採取行動以滿足需要。

◆資訊缺乏

　　求職者缺乏作出職業抉擇所需的職業資料或教育資訊。

◆自我矛盾

　　求職者自我觀念不協調，其表現形式為既想做這種工作又
想從事另一項工作，或者其自我觀念與環境產生衝突的現象，
如個人興趣與家庭期望不一致。

◆選擇焦慮

　　求職者遇到各種選擇上的衝突，產生情緒上的焦慮或挫折
現象。

◆沒有問題

　　求職者前來求助，目的僅在於徵求意見，確定其所作的選
擇是否正確。

（二）對求職者的動機衝突的分析

　　除上述分析方法外，鮑亭等還提出了另一套診斷方法，即
針對求職者的動機衝突作更深入的分析，包括：

◆認識上的困難

　　求職者無法澄清或辨別事實狀況。

◆自我認識問題

　　求職者缺乏正確或全面的自我認識。

◆需要滿足的矛盾

　　求職者對各種工作所能給予的需要滿足產生矛盾。

◆職業適應不良

　　求職者對當前職業不滿意而企圖改變。

◆明顯的精神病態

　　求職者的樂趣決策。

(三) 職業指導過程

　　針對上述問題進行診斷後，需要對這些問題予以指導。心理動力論除根據精神分析的基本原則外，亦重視發展的過程，因此職業指導的過程近似於個人職業發展過程的縮影，可分為三個階段：

◆探索

　　心理動力論避免對當事人的問題作表面的分析診斷，而強調應對個人與職業之間動態的關係作深入的探討，特別就其需要、心理防禦機制及早期經驗等方面加以分析。諮詢人員以溫暖、關切、真誠的態度，透過澄清、比較、解釋等方法，協助當事人進行探索工作。

◆初步決定

　　經過探索階段後，當事人逐漸覺察現實與理想間的差距，而指導員即可適當提供進一步改變的機會，這種改變不僅在於職業方面，尚可對當事人的人格改變作一全盤規劃。這是一個初步的決定，其目的在於將原先局限於職業選擇的問題焦點重新集中於人格這一根本問題上，視指導為人格發展的一部分。

◆進行改變

　　當事人若決定其個人的人格應有所改變。即使只涉及職業方面，也可進行改變。最後一階段的工作即可由自我覺察與了解開始，進行適當的改變計畫。如涉及不合理的觀念、需要或不當的經驗之影響，則計畫的重點即在減低這些影響因素的壓力，透過雙方的諮詢關係與適當的諮詢技術，重組其人格結構，從而發展適宜的職業行為。

（四）心理動力論的諮詢技術

　　心理動力論的諮詢技術綜合運用精神分析學派、特性－因素論及當事人中心論的方法，主要有澄清問題、比較與解釋三項。

◆澄清

　　在晤談初期，諮詢者以開放式的問題方式，協助當事人描述、思考與其問題有關的資料，藉以澄清問題的真相。由於這種方法較少威脅性，因此亦可增進雙方關係，而當事人也有更多機會參與諮詢過程而負起若干責任。

◆比較

　　諮詢者將與當事人有關的情況陳述出來，包括自我與他人的期望，過去與現在乃至未來的目標等，藉以比較其相似與相異之處，從這種對比中，促使當事人面對事實真相，引發其對問題進一步的認識與了解。

◆解釋

　　運用這種方法旨在使當事人覺察其內在動機與其職業選擇問題間的關係。此外，心理動力論與運用心理測驗技術，對測驗結果的解釋亦著重當事人的參與，諮詢者扮演夥伴的角色，

鼓勵當事人將測驗結果與其問題連貫綜合分析，作爲進一步探索或決定的依據。

2.5.3 評價

心理動力論注重從個人職業發展的觀點及個人內在因素來探索職業選擇，強調以發展當事人的自我概念、透過當事人個人人格的重建來達到職業選擇，重視當事人在其職業選擇過程中的自主作用，對職業指導實踐有重要的啓示。職業指導的根本目的不僅在於人一職匹配，而更在於透過職業選擇來達到個人的人生目標及社會對人力資源的開發和合理使用。而幫助個人發展良好的職業來發展自我概念，最終達到由當事人自己決定自己的職業選擇，這是職業指導的宗旨所在。

然而如何實現這一目標，心理動力論尚缺乏具體確定的指導方法與措施。心理動力論過於偏向個體內在因素的作用，而忽視當事人所處的現實社會環境方面的因素，未免失之偏頗。職業選擇具有很強的個人特徵，同時也具有鮮明的社會特徵，我國目前人們的職業選擇，社會環境因素起著極其重要的作用，應是職業指導者所重視的。

2.6 職業選擇發展論

美國職業指導專家金斯伯格和薩帕等人於二十世紀四〇年代初提出了發展性職業選擇與職業指導的概念和原則，經過長期的實驗研究，於五〇年代逐漸形成理論體系。這一理論以發

展心理學爲理論基礎，綜合差異心理學、職業社會學及人格理論的有關原理，從發展的觀點來探究職業選擇的過程，研究個體的職業行爲、職業發展和職業成熟階段，因而成爲西方職業指導領域重要的理論學說。

2.6.1　理論觀點

薩帕從發展、測評、職業適應以及自我概念等領域進行縱橫研究，提出了一系列有關人—職關係的假設，成爲職業發展的理論基礎。

第一，個體在能力、興趣及人格上均具有不同的特徵，而每種職業均要求特殊的能力、興趣與人格特徵，但兩者又均具有很大的彈性：一方面，每個人均適合從事多種職業；另一方面，也容許不同的人從事同一種職業。

第二，個人的職業興趣、能力、工作、生活環境和自我概念，隨時間和經驗而改變，因此，職業的選擇與適應成爲一種持續不斷的過程。這種過程構成一系列的生活階段——生長、試探、建立、保持和衰退。個人生活階段的發展可藉個人能力與興趣的成熟及自我概念的發展而達成，所以職業發展的過程，即是自我概念的發展。

第三，職業發展過程是個人與社會環境之間、自我概念與現實之間的一種調和過程，而個人的職業型態或職業發展模式的性質受社會環境、個人能力、人格特徵和機遇所決定。

第四，工作滿意的程度與自我概念實現的程度成正比。工作滿意與生活滿意基於兩種情形而定，一爲個人的工作與其能力、興趣及人格特徵等配合的程度；二爲個人在成長與探索經

驗上，自己是否覺得工作稱職。

　　基於上述假設，發展論進一步探索了個體職業發展的全過程，認爲人們的職業意識和要求並不是在面臨就業時才具有，而是在童年時就孕育了職業選擇的萌芽，隨著年齡、資歷和教育等因素的變化，人們職業選擇的心理發生變化。職業發展如同人的身體和心理發展一樣，可以分爲幾個連續的不同階段，每階段都有一定的特徵和職業發展任務。如果職業指導有效，個體就能在每一階段達到職業成熟；如果前一階段的發展任務不能很好地完成，就會影響後一階段的職業成熟，導致最後在職業選擇時發生障礙。

　　發展論者認爲，個體從成長期到衰退期這一連續發展的過程，可顯示其職業發展的成熟程度。所謂「職業成熟」，指的是與個人年齡相適應的職業行爲的發展程度和水準，即個人在整個職業生活過程中達到社會期望的水準，可用各發展階段的發展任務爲標準進行衡量。

　　薩帕認爲職業成熟應包括以下五個方面的內容：

1. 職業選擇的取向，指個人對職業選擇的關注及運用各種資料解決問題的能力。
2. 資料與計畫能力，指收集有關的職業資料並作出計畫的能力。
3. 職業選擇的一致性，指發展過程中、前、後所選擇的職業，其範圍、層次及職業的穩定性與一致性。
4. 人格特徵的定型，指與職業有關的特性，如性向、興趣、獨立性等成熟定型的程度。
5. 選擇職業的明智，指職業的選擇與其能力、活動、興趣、

社會背景吻合的程度。

根據上述發展階段與發展任務的觀點，台德曼進一步發展了這一學說。在他看來，這一發展過程實際上就是個人所作的一連串抉擇的綜合，也是個體職業自我概念不斷分化與綜合的過程。所謂「職業自我概念」，指的是個人對職業與自身關係的認識及其定型。職業自我概念是個體在與社會的接觸中對自我發展進行反省的結果，職業自我概念定型的時候，工作定向也就形成了。而一旦形成，就影響著個人對職業的態度，進而影響個人的職業選擇。

因此，職業抉擇的過程是貫穿於人的一生的不斷反覆進行的過程。每當遇到一個問題或滿足了一種需要產生某種體驗時，就會激發起抉擇。抉擇過程可分為兩個階段：「預期」階段與「實踐」階段。

預期的思維過程又可分為以下幾步：

第一，試探。其活動特點表現為隨機的、多樣的和豐富的，考慮一些自己想要獲得且可能獲得的職業目標，並對每一種選擇都作出自我評估。

第二，具體化。目標較為確切並呈現組織模式的雛形，即進入比較具體的職業定向階段。

第三，選擇與明確化。透過澄清，進入選擇階段，選擇後經進一步確定，消除各種思想上的疑惑，即為明確化階段，個人即可著手準備實踐其選擇。

實踐階段也可分為幾步：入門、重建與維持。在入門階段，個人得到一種職位並開始工作，先前的意象、概念開始面對現實，實施選擇。當個人已為團體所接納，個人與團體之間

相互產生影響作用，就會重新肯定當初的選擇，從而步入重建階段。個人肯定自己的決定，就可達到個人與同事之間的動態平衡，使個人力圖維持現有的工作，以實現職業期望。

在整個發展階段中，個人所作的抉擇包含著分化與綜合兩種心理作用：前者指個人在面臨關鍵時刻，根據其認識、觀念與若干外在資訊，對各種問題加以鑑別分析，形成新的觀念。綜合則是將新的、片斷的分析結果加以整理與組織。在每一階段中，這種分化與綜合的工作交替進行，從而達成「自我發展」的最終目標，所以發展論視整個職業發展為自我發展的過程，職業選擇的過程可視為發展個人職業認同的過程，而「自我」為認同的核心。

2.6.2 指導策略

根據上述基本觀點，職業指導工作首先要了解當事人的發展狀況，透過職業測評的方式，就個人的潛能與問題進行綜合分析。測評的內容除當事人的職業觀念外，還有職業成熟程度及自我概念等。依據這些資料，再配合有關性向與興趣的資料，經指導人員與當事人共同討論後，作為選擇指導與諮詢措施的根據。

發展論者編制了許多測量個人職業成熟程度的量表。最常用的有克萊斯所編制的「職業成熟量表」。它包括兩個分量表：態度量表和能力量表。前者測定個人在職業決策中的決斷性、獨立性、定向性和解決矛盾的水準；後者測定個人的自我評價、職業了解、職業目標、職業計畫和問題解決五方面所達到的水準。此為標準化的心理測驗量表，適用於六年級至十二年

級的青少年。近年來，薩帕等人編制了另一個了解當事人的職業成熟狀況的量表「職業發展量表」（1981 版）。

　　根據測評結果，職業指導人員可針對當事人的需要，進行不同的指導措施：

1. 對選擇不確定者：應注意分析影響其情緒以及無法確定的各種文化、社會及生理因素，幫助當事人消除疑慮和障礙。

2. 對不成熟者：應協助當事人了解影響其職業選擇的個人因素與社會因素，使當事人認識到這些因素與其職業發展的關係，並參照職業發展任務的重點，逐步發展其職業自我。

3. 對成熟者：應重點協助當事人收集與評估有關個人和職業的資料，作為決策的依據。

　　薩帕認為職業指導必須同時涉及個人理性與情緒兩個方面。在指導過程中，指導者可透過重述、反映、澄清、摘要、解釋、面質等技巧，依據當事人的問題性質，分別以指導與非指導方式交替進行。

　　另外，發展論強調「自我形象」與「角色形象」的全面發展與接受，這種職業自我觀是長期發展的結果，因此必須針對不同階段不同發展任務的需要，設計各種職業指導計畫，以增進人們的自我觀察與自我接受，培養正確的職業價值觀，提高其職業成熟水準，進而有效選擇適當的職業發展目標與生活方式，成為健全發展的社會公民。

2.6.3　評價

　　發展論把個人職業選擇與發展納入到整個人生發展的高度來進行考察和研究，從而建立起自己嚴密的理論體系和具體的指導方法體系，無疑對職業指導的理論和實踐作出了重大貢獻。在它的影響下，許多國家從國中階段開始就著手進行系統的職業指導工作，這對我國的職業指導具有極其重要的借鑑意義。

　　由於發展論所涉及的範圍十分龐大，諸如人格發展、生活方式、適應行為等，且這些變數間的關係十分複雜，幾乎與心理學上所有的課題均有直接或間接的聯繫，尤其近年來加入許多新的概念，尚需進行深入的研究。儘管如此，發展論的提出，打破了人們歷來把職業選擇看作是個人生活中在特定時期出現的單一事件的觀點。明確指出人的職業選擇是一個不斷發展的過程，職業指導要研究人的職業心理發展階段，根據人的職業成熟發展程度，透過日常有意識的教育工作來進行。同時，人的職業發展貫穿於人的一生，因而職業指導工作也是一個長期的系統過程。

2.7　行為論

　　職業指導的行為理論是由J. 克倫保茨等人發展起來的。

　　他們將行為學派班杜拉創立的社會學習原理運用於職業指導領域，以此探討職業選擇過程中社會、遺傳與個人因素對職

業決策的影響，進而設計訓練或指導計畫，以增進個人抉擇的
能力，從而發展起職業指導的「行為理論」。

2.7.1　理論觀點

克倫保茨等人認為，職業發展過程錯綜複雜，受許多因素
交互作用的影響，其中最主要有四個方面：

1. 遺傳素質和特殊能力：即個人所屬的種族、性別、身體素
   質、智力及特殊能力等，均可能限制或影響個人學習的經
   驗與選擇的自由。
2. 環境條件與特殊事件：即個人所接受的教育與訓練、家庭
   背景、社會政策、社會變遷等非個人所能控制的因素，以
   及對個人職業選擇的具體領域等，而家庭背景，則包括父
   母所從事的職業及社會經濟地位、父母的教育水準，以及
   家庭結構、父母期望等因素。
3. 學習實驗：指個人在學習中所採用的學習模式，包括工具
   式學習與連結學習，個人的職業發展、知識、技能、態度
   與價值觀等均為這些學習經驗的產物。
4. 工作定向技能：在上述各種因素的交互作用下，個人所獲
   得的解決問題的技能、工作習慣、認知過程、情緒反應
   等，這些技能又會影響其他各項因素。

個人在上述四種因素及其交互作用的影響下，透過經驗的
累積與提煉，產生如下結果：

1. 自我認識的形成：指對自己各種表現的評估與推論，包括

興趣、愛好、職業價值觀等，均為學習的結果，亦為職業
選擇的關鍵。

2.世界觀的形成：指對環境與未來發展所作的評估與推論。
個人對自我與環境的認識是否正確、全面，取決於其學習
經驗的性質。

3.工作定向技能：包括適應環境的認知、操作能力與情感反
應，以及自我評估與對未來事件的預測能力，其中與職業
選擇有重要關係的則包括價值觀念的澄清、目標的決策、
尋找不同的解決途徑、收集資料、預測、計畫等。

4.行動：根據各種經驗、對自我與環境的評估以及個人處理
事務的能力，採取實際的行動，促進個人的發展。

2.7.2　指導策略

個人在面對職業選擇情境時，可能無法有系統地作出妥善
的決定，或因決策方式不當而產生問題。依據社會學習論原
理，這些問題主要出於其自我觀、世界觀的偏差或工作定向技
能的不足。職業問題的產生有如下幾個方面：

1.缺乏明確的目標以致無法決斷，或缺乏改變的信心。

2.不現實的期望，希望從事某種職業，但又缺乏與該職業相
關的能力及其他素質要求。

3.有眾多可能的選擇，以致難以決斷。

4.缺乏關於自我或工作世界的資訊，由此產生焦慮而難以決
策。

5.受挫折或焦慮等情感因素影響而降低其達成目標的能力。

　　爲弄清當事人的問題癥結，指導者可用晤談、「職業決策量表」等方法與當事人共同探討其問題。此外，工作定向技能以及其他有關職業發展所必須具備的能力，可採用「職業發展量表」、「工作價值量表」來了解當事人的問題。

　　針對上述問題，指導者可採取下列方法協助當事人培養正確的自我觀與世界觀，發展相應的工作定向技能，以及其他有關決策的能力。

（一）認知重組治療法

　　包括理性與情感治療、自我指導訓練等，以調整個人自我觀與世界觀。索倫森等人根據認知行爲的原則，設計自我控制的方法：

1.自我啓發：針對個人的態度、信心、觀念，進行探索與測評，以引發自己解決問題的動機。
2.自我觀察：觀察自己較特定的行爲，了解個人行爲的特點，尤其注意與問題有關的行爲，爲改變作準備。
3.環境重組：設法改變或控制環境，包括外在環境與個人內在環境，如告訴親友如何協助自己、制定新的學習計畫、克服不良的習慣等。
4.結果評估：評估當前經驗的結果，增強信心，減少壓力。

（二）工作定向技能培養法

　　培養與發展工作定向技能的方法多種多樣，主要方法包括：提供各種學習與探索經驗，透過實際探索、角色扮演與模擬活動等方式，並以興趣量表刺激與擴大個人的探索領域，提

供多方面選擇途徑。此外，還可採用各種書面的或視聽材料，以及電腦模擬活動等。

決策能力訓練，針對理性決策的過程，分段訓練決策技巧：

1. 澄清目標：制定個人的職業目標。
2. 收集資料：收集各種職業資訊並熟悉職業資訊系統與評價工具（如興趣量表）。
3. 解釋經驗：自己有何相關經驗，這些經驗對選擇有何作用。
4. 預測未來：推知未來的社會與經濟的變化，以及職業的變化趨勢。
5. 鑑別機遇：認清自己可能具有的選擇機會與途徑。
6. 評價機遇：確定所選擇方向的利害得失以及成功的可能性。

2.7.3 評價

行為論以個體與環境的相互作用來探討個人的職業行為，強調學習經驗對職業選擇的重要性。從其理論的嚴密性來講顯得不夠，但對職業指導實踐來說有較高的實用價值。特別在職業試探與決策能力的學習方面，已有系統的步驟和方法，可供職業指導者據以設計適當的訓練計畫，培養個人自我評估與進行決策的能力，尤其對個人內在認識過程的探討，更具實用價值。

2.8　決策論

　　決策論的發展源於經濟學中的決策理論在職業行為方面的研究。在各派職業指導理論中都或多或少涉及抉擇問題，但伽勒特和喬普森等人特別強調職業決策意識與決策行為在個人職業成熟與發展的整個過程中的重要作用，認為職業發展過程是職業決策或解決問題的過程，並對職業決策的過程與步驟、技術與方法進行研究，從而發展起職業指導的決策理論，視職業指導為培養與增進個人的決策能力或解決問題的能力的因素。

2.8.1　理論觀點

　　在以往的經濟學決策理論中，價值與機率（或可能性）二者為其主要內涵，個人的決策取決於效用價值。效用指的是收穫或效果。與效用有關的事項，如成本、冒險性及損失等納入考慮。決策者針對每一種可能的選擇方案，收集各種資料，分析出每一方案的預期效用，而以最大預期效用者為其決策對象。由於效用不易客觀地分析，故必然涉及主觀的判斷（價值觀），因此最後的決策實際上是價值與可能性二者主觀的組合。

　　由於決策過程涉及到決策者複雜的內部過程，效用價值標準雖是決策的主要依據，但不足以對決策過程作完整的解釋。效用價值因人而異，實際決策過程中，個人的年齡、經驗、反應方式等因素都會對決策產生重要影響。因此，心理學家分別從態度的改變、認知失調、意願、價值澄清等觀點，探討個人

對效用價值的分析過程、價值改變或強化的條件、資料的收集與使用方式以及不當決策的原因等與決策行為密切相關的方面。

這是因為，個人的職業決策不等同於經濟活動的決策，個人對職業的價值期望，如經濟收入、興趣偏好、發展自我、社會地位等，這與經濟決策中的效用是不同的；另外，決策者個人的價值、態度、經驗、認知方式等都是影響決策行為的重要因素。只有深入研究這些因素，才能闡明和認識職業決策過程。

職業決策論者還不斷地吸收了心理學和其他行為學科的思想，在個人與環境之間的交互作用過程中來分析個人的職業決策行為，在此基礎上提出職業決策指導中的基本問題，強調從影響個人職業決策的環境、遺傳、學習經驗等因素分析中提出職業指導的主要任務。

(一) 職業決策過程

喬普森等認為職業決策行為是個人以有意識的態度、行動、思考來選擇學校或職業並符合社會期望的一種反應。該行為的發生涉及決策者、決策的情境（社會期望）及有關決策者個人內在與外在的資料三方面，而決策的過程又具有下述特徵：

1. 每一種決策情境都有兩種以上的選擇可能，決策者必須選擇其一。

2. 每一種可能都帶有若干後果，後果包括兩方面：未來的可能性及對決策者的價值。

3.每一次決策經常在不確定的情況下進行，因此都帶有冒險
　性，但是否願意冒險又與個人的心理特徵有關。

4.個人根據主要的可能性與價值之高低，綜合判斷以選擇能
　得到最大收穫的途徑。

（二）決策的模式

　　決策的基本準則是選擇有利因素最多而不利因素最少的方
案。伽勒特提出的「決策模式」既強調預測系統，又強調價值
系統在決策過程中的重要性。

1.預測系統，指根據客觀事實資料（包括職業資料和心理測
　驗資料）對工作成功機率所作的預測。個人所擁有的資料
　越正確完整，則預測效度越高，所作決策越明確，冒險性
　亦越小。

2.價值系統，指個人內在的價值體系、態度或偏好傾向。

3.決策系統，綜合上述兩種系統資料的方法，通常包括：
　(1)期望策略：選擇最需要、最希望得到的結果；(2)安全
　策略：選擇最可能成功、最保險、最安全的途徑；(3)逃
　避策略：避免選擇最差的、有不良結果的途徑；(4)綜合
　策略：選擇最需要的而又最可能成功、不會產生壞結果的
　方案。

2.8.2　指導策略

　　古德斯騰認為職業指導人員應認清當事人的職業決策問題
究竟是缺乏明確完整的自我與環境資訊，還是不知如何決策而

導致的焦慮？前者為單純的「不明確」現象，屬於理性—認知方面的問題，焦慮乃問題之果；後者則為「猶豫不決」的現象，涉及情感—心理方面的問題，焦慮乃問題之因。由於問題成因不同，因此應採用不同的指導措施。「猶豫不決」的案例常涉及自我認同的混淆、懷疑、焦慮等。根據埃里克森的人格理論，青年學生在其追求自我認同、職業發展的過程中，不免有不安、模糊、不穩定的傾向，這是普遍而正常的現象。因此青年期職業指導的重點主要在於「不明確」現象的診斷與指導。

針對當事人的問題所在，心理學家發展了許多用以測評決策問題的量表。奧斯波等人根據與當事人的晤談經驗，設計的「職業決策量表」，以多元化的觀點分析可能造成個人職業決策不確定的原因，包括缺乏組織與信心、外在的阻礙、雙向衝突及個人內在矛盾等四方面。指導者可根據各項原因的診斷，亦可由量表的總分，了解當事人職業決策能力的高低，並作適當的預防與處理。

霍蘭德等認為診斷當事人的職業決策行為極其困難，根據其人格類型論的觀點，編制了「職業決策困擾量表」，包括缺乏職業世界的資料、不明確個人如何與職業世界相配合、選擇的焦慮以及對個人能力的懷疑等四項因素。

按照決策論的觀點，個人在面對職業決策時不能作出選擇，主要是由於當事人尚缺乏有系統有步驟的職業決策方法，即個人不能把握其職業發展方向或缺乏某種學習的結果，並由此而產生焦慮、缺乏自信心。職業指導者的主要工作即在透過系統的訓練措施，幫助當事人學習合理有序的職業決策技能，並進行各種和職業有關的探索活動，同時指導當事人評估這些

學習經驗對個人的影響。

決策論者爲配合職業指導實踐，編制了大量的指導材料。伽勒特等人編有《決定》、《決策與結果》等指導書，針對決策模式中各項關鍵要素（包括價值觀、相關資料、決策策略等），分別以文字說明、模擬練習、自我評估等方法，提供個人或團體學習之用。

2.8.3　評價

決策論運用經濟決策原理來分析研究職業行爲，並吸取了社會學習理論和其他學派的觀點和方法，對個人職業選擇與職業發展進行經濟的、社會的與個人的整體研究，並對個人的認知過程和決策步驟、技巧、方法進行系統的研究，建立起職業決策的系統模式。這一模式爲職業指導人員分析當事人的決策行爲、診斷職業問題和設計適當的訓練學習計畫提供了基本的框架，也爲編制職業決策能力量表和電腦輔助指導程序提供了理論基礎。

決策論將職業指導的重點放在培養和增進當事人的職業決策能力或解決問題的能力，從而爲職業指導工作指明了基本方向，對職業指導實踐具有重要的價值，同時該模式也發展出可供實際操作的指導方法與程序，可爲指導人員及當事人直接利用。

以上介紹了特性－因素論、人格類型論、需要論、心理動力論、職業發展論，以及行爲論與決策論等七種主要的職業指導理論學說。這些理論又呈不同的取向，各自有其不同的特點，分別從不同的角度揭示了個體職業行爲的不同側面，並分

別發展出不同的職業指導觀和指導方法系統，因而在職業指導的理論中占有不同的地位，但它們之間又互為聯繫，互為補充，共同促進了職業指導理論和實踐的發展。對這些理論作綜合的比較評價，對於揭示各理論的內在聯繫與邏輯發展、把握理論的基本方向是有必要的。我們將從理論的重要性、完整性、實證性及可操作性等四個向度來對各派理論作簡要的綜合評價。

就理論的重要性而言，特性—因素論無疑是職業指導領域最受重視的一種理論，其所確立的基本原理和方法一直為後繼的各派理論所借鑑、繼承和發展，尤其為實踐工作者所重視。與該理論屬同一模式的人格類型論，亦由於同樣的緣由而發展成為廣受重視的理論。職業發展論一反特性—因素論的傳統，從發展的角度來研究職業行為，從而實現了職業指導理論的重大突破，因而成為職業指導理論中一個重要的理論流派。其他各理論學說雖然也從不同角度揭示了職業行為的不同側面，但影響程度均不如特性—因素論與發展論。

就理論的完整性而言，職業發展論在各派理論中是最為突出的。科學研究的目的在於對事實加以解釋、預測與控制，但上述大部分理論均屬描述性質，只是對職業發展過程中各種影響因素或發展狀況作儘可能詳盡的描述，其研究的對象和領域均各有所重或各有所偏，但基本上都側重對職業選擇過程的研究，而對選擇後的職業行為缺乏考慮。唯有發展論從整體的觀點探究個人終生發展的過程，把職業發展置於整個人生發展的高度來考察，因而頗具理論的預測功能。

就理論的實證性來說，理論的形成有待事前或事後實證研究的支援。職業指導理論較少採用實驗性研究來探討職業發展

過程中的因果關係，大多採用描述性研究的方法，以若干樣本
為對象，觀察其所具特徵或發展狀況的差異情形。發展論理論
結構來源於長期的縱向式研究，在理論的實證性方面優於其他
理論。此外，特性—因素論、人格類型論、心理動力論也具有
較高的實證性。

就理論的可操作性而言，特性—因素論與人格類型論最能
指引適宜的程序進行研究，且已有相當可靠有效的工具可以利
用，歷年來已有許多研究以其觀點為基礎，探究個人職業的偏
好、持續情況及對工作的滿意程度。而發展論則較為籠統，各
概念間的關係甚為複雜，從而帶來研究的困難。決策論與行為
論的可操作性則屬中等程度，至於其他理論則可能因其概念較
多歧義，資料不易獲得，不易進行可操作性研究。

本章摘要

◆ 對職業指導的各種理論模式按其理論取向分為三大類：個人取向、社會取向、綜合取向。

◆ 特性因素論基本上是一種以經驗為導向的指導模式，其主要焦點就是人—職匹配。其理論基礎是差異心理學的思想。

◆ 人格類型論認為不同類型人格的人需要不同的生活和工作環境。

◆ 需要論中心論點是，一個人早期所受的養育方式，影響其追求的職業類型以及在所選擇領域中可能達到的水準。

◆ 職業選擇發展理論認為人們的職業意識和要求並不是在面臨就業時才具有，而是在童年時就孕育了職業選擇的萌芽，隨著年齡、資歷和教育等因素的變化，人們職業選擇的心理發生變化。

◆ 行為論認為職業發展過程主要受四個方面影響：遺傳素質和特殊能力、環境條件與特殊事件、學習經驗、工作定向技能。

思考與探索

1.試評職業理論各自的優缺點。

2.試述職業選擇發展理論。

3.試述特性─因素理論。

4.試述行為論的觀點。

第 3 章
職業選擇

　　職業選擇是人生的一次重大決策，作好這樣的決策，需要充分的資訊。職業選擇實際上是一個雙向的過程，求職者對職業進行選擇，同時，職業也對求職者進行嚴格的選拔。個體求職成功與否取決於雙方的需求是否能夠達成一致。因此，求職過程中遵循一定的原則、運用一定的技巧來促進選擇和選拔雙方的相互了解與統一，就顯得十分重要。

3.1　職業選擇概述

　　職業選擇，指個體依據、運用所掌握的職業資訊，從自己的職業需要、職業興趣、職業價值觀出發，結合自己的素質特點，尋求合適職業的決策過程。

　　職業選擇的目的是使人們能夠儘可能找到適合於自己的職業。由於現實中種種主、客觀原因的存在，如求職者能力與職業要求間的矛盾、求職者對職業的態度和職業需要之間的矛盾、求職者對待就業的心理準備充分與否以及職業供需的矛盾、職業資訊是否完整和迅速等限制條件，職業選擇並不能達到完全的自由而要受到一定的制約。因此，在職業選擇過程中要不斷地進行調節，兼顧社會需求和個人的個性、特長，處理好個人需要、興趣、理想與現實可能造成的職業間的矛盾，儘量實現求職者同職業崗位之間的相互匹配，形成優化組合。這樣，人們一旦就業，就能夠更快地適應新的職業角色，積極投入工作。一方面由於是自己喜歡的職業，工作起來心情愉快舒暢，能夠提高工作效率、增加職業滿意感，另一方面，職業與自己的能力、個性相適應，使個體更能在工作中發揮特長、開

發潛力，做出更多的貢獻並提高職業的社會、經濟效益。

3.1.1　職業選擇的原則

在職業選擇中，不同的人可能會走不同的道路達到不同的目標，遵循一些共同的原則，可以使人們少犯錯誤、少走彎路，盡可能快而順利地找到合適的職業。

（一）獨立性原則

在職業選擇過程中，個人會受到很多人的影響，這些人是在其成長過程中曾給予過幫助和指點的父母、師長、朋友等等。雖然在擇業中，總要聽取這些人的意見和建議，但是由於他們所處的時代已經不同以及他們自身的主觀意識，使得他們的觀點具有一定的局限性，並且也未必符合擇業者自己的觀點和需要。例如，某些家長片面追求熱門專業，而事實上這些職業在經過多年「熱門」之後，人才需求已經飽和，他們的子女卻因此不能從事喜歡和適合自己的職業。所以，在職業選擇中他人的意見和建議既可能有有利的一面，也可能有不利的一面，擇業者應該認真考慮這些意見和建議，採取其中正確和適合於自己的部分。畢竟，職業選擇是擇業者個人的事情，所以最終要由自己獨立自主地作出決定。

（二）現實性原則

人在做任何事情的時候都不能脫離實際而只依靠空想，因此個人在制定擇業計畫時，也首先應以社會的現實需要以及當時的社會職業狀況為基礎進行考慮，所制定的目標也應該是現

實可行的。有些人只知道追求完美的人生設計，其職業計畫過於主觀而不可能實現，結果只能招來挫折感和失落感。其實人是具有能動性的，儘管要受到現實的限制，但還是可以透過自己的努力來實現自己的人生目標的。

（三）勝任和難度原則

在選擇職業的時候，特別要考慮職業對個體的要求。不同的職業對人有不同的要求，因此個人的身體素質、個性特點、知識技能等應符合自己所要挑選的職業的要求，而不能盲目選擇自己不足以勝任的職業。這是由於對於力所能及的工作，人們通常能得心應手，心情愉快，而如果是不能勝任的工作，做起來就會力不從心，容易疲勞，產生挫折感和壓抑感，並且效率低下，使工作單位得不到應有的效益。但是如果選擇難度過低的職業，時間一長往往就會失去工作的積極性和創造性，容易懈怠和喪失興趣。有研究證明，在進行中等難度的作業時，人的發揮是最好的，情緒水準也能調整到最高。所以，選擇的職業一方面自己能夠勝任，另一方面也應具有一定的挑戰性，這樣才能作出更好的成績。

（四）興趣和特長的原則

在選擇職業時，除了考慮社會需要和當前就業狀況以外，還應兼顧到自己的興趣愛好和能力特長。在做自己有興趣的職業時，個人能夠投入莫大的精力和智慧並發揮無限的積極性和創造性。當避開自己所不擅長的工作，從事能突出自己能力和優勢的職業時，個人就可以最大限度的控掘出自身的潛力，以達到成功。遵循這一原則，對個人的發展和職業工作的發展具

有雙重促進作用。

（五）發展性原則

在當代社會，已經越來越多地考慮到個人整體的發展。職業除了作爲謀生手段以外，還爲人們打開了謀求發展的大門。在選擇職業時，不僅要遵循以上原則，還要考慮兩個問題，就是職業本身的發展和個人自身在職業中的發展。當面對一個單位時，其實力、提供的深造及晉升等機會、前途、上下級關係等影響職業發展的條件都得加以重視。

3.1.2 影響職業選擇的因素

影響職業選擇的因素很多，包括個人方面的主觀因素和外在的客觀因素。如果能夠了解和把握這些因素，找出其中的規律並加以利用，就易於掌握職業選擇的主動權，在求職競爭中獲得成功。

（一）主觀因素

這是求職者自身所有的影響其職業選擇的一些因素，主要有以下幾個方面：

◆年齡因素

這是個人是否適合於從事職業的首要因素。未達到一定年齡的人某些生理機能和心理能力發展未成熟或沒有定型，不具有穩定的職業適合性，因此不能參加工作。而超過一定年齡即進入老年的人各方面機能衰退，一般也不適於再進行工作。對有些職業來說也只適合某一年齡層的人，例如一些吃「青春飯」

的職業像模特兒之類就只適合年輕人。

另外，年齡的不同還會影響人們職業選擇的方向。年紀大的人閱歷豐富、頭腦冷靜，對職業選擇的目標十分明確、有針對性，但他們心理定勢較強，不易也不願接受新的職業。對於年輕人，儘管在職業選擇中比較有盲目性和衝動性，但他們更願意嘗試新的職業，也容易適應新的職業要求。

◆性別因素

男性和女性在職業選擇的範圍上有所差異，一方面是由兩性間的生理差異造成的，這是合理的原因；另一方面，社會傳統觀念特別是對男女社會角色期望存在著差異，因而人為地在男女的職業範圍上加上了種種限制。在男權為主流的社會裡，女性在事業發展中會比男性受到更大的阻力，因而在擇業時需要更多地考慮到婚姻和家庭，由此可能影響到工作的進展。雖然在我國男女平等的實現程度較高，但很多單位在招募員工的時候還是會對性別有一定的要求。

◆教育文化因素

受過一定的文化知識教育和職業技術培訓的人在求職的時候會有較大的優勢，就業機會較高。並且學歷的高低不同，所獲得的職業也會有所差異，由於教育能提高人的社會地位，所以有較高學歷或受過較多教育的話，在擇業時就可以取得較好的、地位較高的職業。此外，具有較高教育文化水準對就職以後的繼續發展也很有幫助，如在評職稱、加薪、晉升時會有更多的機會。

◆經歷因素

有工作經歷的人比較能考慮到實際情況及自身的條件，在求職時也更易被接受。

◆個性因素

這是關於個性心理特徵和個性心理傾向性等心理因素對職業選擇的影響。

（二）客觀因素

除了求職者自身的條件以外，還有許多影響職業選擇的外在因素。這些因素並不直接發生作用，而是透過影響求職者個人的主觀意識來達到對其職業選擇的影響作用。主要有以下這些：

◆家庭因素

一是家庭本身的經濟狀況和社會地位，一方面人們可能會「繼承」自己家庭原先的經濟來源和社會地位，如社會中層出身的人較社會底層出身的人更有可能取得較高地位的職業；另一方面，家庭經濟拮据或社會地位低下的人也可能想透過尋找好的職業來力圖改變自己的現狀。二是家庭成員的影響和期望，特別是父母的職業意識會影響到子女對職業的看法，使他們認同和選擇父母所欣賞並期望他們去從事的職業。在某些時候，家庭成員甚至可能直接干預個人的職業選擇。

◆社會和文化因素

社會習俗和文化傳統對職業的觀點會影響個人對待職業的態度和觀念，從而影響人們選擇職業時的目標。另外，社會輿論及擇業者周圍的人際關係也會對其產生作用，例如擇業者所處社會的輿論導向以個人奮鬥爲主，擇業者就會選擇白手起家的道路，如果一個人的朋友圈中大多找到了較好的職業，那麼他也可能受到一種無形的壓力要去尋找一份與他人地位相當的職業。

◆資訊因素

資訊是人們作出職業選擇決策的重要依據，能夠促進或阻礙個體選擇某一項職業。同時資訊提供了人們求職的各種機會，反過來也告訴人們種種職業要求和限制條件。如果所獲得的訊息量充分且及時，求職者就能夠在職業選擇中把握更大的主動權。

◆偶然因素

偶然因素是在職業選擇過程中個人無法加以掌控、隨機發生的一些情況，這些不穩定且不可預見的情況可能會改變職業選擇的方向，促進職業選擇的進程，也可能具有阻礙作用。當偶然因素有利於求職者時一般便被稱做機遇，如果面臨機遇時能夠有所準備並牢牢把握，這機遇就可能為個人的職業選擇帶來意想不到的收穫。

3.2 職業選擇的策略

在相對自由地選擇職業的前提下，人們通常會在尋找工作時主動採取一些方法來滿足自己的需要和願望。不同的人會採取不同的方法，針對的重點也不同，如有的人希望待遇好些，有的人看重良好的人際關係，有的人強調個人發展，也有人以工作中的挑戰為重點。總的來說擇業策略可分為以下幾種：

3.2.1 符合專業

在選擇職業時，有些人以自己所學的專業為考慮的重點，

希望從事的職業與自己所具有的專業知識、技能以及經驗是直接相關的。這也是一種以工作內容爲中心的策略，如一個人學習的是電腦專業，所從事的職業是以軟體發展爲工作內容的軟體工程師。實際上，在學習專業知識、接受職業教育培訓之前，擇業者已經進行了一次對未來所從事職業的預備選擇，所學習的專業代表了擇業者的職業理想，與這樣的專業相關的職業也是擇業者所感興趣的。

另外，經過長期的專業學習和準備，個體已具備了有關職業所要求的專業知識技能。一方面，對單位來說不必再對新進人員進行培訓，另一方面對個體自身來說已相當熟悉相關的工作，並已具備相當的經驗，一旦進入職業崗位開始工作，就能較快地適應新的職業生活和職業角色。

選擇「符合專業」的職業，擇業者多數是爲了學有所用，發揮自己的一技之長，並透過專業性的工作達到個人發展的目的，最終實現自己的理想。

3.2.2　以工作爲重點

對有些人來說，在學習專業知識和接受職業教育之前並沒有選擇自己喜歡的專業，因此在選擇職業時也不會以「符合專業」爲重點，而通常把工作作爲首要的考慮內容。以工作爲重點包括兩種情況：一種是看重工作內容，這與「符合專業」的策略較爲相似。擇業者選擇的職業其工作內容雖然與自己的專業很少有聯繫或根本無關，但這種工作內容是自己所感興趣或能夠發揮個性和特長的。從事這種工作就能使人積極工作，追求成功，實現自我。另一種情況是以工作性質爲重點，如有些

人喜歡有變化、富有挑戰性的工作，即使工作沒有特別的保障也行，認為這樣更能考驗和顯示自己的能力，從事這種職業，自我也更能求得廣闊的發展。也有的人追求工作性質穩定的職業，這種穩定性表現在工作地點和內容不常變化、待遇及地位有所保障等方面。選擇穩定職業的人性格多為保守內向的，他們的安全需要通常比較強烈，工作穩定實際上是滿足了這種需要。

3.2.3　以單位為重點

對許多職業來說都必須依託某一個單位使從事這一職業的人得以工作。在不同的單位裡，即使工作內容和性質都相同，工作條件、待遇、人際關係、管理、發展機會也會有所不同。因而對個人來說，進不同的單位工作就會有不同的未來。有些人考慮到這一點，就把專業和工作放在次要的位置而採取以工作單位為主的擇業策略。採取這樣的策略有一定的好處，由於環境、歷史條件等因素的作用，不同的單位形成了不同的實力和風格，在工作環境、管理方式、人際氛圍、晉升發展等方面各有長短，擇業者根據自己重視的方面對其有所選擇，有利於增加職業滿意感。另外，擇業者自身具有不同的個性特點，需要與不同的環境配合。在環境適合於自己的單位中工作，就更能發揮自己的個性和特長。

採取這一策略的基礎首先是工作單位的實際利弊，同時也基於社會上關於各種單位的傳統觀念和個人對這些單位的評價。

3.2.4　嘗試策略

　　嘗試策略能夠幫助人們在多種職業中選擇到一份對自己來說較為理想的職業。採用這一策略的人通常不能確定自己究竟想要或者適合從事什麼樣的職業，因而在剛進入職業界時，嘗試涉足多種職業模式，看這種模式是否適合自己，然後決定是否要繼續做下去。嘗試性策略作為一種不確定的試探，不僅包括短期的臨時工作，也包括業餘時間的打工和兼職。在對多種職業進行嘗試之後，人們可以根據自己對這些職業的感受和作出的不同成績作出比直接選擇某一職業更為全面可靠、更有遠見的決定來。除此以外，透過多種嘗試人們還可以獲得開拓眼界和知識面、積累更多經驗、建立對將來可能有利的關係網等益處。但嘗試性策略若使用不當，也可能帶來一些麻煩，例如嘗試過多職業反而不知何去何從、做兼職可能會過多地分散自己的精力以致哪樣工作也做不好。因此要謹慎使用這一策略。

3.3　職業選擇的過程

　　職業選擇的過程是一個重大的人生決策過程。面對這樣一個非同小可的決策，全面掌握資訊，知己知彼，是決勝的根本保證。從決策的角度來看，職業選擇的過程就是一個收集資訊、處理資訊、作出決策並付諸行動的過程，包括評鑑自我、收集就業資訊、分析整理就業資訊、匹配與決策、求職行動五個環節。

3.3.1 評鑑自我

擇業的過程是一個發現自我、認識自我、挖掘自我潛能的過程。因此，當一個人準備選擇職業的時候，第一件要做的事情就是多層次、多角度地了解自己，明確自己在擇業任務面前的心理定位，以避免在擇業過程中失去對自己的把握，造成擇業失誤，導致今後職業不適，事業無成，枉費自己的青春和其他寶貴資源。

（一）自我總結

自我總結從時間概念上來說，就是對自己的過去和現在的情況進行評價。

◆現在的情況

明瞭自己當前的狀況有利於自我指導未來的發展方向。大學（專）畢業生的自我總結，可以集中在這樣幾個方面：(1)為什麼上大學（專）；(2)為什麼選擇現在這所大學（專）；(3)為什麼選擇現在的專業；(4)對大學（專）的老師和同學印象如何；(5)在大學（專）透過哪些方法和途徑學到了哪些專業知識、技能以及哪些專業以外的本領；(6)自己的優缺點、興趣愛好是什麼；(7)自己的人生觀、價值觀與未來的抱負是什麼；(8)老師、同學、父母、親戚、朋友及其他周圍的人對自己的評價、看法和期望如何；(9)大學（專）生活對自己未來可能產生的影響是什麼等等。

其他人員，如待業人員或剛剛離職準備再就業的人員，可以參照上述內容的框架對自己的當前情況進行總結。

透過總結，個人會對自己產生一個全面、明晰的印象。最好趁此將這些內容整理出來，以備撰寫簡歷和接受面試時參考使用。

◆過去的情況

透過對自己過去經驗的總結，有利於理解自己的現在和推斷自己的未來發展。對過去情況的總結可以從關鍵人物、關鍵事件和職業幻想三方面入手：

1. 在自己過去的歲月中，影響過自己的關鍵人物可能有：
   (1)家庭成員：祖父祖母、父母、兄弟姐妹等等；(2)社會交往：朋友、老師、同事、長輩、鄰居等等；(3)參照人物：歷史名人、社會名流等等。

2. 影響過自己的關鍵事件可能有：(1)家庭事件：兒時的遊戲、家庭人際交往、家務活動、移居、父母離異、家庭成員意外事故等等；(2)社會活動：重大社會事件、旅行或去外國外地生活、求學、短期工作、創造性活動等等；(3)自我身心事件：健康問題、獎懲經歷、成功、挫折等等。

3. 過去曾經幻想過、嚮往過的職業對現實的選擇也會發生潛在影響，因此，可以從三方面進行分析：(1)列出自己曾經嚮往過的職業或工作，看看其中有無現在仍然感興趣的職業；(2)分析一下，自己多年來為自己最感興趣的職業或工作做出過哪些努力與嘗試，是否有過成功的感受；(3)分析自己曾經嚮往過的這些職業或工作能夠滿足五個需要層次（生理需要、安全需要、愛和歸屬的需要、自尊需要、自我實現需要）中哪個層次的需要。

◆結合當前情況評價與過去情況評價

個人可以從下述五個方面對自己進行一個「自我滿意度」測試：

1.自己讀大學（專）時的形象與氣氛。

2.自己的專業成績、專業水準與各種能力。

3.自己的社交圈子與生活方式。

4.自己將來發展的實力。

5.自己大學（專）生活的整體印象。

在最終決定自己的滿意感時，對自己的期望值進行檢驗，看看是否定得過高或過低，並進行適當的調整。

（二）自我發掘

透過對自己過去與當前情況的總結，進一步對自己進行深度挖掘，有利於發現自己與未來職業發展有關的品質。

◆明確自己的優缺點

敢於面對自己的優缺點，是一個人心理成熟的標誌，在明確自己優缺點的基礎上確認自己的真實形象，有利於自我調整與自我發展，可以參考表3-1中的十二對項目對自我的積極肯定面與消極否定面進行評定。

如果自我評價的結果中否定特徵占了一半以上，則需要了解造成自己性格上問題的原因：(1)是否受家庭或他人的保護太多；(2)是否缺少鍛鍊機會；(3)是否過去受到過太多的挫折與打擊；(4)是否對自己的出身、所在地、所在學校、所學專業有自卑感；(5)是否自己與周圍他人對事物的看法很不一致等等。然後根據原因進行自我調整。

表3-1　自我肯定與自我否定性格特徵自評表

肯定的性格特徵	否定的性格特徵
1.積極主動地面對問題	1.消極被動地應對問題
2.認爲自己在某一方面比誰都強	2.沒有什麼值得絕對驕傲的地方
3.喜歡自我屬性的工作且不怕失敗	3.做事總怕失敗
4.被人看成是可以依賴的人	4.被人看成是不好依賴的人
5.對未來充滿希望	5.對將來沒有太大的希望
6.覺得現在過得很充實	6.做什麼事都不能專心致志
7.能明確闡述自己的意見	7.對明確表示自己的意見有一種不安的心理
8.遇到難題一般都能自己解決	8.遇到難題總想讓別人幫助解決
9.相信自己做的事是正確的	9.做事不太自信
10.認爲自己是幸福的人	10.總認爲自己是不太走運的人
11.遇到任何事情都想嘗試一下	11.對新的事情總有畏難情緒
12.過去一直按照自己的想法走過來	12.過去基本上是湊合著過來的

◆體察自己的個性

　　結合職業選擇了解自己的個性，可以從三個方面著手：(1)能力；(2)職業興趣；(3)價值觀。

　　第一，自我能力評價。可以採用十分制對自己的下列能力進行評價：語言表達能力、動手能力、領導協調能力、注意集中能力、感知領悟能力、計算能力、邏輯推理能力、分析決策能力、記憶能力、創造能力、忍耐力、體力，還有形狀知覺能力、運動協調能力、動作靈巧性、手指靈活性等等。

　　不過，能力也並非一成不變，如果自己能在今後的工作中爭取鍛鍊機會，有些能力還是可以獲得或提高的。

　　第二，興趣是一個人專注於特定活動或對象的動力來源。了解自己的職業興趣，選擇符合自己興趣的工作將會影響到以後自己在工作中的投入和相應的成功。美國國家就業服務中心

1979年出版的《職業探索指南》歸納了職業群體的十二種興趣模式，可供參考：

1.藝術興趣：對情感和思想的創造性表達感興趣。

2.科學興趣：對真實世界資訊的發現、收集、分析及對科學研究在醫學、生命科學、自然科學方面的應用問題感興趣。

3.植物與動物興趣：對涉及植物、動物的活動，特別是戶外活動感興趣。

4.保障興趣：運用權威與權力保護人和事的興趣。

5機械興趣：在現實情景中運用機械原理，使用機械工具、手工工具或技術的興趣。

6.企業興趣：對工廠中常規的、具體的、組織的活動感興趣。

7.經營實務興趣：對需要精確、深入細節的、組織的、清楚定義的，通常是行政情景中的活動感興趣。

8.銷售興趣：運用推銷技巧，透過勸說影響他人接受自己觀點的興趣。

9.招待興趣：通常在服務型關係中，迎合他人需要的興趣。

10.人道興趣：以滿足他人心理的、精神的、社會的、物質的或職業的需要來幫助他人的興趣。

11.領導—影響興趣：運用言語領導和影響他人的興趣。

12.身體表演興趣：身體活動的興趣，通常是面對觀眾的表演。

第三，職業價值觀作為選擇與適應職業的價值嚮導，對一個人的職業態度發揮著關鍵性的影響。職業價值觀有傳統的和

現代的兩大類別七種價值觀，準備求職的個人可以根據自己的情況對這七種價值觀排序，以決定自己選擇時的側重點。

傳統的職業價值觀包括經濟價值、安全價值和倫理價值。

現代的職業價值觀包括個人身分感、自我價值感、個人成長與成就感、社會交往。

如果透過自評，個人還不能確定自己對自己的個性是否眞正全面把握的話，可以求助於專業心理學工作者和職業指導專家，他們可以運用一些標準化的心理測量工具（如一般能力傾向測驗、霍蘭德職業傾向性測驗、斯特朗—坎貝爾職業興趣測驗等等），對求助者的個性特徵進行科學、客觀、全面的測評。

◆揭示自己的困擾

把職業選擇過程中困擾自己的問題揭露出來，及時加以排除，也是保證決策過程理性化的一個重要方面。職業選擇中的苦惱可能會來自自己認爲不滿意的三個方面：

1.來自自己的苦惱：(1)性格與能力；(2)健康與體力；(3)生理特點；(4)學業成績。

2.來自他人的苦惱：(1)朋友與師生關係；(2)戀愛問題；(3)父母親戚關係；(4)其他人際關係。

3.來自就業問題本身的苦惱：(1)畢業後的發展和前程；(2)就業的激烈競爭；(3)家庭經濟情況、父母期望與事業發展之間的矛盾；(4)生活目標不清楚等等。

第一類苦惱所涉及的內容是無法改變的，需要自己正確對待，在擇業時揚長避短；第二類苦惱所涉及的內容是可以爭取改善的；第三類苦惱所涉及的內容正是在擇業過程中需要解決的問題，主動權掌握在自己手中。

（三）確定自己的「職業錨」

「職業錨」即職業自我觀，由自省的才幹和能力、自省的動機和需要、自省的態度和價值三個要素構成，其功能是指導、制約、穩定和整合個人的職業。

「職業錨」的類型有：技術型、管理型、安全型、自主型與創造型等等。

透過理性的自省確定自己一生的職業起點和職業歸屬，有利於找準「踏腳石」，把自己的人生資源投向某一確定方向，引導自己的「職業航船」乘風破浪，到達成功的彼岸。

3.3.2　收集就業資訊

（一）收集資訊的原則

收集就業資訊是一個科學性、技術性都很強的活動，要取得資訊收集的成功，遵循一定的操作原則是必要的。

◆準確、真實性原則

就業資訊是擇業決策的依據，準確、真實與否直接影響決策的正確性。由於就業資訊虛假造成的決策失誤往往帶來多方面的損失，因此，在收集就業資訊的時候，一定要透過鑑別資訊來源等多種方法確認就業資訊的準確性和真實性。

◆適用、針對性原則

要根據自己的實際情況去收集有關的就業資訊，以免資訊收集範圍太大而浪費不必要的經歷與時間，而且資訊的蕪雜還會干擾合理決策的作出。

◆系統、連續性原則

　　就業資訊在許多情況下表現得十分零碎，需要求職者善於連續收集有關資訊，把相關的各種資訊積累起來，進行加工、提煉，形成比較客觀、系統、能夠全面反映就業市場、就業政策、就業動向的有效資訊。

◆計畫、條理性原則

　　收集就業資訊應該有計畫、有方向，做到有的放矢。在處理資訊的時候，要有輕重緩急，方法得當。

（二）職業資訊的內容

　　職業資訊指與個人職業社會有關的知識和資料。職業資訊的範圍十分廣泛，既包括反映整個就業市場的社會職業狀況方面的資訊，也包括反映特定職業的性質、任務、要求、待遇及升遷機會等具體情況的資訊，同時還包括與獲得職業資格有關的教育培訓資訊。一般說來，就業決策所必需的職業資訊有如下幾種類型：

◆社會職業狀況

　　社會職業狀況反映一個國家或社區的產業結構、行業結構、職業結構以及就業制度與就業政策的基本情況。從整體上了解社會職業狀況，無論對個人進行有效職業選擇還是職業指導機構有效從事職業指導，都是十分重要的。

　　第一，產業的分類與結構。正如第2章所介紹，人類歷史上先後出現了四大產業。從事第一產業（農、林、牧、礦、漁業）的人數呈不斷下降的趨勢，轉入第二、第三產業的人數呈不斷上升趨勢，第四產業也正在興起，從業人數也在不斷增加。

　　第二，行業結構與分類。我國行業標準分類第七次修訂

時，將我國的行業分成十六個大類：(1)農、林、漁、牧業；(2)礦業及土石採取業；(3)製造業；(4)水電燃氣業；(5)營造業；(6)批發及零售業；(7)住宿及餐飲業；(8)運輸、倉儲及通信業；(9)金融及保險業；(10)不動產及租賃業；(11)專業、科學及技術服務業；(12)教育服務業；(13)醫療保健及社會福利服務業；(14)文化、運動及休閒服務業；(15)其他服務業；(16)公共行政業。

第三，職業的分類與結構。職業不同於行業。行業是按職業組織的社會職能來劃分的，而職業是按勞動者所從事的具體工作性質來區分的，因此，一個行業中可能包含從事多種職業的人，而同一種職業則可以適應各種不同的行業。職業的類別劃分十分複雜，職業之間的交叉現象比較常見，因此，職業分類的標準也多種多樣，有按工作性質分的，也有按教育程度分的，還有按人格特徵分的（如霍蘭德的職業分類系統）。而且，隨著社會的進步，職業的變化也很快，一些舊的職業被淘汰，新的職業不斷產生，因此，一個國家每隔一段時期，就要公布新的職業分類方案，供社會和求職者參考。

我國81年修正公布的職業標準分類將當時的職業分為十大類、三十七中類、一百一十四小類、三百九十四細類。十個大類是：(1)現役軍人；(2)民意代表、行政主管、企業主管及經理人；(3)專業人員；(4)技術員及助理專業人員；(5)事務工作人員；(6)服務工作人員及售貨員；(7)農、林、漁、牧工作人員；(8)技術工及有關工作人員；(9)機械設備操作工及組裝工；(10)非技術工及體力工。

在一個具體的職業單位中，由從事各種不同行業的人員按照一定的層次、一定的結構組織起來，共同完成單位的目標。

◆職業或工作說明書

　　職業或工作說明書是具體、詳細介紹某種特定職業（職務或工作職責）性質、任務、待遇以及對人員的要求等內容的書面文件，通常從科學嚴格的工作分析中得來。

　　職業或工作說明書一般包括職業（職務、工作）名稱、職務描述和職務規範三個基本部分。

　　由於每一項工作的工作場所、隸屬關係以及實際工作內容不同，因此在許多情況下，雖然職務名稱相同，但實際工作內容卻十分不同。

◆教育與培訓資訊

　　個人為了獲得與特定職業相適應的資格（知識、技能與態度），需要在求職前接受相應的教育或培訓，因此，教育與培訓資訊就成了職業資訊的重要組成部分之一。有效的教育培訓資訊應包括下面一些內容：

1.學習或培訓機構的基本情況：性質與目標、規模與組織、專業設置、教學條件、教學輔助措施（膳食、獎學金及課外生活等等）。

2.招生情況說明：入學條件（入學資格、考試科目、錄取標準及其他身體或心理條件）、學習與生活費用。

3.畢業生情況：畢業生去向、發展前景。

（三）收集就業資訊的管道

1.國家、地方就業指導部門。

2.學校就業指導機構。

3.新聞媒體。

4.人才市場、職業指導機構與其他職業仲介機構。

5.社會關係網路。

6.社會實踐（實習）。

7.網際網路。

3.3.3 分析、整理就業資訊

當收集到一定的就業資訊後，擇業者就要結合自己的情況，依據國家有關的政策、法規以及社會常識對它們進行去偽存真、去粗取菁的篩選，以及有目的、有針對性的排列、整理和分析。

（一）就業資訊的鑑別

首先，應該對資訊的真實性和有效性進行認真的鑑別，一看資訊來源的可靠性，二看內容的明確性與有效性。

一般來說，一則比較好的就業資訊應該包含以下要素：

1.工作單位的全稱、性質及上級主管部門名稱。

2.工作單位的實力、遠景規劃、在行業中以及在社會上的地位。

3.對從業者年齡、身高、相貌、體力等生理條件方面的要求。

4.對從業者道德品質、工作態度等方面條件的要求。

5.對從業者學歷以及學業成績的要求。

6.對從業者的職業技能及其他才能的特殊要求。

7.對從業者職業興趣、職業能力、氣質等心理特徵方面的要

求。

8.工作時間安排：工作時間的長短、班次安排等等。

9.工作地點：工作單位的地址及交通路線。

10.工作環境：室內還是戶外，工作場所溫度、濕度、有無污染、是否高空作業或水下作業等等。

11.個人收入及福利條件。

12.工作前途：工作晉升、進修培訓等等。

（二）就業資訊的選擇

一旦就業資訊被確認爲眞實有效，緊接下來就要鑑別資訊的適合性。可以從專業性、興趣愛好及性格特徵三個方面來鑑別就業資訊的適合性。

◆專業性

專業是否符合，往往是用人單位與畢業生雙向選擇中的共同標準。符合專業可以縮短個人進入職場後的適應期，使個人更容易發揮專業特長，避免自己專業資源的浪費，也可以減少企業在職業培訓中的投入。因此，選擇符合專業的就業資訊納入考慮是適宜的。

◆興趣愛好適合性

由於升學時的專業選擇並不一定是個人自己的意願，許多大學生在求學期間仍對自己的興趣比較專注，因此，在畢業選擇職業的時候，符合專業並不一定是自己唯一的考慮。興趣是一個人在職業中取得成功的重要條件。但是，在做出以自己的興趣愛好爲擇業出發點的時候，也需要認眞權衡利弊。

◆性格特徵的適合性

充分考慮所選擇的就業資訊與自己的性格相吻合，以便今

後更容易適應工作，更容易勝任自己的職業角色要求。

（三）就業資訊的處理

◆正確、有效地選擇就業資訊

要正確、有效地選擇就業資訊，首先需要在較短的時間內查閱大量的職業資料，以便從中選出最有用、最重要的資訊；其次，要善於運用查詢、核實等方法來鑑別、判斷、識別就業訊息的準確性與有效性，用關聯社會政策與自身特點的方法使就業資訊的選擇具有可行性。

◆善於發掘就業資訊

資訊是否有價值，往往取決於人們怎樣利用。透過認真的分析、綜合與推斷、假設、驗證，發掘資訊的價值，對於擇業來說，也是十分有利的。

◆迅速作出資訊回饋

就業資訊的時效性很強，及時使用就是財富，過期不用就自動作廢，因此，一旦手中掌握了正確、有效、可行的就業資訊，就應該及時綜合這些資訊，進行職業匹配和決策，並及時向用人單位發出回饋，以免坐失良機。

3.3.4 匹配與就業決策

獲得正確、有效、可行的就業資訊後，緊接下來就是要對這些資訊進行綜合，與自身的有關資訊進行匹配，作出正確、合理的決策。

（一）準確診斷自己的就業心理

前面已經討論了關於個人職業理想、價值、目標、個性特徵、興趣和能力的評價。現在，我們要作的是透過「個人職業資料」的問卷把這些方面結合在一起，綜合診斷自己的就業心理，如表3-2所示。

（二）深度挖掘職業的價值

在綜合評價個人資訊的基礎上，現在就可以透過就業資訊對職業進行綜合評價了。最好能夠在你認為合適的職業中選擇最能吸引你的三種職業。過分狹窄的職業選擇，會限制一個人發現更適合他的職業的機會。在開始縮小職業選擇面之前，探索所有可能性是十分重要的。

職業文獻通常描述工作本身、工作是如何組織的、人員的必備條件、所需訓練、職業的未來展望、報酬和利益等等。在閱讀有關各種不同職業的文獻時，你必須記住一些重要的問題。第一，要注意資訊是不是新近的。絕大多數職業資訊很快就會過時，因此，注意出版日期是十分重要的。由於供需和技術的變化，許多職業都在迅速變化。第二，這個職業中的工作是不是合乎自己的興趣？認真考慮所要做的工作，看看自己是否能在其中獲得樂趣也是十分重要的。第三，工作在什麼地點。職業的環境條件對我們的職業滿意感也有十分重要的影響，工作的場所和條件對我們來說是非常重要的。第四，這個職業的未來前景怎麼樣？往後若干年的就業趨勢也很重要。第五，進入這個職業及在其中獲得成功需要具備一些什麼條件？回答這些問題，需要強調教育訓練的程度以及能力、興趣。第

表 3-2　個人職業資料問卷

　　我們的夢想在職業生涯的選擇中起著十分重要的作用，它使我們有機會運用我們的想像力和創造力。人類潛能專家告訴我們：我們中的大多數人由於不願意思考這樣的問題：若一個人能真正盡最大努力去作好一件事最後能促成什麼？因此，只用到他們潛能的很少一部分。想想你過去已經擁有的一些職業夢想和憧憬，如果你曾經盡其所能，這些夢想中哪些已經實現？在下面的空格中，列出一些你認爲你有可能實現的夢想和意象：

我的職業夢想與意象

_____	_____
_____	_____
_____	_____

　　下面，我們再來看看我們的職業價值觀。價值觀通常反映我們內心深處所抱有的、應該怎樣生活的信念，也是我們希望滿足需要的反映。本章前面，我們已討論過，一般來說，傳統的職業價值觀有經濟價值、安全價值、倫理價值，現代職業價值觀有個人認同、自我價值、個人成長和成就感、社會交往等方面。根據你對這些重要的擇業價值觀的看法，在下面的空格中按重要性順序，從最重要到不十分重要，寫出五個你認爲對你來說最重要的職業價值。請你獨立填寫，發揮自己的創造力。

我的五個最重要的職業價值

1. _____
2. _____
3. _____
4. _____
5. _____

　　既然你已經確定了你最重要的職業價值，想一想你的一些職業目標吧。試描述你最嚮往的未來生活風格。想想：你願意住在哪裡，你理想的生活安排（與家人一起住，還是獨自一個人住）是什麼，你希望繼續進行或繼續發展的娛樂活動是什麼，你認爲對你身心健康有利的適量工作生活壓力是多大，以及你認爲重要的其他方面。在下面的空格中描述你所嚮往的生活風格：

我所嚮往的生活風格

我願意居住的地方：_____
我喜歡的生活安排：_____

（續）表3-2　個人職業資料問卷

我希望繼續從事的活動：＿＿＿＿＿＿＿＿＿＿＿＿＿＿＿＿＿＿＿＿

我希望建立和保持的人際關係：＿＿＿＿＿＿＿＿＿＿＿＿＿＿＿＿＿＿

我的家庭生活將包括：＿＿＿＿＿＿＿＿＿＿＿＿＿＿＿＿＿＿＿＿＿＿

對工作生活的看法：＿＿＿＿＿＿＿＿＿＿＿＿＿＿＿＿＿＿＿＿＿＿＿

其他方面的考慮：＿＿＿＿＿＿＿＿＿＿＿＿＿＿＿＿＿＿＿＿＿＿＿＿

　　在考慮我們希望得到滿足的職業特質時，準確把握自己的工作動機是十分重要的。如果我們能找出我們希望從職業情景中得到什麼的話，我們就能發現更多所期望的工作特質。在下面的空格中，請你用「腦力激盪法」將你能夠想到的代表你最終將選擇的職業的有關願望填寫出來。運用你的想像力和創造力列出你認爲能給你帶來滿意感的各種願望。例如，彈性工作時間、承認、責任、好的主管、滿意的工資、友誼等等。試用「腦力激盪法」列出包括至少二十個願望的單子。

我的職業願望

＿＿＿＿＿＿＿＿　　＿＿＿＿＿＿＿＿　　＿＿＿＿＿＿＿＿

＿＿＿＿＿＿＿＿　　＿＿＿＿＿＿＿＿　　＿＿＿＿＿＿＿＿

＿＿＿＿＿＿＿＿　　＿＿＿＿＿＿＿＿　　＿＿＿＿＿＿＿＿

＿＿＿＿＿＿＿＿　　＿＿＿＿＿＿＿＿　　＿＿＿＿＿＿＿＿

＿＿＿＿＿＿＿＿　　＿＿＿＿＿＿＿＿　　＿＿＿＿＿＿＿＿

＿＿＿＿＿＿＿＿　　＿＿＿＿＿＿＿＿　　＿＿＿＿＿＿＿＿

　　實際上，我們必須承認，幾乎沒有哪一種職業可以滿足所有的願望。如果你能夠把你的願望縮減在五個能給你帶來長期最大滿足的願望之內，你會選哪五個？把「1」寫在你覺得最重要的願望前面，「2」寫在第二重要的願望前面，如此類推，直到你把這五個你認爲最重要的工作特質激勵因素排定。這些就是你認爲一個理想的職業環境應該提供的滿足因素。

　　接下來，我們再來考慮考慮個性特徵。正如我們在前面所提到的，我們對職業的長期滿意感取決於在我們所從事的職業中表達個性的能力。在開始思考個性如何影響職業選擇的時候，你可能希望回答下列問題：

我的個性特徵

· 我喜歡認識新面孔嗎？　　　　　　　　　　　　是　　否

· 我是一個外向的人嗎？　　　　　　　　　　　　是　　否

（續）表3-2 個人職業資料問卷

・我喜歡獨自一個人工作還是與其他人一起工作？	是	否
・我是一個領袖人物嗎？	是	否
・我是一個追隨者嗎？	是	否
・我喜歡監督別人嗎？	是	否
・我整潔、細心嗎？	是	否
・我靈活嗎？	是	否
・我喜歡變化嗎？	是	否
・我喜歡競爭嗎？	是	否
・我需要很多鼓勵嗎？	是	否
・我能在壓力下好好工作嗎？	是	否

　　這些問題的答案無正確錯誤之分。如果你對「我是一個外向的人嗎？」這個問題回答「否」的時候感到不舒服，那麼，懂得外向並不一定比羞怯好這一點就顯得十分重要。如果你所喜歡的工作需要你認識新面孔，對於外向的人來說，這就是一個好職業，如果你是一個羞怯的人，在另外一些職業中，你可能比外向的、喜歡與陌生人接觸的人適應得更好。這並不意味著你的個性就不可改變，然而，在最舒服的情況下開始職業生涯總比一開始就需要進行戲劇性轉變好得多。你可以在自己感到舒服的情況下逐步地變化。

　　正如我們前面提到的，我們的興趣可以告訴我們哪種工作更能使我們獲得長期的滿意感。也許你對下列問題的回答能使你對自己的興趣產生更深入的看法：

我的興趣

・在這個環境中，我喜歡做什麼樣的事情？＿＿＿＿＿＿＿＿＿＿＿

・我喜歡讀什麼樣的書？＿＿＿＿＿＿＿＿＿＿＿＿＿＿＿＿＿＿＿

・我喜歡什麼樣的娛樂活動？＿＿＿＿＿＿＿＿＿＿＿＿＿＿＿＿＿

・我喜歡什麼樣的人？＿＿＿＿＿＿＿＿＿＿＿＿＿＿＿＿＿＿＿＿

・我喜歡什麼樣的課程？＿＿＿＿＿＿＿＿＿＿＿＿＿＿＿＿＿＿＿

・我滿意我現有職業的哪些方面？＿＿＿＿＿＿＿＿＿＿＿＿＿＿＿

・我喜歡什麼樣的電視節目？＿＿＿＿＿＿＿＿＿＿＿＿＿＿＿＿＿

　　能力是保證我們在有興趣的職業中成功的要素。大多數人都不知道自己全部潛能的事實說明，我們的潛能一生都在發展。然而，大多數學生進大學的時候，都多少知道哪些能力來得比較容易，而哪些能力的獲得需要很大的努力。使用下面的能力量表，對你當前能力的狀況作出評定。如果你不太清楚你某些能力的實際狀況，你可以請了解你的朋友幫

（續）表3-2　個人職業資料問卷

忙。	非常高	高	一般	低	很低
語言能力	_____	_____	_____	_____	_____
數學能力	_____	_____	_____	_____	_____
推理能力	_____	_____	_____	_____	_____
知覺能力	_____	_____	_____	_____	_____
動作協調能力	_____	_____	_____	_____	_____
文書能力	_____	_____	_____	_____	_____
社會能力	_____	_____	_____	_____	_____
領導能力	_____	_____	_____	_____	_____
機械能力	_____	_____	_____	_____	_____
音樂能力	_____	_____	_____	_____	_____
藝術能力	_____	_____	_____	_____	_____
體育能力	_____	_____	_____	_____	_____
娛樂能力	_____	_____	_____	_____	_____

六，在這個職業中，升遷的機會是什麼？要回答這個問題，需要涵蓋你如何升遷（更多的教育、經驗、測驗分數等等）以及你希望升遷的水準是什麼樣的問題。第七，薪水是多少？這要包括起始工資、最高工資，以及保險、假期、退休保障等額外收入。

　　為便於綜合分析，可以把這些職業資訊放在設計好的表格中，一目瞭然。

（三）理性決策

　　把自身工作價值觀、對生活方式與工作特質的願望、個性心理特徵、興趣以及能力的資訊與有關職業資訊結合起來，就可以獲得我們所考慮的職業現實性的更明晰的圖像。

　　現在，我們試用這些資訊來分析三個可能的職業。我們將

要考慮的三個職業分別是商業經理、心理學家、電腦專業人員。下面的例子可作職業輪廓的樣式。在輪廓圖的最左邊，列出你的個人資料。然後，將你的資料與你所收集到的每一個職業的相應資料相對照。這樣做，有利於弄清哪個職業與你的個人需求最為接近。在權衡有關職業的每一類個人資料的基礎上，你就有可能作出更符合邏輯、更理性的職業選擇，最終找到最適合你的工作，如表3-3所示。

3.3.5　求職行動

在正式求職之前，須調整好自己的心態，使自己保持一種中等程度的水準，以取得求職的成功。要做到這一點，首先要根據勞動力市場的實際情況適當調整自己的求職期望水準，其次就是要依法辦事，規範謀職，並且及時行動。

（一）調整就業心態

◆知己知彼，把握機會

個人在擇業前需要進行正確、客觀的就業形勢分析與現實的自我定位。就業形勢分析的側重點應放在擇業環境的變化（國家就業政策、經濟發展形勢）等方面。自我定位則主要考慮實現就業目標的自身客觀條件與有效的方法、步驟等方面。根據形勢分析與自我定位，適當調整自己的期望值，一個人才可能避免「高不成、低不就」的決策錯誤，實實在在地把握住機會。

◆樂觀自信，進退有方

相信自己建立在正確、有效、可行資訊之上的決策是正確

表3-3　職業輪廓分析表

個人資料	商業經理	心理學家	電腦專業人員
工作價值 　自我價值感 　身分、成長 　助人 　變化	工作價值 　自我價值感 　身分、成長 　變化	工作價值 　自我價值感 　身分、成長 　助人 　變化	工作價值 　自我價值感 　身分、成長 　變化
願望 　被承認 　責任 　友誼 　有樂趣 　挑戰性	願望 　被承認 　責任 　友誼 　有樂趣 　挑戰性	願望 　被承認 　責任 　友誼 　有樂趣 　挑戰性	願望 　被承認 　責任 　友誼 　有樂趣 　挑戰性
個性 　外向、領導的 　靈活、多變化的 　中度應激	個性 　外向、領導的 　靈活、多變化的	個性 　外向、領導的 　靈活、多變化的 　中度應激	個性 　外向、領導的 　靈活、多變化的 　中度應激
興趣 　安排事情 　幽默、散文 　喜歡詢問 　書、科學 　幸福的人 　創造性問題 　解決問題	興趣 　喜歡詢問 　書、科學 　解決問題	興趣 　幽默 　喜歡詢問 　書、科學 　解決問題	興趣 　安排事情 　喜歡詢問 　書、科學 　解決問題
能力 　語言、推理 　社會、領導能力 　機械 　藝術	能力 　語言、社會 　推理 　領導能力	能力 　語言、推理 　社會、領導能力	能力 　推理 　機械 　領導能力 　（需要數學）
修業時間 　五年	修業時間 　MBA，五年	修業時間 　PHD，八年	修業時間 　自然科學學士 　或碩士，六年
收入 　有限	收入 　充足	收入 　有限	收入 　充足

的，充滿信心地迎接職業社會的挑選。由於就業是一個雙向選擇的過程，並不是自己單方面符合條件就能保證成功，因此，在一次求職中未能成功也並不能說明自己不行。始終保持「勝不驕、敗不餒」的心態，一個人才會取得最終的成功。

◆放眼未來，迎接挑戰

要找到各方面都滿意的工作是每個人的願望，這實際上是不可能的。就是求職前感到滿意的工作，進入工作崗位後也會發覺它其實有許多不盡人意的地方。處於基層的、艱苦的崗位正是最鍛鍊人的地方，是更有機會發揮一個人才華的地方。職業是一個人人生的起點，只有全身心投入，勇敢地接受職業生活的挑戰，一個人才能在人生道路上成長、發展，獲得生活的充實感與滿意感。

◆志向高遠，理性擇業

擇業中的價值觀直接影響著擇業心態。如果一個人能夠把自己的擇業與國家的需要和生活的發展聯繫起來，不貪圖當前的享受，而是放眼未來的發展，這個人一定會理性地選擇發展性強的職業，在擇業中心態會更好，今後在職業中成功的可能性也就會更大。

（二）遵循就業規範

在求職的過程中，求職者如果不熟悉或不完全了解有關就業的政策法規，就會造成引發就業糾紛或權益受損等方面的問題，因此，在就業過程中依法辦事是十分重要的。

◆知法守法

為規範就業市場，保障求職者的利益，政府有關部門制定了一些政策法規，了解這些政策法規，嚴格按照法規辦事，有

利於就業過程的有序化。

◆依法就業

　　就業中的雙向選擇一旦確定，某些工作需要簽訂工作契約。所謂的工作契約是受僱員工與工作單位雙方簽訂，是明確具體勞動關係的協定文件，內容涉及到報酬、工作保障、工作內容、紀律等更加具體的權利義務條款。

◆依法維權

　　求職者應該依法維護自己的求職權利。

　　第一，求職者（畢業生）的就業權益。

1.獲取資訊權：求職者有權獲取需要向社會公開的、及時的、真實準確全面的就業資訊，任何隱瞞、截留就業資訊、製造散布虛假就業資訊的行為都是違法侵權行為。

2.接受就業指導權：求職者有權接受有關部門或機構提供的就業指導。

3.被推薦權：任何符合條件的求職者都享有同等的被推薦權，推薦部門應如實推薦、公正推薦、擇優推薦。

4.選擇權：求職者在國家就業方針、政策允許的情況下，可以自主地選擇用人單位，他人無權干涉。

5.公平待遇權：用人單位在招聘錄用過程中，要保證對求職者公平、公正。

6.違約及求償權：就業協議或工作契約一旦簽訂以後，任何一方均不得擅自違約，否則對方有權要求違約方賠償損失。

　　第二，求職者權益保護。求職者必須了解國家有關就業的政策法規同時依法就業，當就業權益受到損害的時候，才能有

理有利有節地善用法律來維護自己的權益。

3.4　求職應聘的技巧

　　當求職者透過慎重決策，選定了適合自己的職業，處理好求職應聘過程中的行為與技術細節就成為獲取最後成功的關鍵，如圖3-1所示。

3.4.1　準備書面資料的技巧

　　求職者的書面資料是用人單位了解求職者的重要途徑，因此，撰寫富有說服力、內容引人注目的書面資料是贏得主動、邁向成功的第一步。

（一）簡歷

　　一份好的簡歷往往能給用人單位的人事主管留下良好的第一印象，影響他們做出面試決定。好的簡歷一般在內容編排上

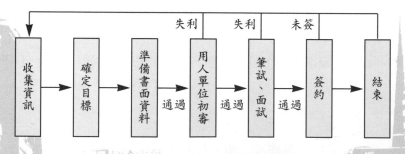

圖3-1　求職應聘流程示意圖

簡潔明瞭、個性突出、說服力強，在版面設計上清新、醒目。

簡歷的內容一般包括個人基本資料、學歷、社會經歷（或閱歷）、社會活動情況、個人特長、興趣愛好與性格、學術成果及獲獎情況等等。

在撰寫和列印簡歷的時候，要注意以下要點：

1.內容充實但不冗長囉唆，情況真實，措詞懇切，個性突出，簡短明瞭。

2.排版簡潔有序，具有視覺衝擊力。

3.言語誠懇，自信但不自誇、不自大。

4.長度最好控制在一頁A4紙內。

5.字體大方，變化不要太大，紙質儘量好一些。

（二）自傳

自傳是有目標地針對不同用人單位的要求作自我介紹的求職文書形式，是對個人簡歷所作的進一步說明與補充。

自傳的撰寫格式與普通書信格式相同，一般在信的開頭先作自我介紹，說明自己的姓名、性別、所在學校、所學專業。正文主要有三方面的內容：(1)自己對所謀職位感興趣的原因、願望；(2)說明自己對所謀職位所具備的勝任資格；(3)提出希望參加面試的願望。

一般來說，簡歷與自傳有著不同的用途，二者應該結合起來使用。簡歷主要敘述求職者的客觀情況，而自傳則主要反映求職者的求職意向，是求職者與具體用人單位之間的溝通，涉及到自己對具體職位的考慮。由於自傳後面一般都要附上簡歷，所以自傳中不要重複簡歷中的內容。

一份好的自傳，在寫作的時候要注意：

1.內容要言之有物，措詞要懇切。

2.在說明自己的勝任能力時，儘量以事實說話，自信但不要自誇。

3.言語練達，切忌套話、空話以及過多客氣話。

4.態度誠懇，重點突出，具有一定可讀性。

（三）申請表

在人才市場或集中招聘的活動中，用人單位一般都要求求職者填寫統一印製的申請表格。申請表的內容一般包括兩個方面：(1)個人資料、家庭背景、教育背景以及工作情況；(2)考察個人素質的簡短問題。與簡歷不同，申請表所涉及內容更接近用人單位的要求。因此，填寫申請表的時候，要注意針對不同單位、不同職位對填表的不同要求填寫。

要填好申請表，需注意以下要點：

◆回答有關個人素質的問題時要扼要中肯

有關個人素質的問題，一般都集中在以下幾個方面：(1)對待人生、對待事業的態度；(2)處理事情的方法；(3)個人職業目標；(4)選擇該單位的原因；(5)勝任該職位的能力等等。

在回答這些問題的時候，一般應簡潔清晰地答出要點，注意回答的層次和深度。其中的有些問題，在面試的時候還可能要問到，當前好好填答，也是為將來面試做準備。

◆職位選擇要慎重

在申請表上，一般單位都可能向求職者提供多個職務，讓求職者選擇並按優先順序排列。從實際錄用的情況來看，第一

偏好的職務起著關鍵性的作用。因此在選擇填表的時候，要充
分考慮自己的實際愛好以及該職務的競爭程度。如果你首選的
職務名額太少，而競爭者太多的話，在初審的時候你就有可能
落馬。

◆填寫時的具體注意事項

1.表中的內容一般都要求用鋼筆填寫或打字機、電腦列印。

2.字跡要清晰整潔，要求填寫的各項內容應盡數填答，不要
　遺漏。

3.所填寫的內容最好存留底稿，以便日後（如準備面試的時
　候）再度使用。

3.4.2　筆試技巧

招聘中的筆試也是用人單位對求職者進行深入考察的重要
環節之一。對申請表進行審核後，用人單位對求職者進行第一
次篩選。筆試的情況將決定用人單位對求職者的第二次篩選，
因此，筆試也是求職者的重要關口。了解筆試、充分準備是筆
試成功的關鍵。

（一）招聘筆試的內容特點

招聘筆試的內容主要包括四個方面：

1.語言能力：包括語言基本能力及語言組織、表達等方面的
　應用能力，在一些外商企業的招聘中，還要考核、測試外
　語（主要是英語）。

2.專業技能：專業基礎知識及應用能力。

3.綜合能力：綜合能力的考核是用人單位判斷求職者是否具有較強學習、成長能力的主要指標之一，一般包括分析判斷能力、邏輯推理能力、數學應用等方面的能力。

4.心理素質：主要考察求職者個性心理特徵，一般要採用一些心理測量量表。

（二）招聘筆試的評判標準

招聘筆試的評判標準主要是速度和正確率兩者的綜合，要作到快速、準確，知識準備、答題技巧和心態調整都非常重要。

（三）筆試的準備

平時多讀有關書籍、多對自己進行邏輯思維訓練、多接觸數理方面的知識、多關注社會、經濟、文化方面的焦點問題，對筆試的成功大有裨益；答題時認真審題、準確判斷、先易後難、詳略有序、突出要點，可以保證答卷做出水準；調整好心態，把焦慮水準控制在中等水準，可以保證考試時臨陣不亂，勝券在握。

3.4.3　求職面談技巧

求職面談是整個應聘過程中的最後一關，半個多小時的面談很可能決定一個人的職業道路甚至人生道路。要順利地通過面試，同樣要做到知己知彼、充分準備、沈著應對。

（一）面談可能涉及的內容

招聘方透過面談，一般想了解求職者的下述幾個方面的情況：

◆言語表達能力

面試者觀察的內容：表達方式、表達內容、敘述的完整性與條理性。

評價要點：主體是否突出、表達是否流暢、思路是否清晰、邏輯層次性如何、是否簡練貼切。

◆思考與判斷能力

面試者觀察的內容：思考的時間長短、對問題要點的把握程度、回答問題的準確性。

評價要點：判斷力強弱、預見性與計畫性程度、處理突發事件的能力強弱。

◆社會溝通能力

面試者觀察的內容：待人接物的方式方法、對不同意見的態度。

評價要點：能否尊重與聽取別人的意見、是否有影響與說服他人的能力。

◆責任感與情緒控制能力

面試者觀察的內容：應對困難的態度、在難堪情景中的情景及情緒控制能力。

評價要點：有否責任感、考慮問題是否冷靜自信、意志是否堅強。

◆儀表風度

面試者觀察的內容：儀表、禮儀、姿勢、視線、聆聽、表

述。

評價要點：儀表是否得體、是否注重禮儀、言談舉止是否有風度、是否能尊重別人的談話、是否認真聆聽、談吐是否大方得體。

一旦你發現了一個可能的工作並吸引了一個潛在的雇主，你就將進入尋求合適工作的最重要階段之一：求職面談。面試對於求職者來說，總是緊張的，擔心不能給主試人留下良好的第一印象。當進入面試階段後，我們必須準備應對任何可能的情況。最好是要準備好那些你認為可能問及的問題。主試人從溫暖、熱心的到冷峻、嚴肅的都有。你可能接受一些開放方式的提問，以讓你表達自己。儘量誠實、留下好印象是十分重要的。充分了解自己的能力可以幫助你自己做好準備。

（二）面試中可能會問到的問題

針對面試中可能提出的問題，提前做好準備，可以保證臨陣不慌，對答如流。有人做過專門研究，歸納出一些常見的面試問題：

1.你為什麼選擇現有專業領域？

2.談談你過去在這個專業受聘工作的情況。

3.你從過去的工作經驗中學到了什麼？

4.你過去遭到過辭退嗎？為什麼？

5.你過去離過職嗎？為什麼？

6.你學過的什麼課程對你當前的專業最有幫助？你學習這些課程的情況如何？

7.五年以後你有什麼打算？十年以後呢？

8.你最希望在工作中獲得什麼？

9.對在什麼地方工作你是否有地理位置上的考慮？

10.你怎樣度過閒暇時間？

11.你的最大優點是什麼？缺點是什麼？

12.你對我們公司了解些什麼？

13.你為什麼決定到我們公司來接受面試？

14.五年內你想賺到多少錢？

15.你認為你能為公司貢獻些什麼？

16.假如你已經在我們公司工作，如果遇到……情況，你會
　　怎麼做？

（三）面試注意事項

　　在準備面試的時候，有幾件事需要牢記：第一，赴約必須準時，你如果有可能遲到幾分鐘，必須提前打招呼，這類事情第一印象十分重要；第二，穿著須得體，你的服裝和體態將會留下長久的印象；第三，仔細地聽，在緊張的情況下，我們通常被自己的不安所占據，專注和積極的聆聽對於準確回答主試人的問題是十分重要的；第四，簡明扼要地回答問題，儘快地進入主題，會給主試人留下一個具有有效溝通能力的印象；第五，在你面試之前，了解一下你的潛在雇主，你可能在圖書館查到有關資料，表現你對雇主的了解能說明你對公司的興趣。

　　如果你認為面試效果很糟糕，分析失敗的原因並在下一次改進是十分重要的。如果你沒有得到那份工作，不要認為你在面試中一定給雇主留下了不好的印象。意識到通常有許多合適的人選申請同一個職位是十分重要的，幾乎不可能猜出是什麼原因導致你沒有得到那個職位。時時提醒自己具有的人格力量

和足夠的教育訓練，滿懷信心地去準備又一次面試。

3.5　個性心理與職業匹配

進入現代社會，職業的種類已變得越來越多，職業間的差異也是多種多樣，主要表現在職業的工作內容、要求、環境等。毫無疑問，一個人並不能適應任何職業，相反的一種職業也不會適合任何人。因為除了職業的差異，人也是有差異的，包括生理、心理和行為的差異。在人心理品質的差異中，最重要的也是最顯著的就是個性的差異了，因此人職匹配關鍵在於職業與個性的匹配。

人的個性通常是指一個人整體的心理面貌，即具有一定傾向性的各種心理特徵的總和。個性是一個人受生物因素和社會因素制約，在社會交往中形成的獨特而比較穩定的心理傾向和心理特徵相統一的整體結構。因此總的來說具有整體性、獨特性、穩定性和社會性，一定程度上還具有可塑性。個性結構包括個性心理傾向性和個性心理特徵兩大部分，這兩大部分互相滲透，個性心理特徵受個性心理傾向性的調節，個性心理特徵的變化也會在一定程度上影響個性心理傾向性。

個性心理傾向性是個性結構中最活躍的因素，是人進行活動的基本動力，往往決定著人對現實的態度和對活動對象的趨向和選擇。個性心理傾向性較少受生理因素影響，主要在後天的社會化過程中形成。個性心理傾向性包括需要、動機、態度、興趣以及理想、信念和價值觀，這幾個成分相互聯繫、相互影響、相互制約，其中又以需要為基礎和源泉共同推動人的

行為。

個性心理特徵構成個性結構中比較穩定的部分，是指一個人身上經常且穩定地表現出來的心理特點，主要包括能力、氣質和性格。個性心理特徵在個體心理發展過程中不同程度地受生理因素的影響並較早地形成。

個性影響人的行為，當然也包括人在職業中的行為。由於不同的職業需要不同的行為，所以對不同個性的人的要求也不同。另一方面，個人希望在職業生活中充分發揮自己的個性特點，也對從事什麼樣的職業有一定的要求和選擇。因此，職業和個體的個性要求互相匹配，這種個性與職業之間的適合性，成為職業選擇的基礎。

3.5.1　人的興趣與職業的匹配

興趣是個體積極探究某種事物的認識傾向，表現為一個人力求認識掌握某事物，並經常參與與該事物有關的活動。興趣使人對感興趣的事物給予優先的注意，積極探索，這時的學習活動的效率非常高，並且帶有情緒色彩和嚮往的心情。人的興趣是在需要的基礎上，在活動中發展起來的，具有傾向性、廣闊性、持久性的特點。

興趣具有推動活動的力量，是活動成功的重要條件之一。職業興趣對職業活動起著重要作用。首先，興趣會影響人們的職業選擇，在求職的過程中，人們常常以是否對某工作有興趣為參考條件之一，一旦對某職業有濃厚的興趣，人們就會堅定地追求這一職業，盡心盡力地工作。其次，在職業活動中，興趣能發揮個體的主動性和創造性，開發個體的能力，使個體取

得新發現、新成果，促進個人和社會的發展。第三，興趣還可以使人更快地熟悉並適應職業環境和職業角色。

　　美國職業指導專家霍蘭德提出了職業的人格類型理論，著重興趣與職業的關係。在這一理論中，霍蘭德把人格劃分成六種類型：實際型、研究型、藝術型、社會型、企業型和傳統型。每種人格類型都有相應的職業興趣和感興趣的職業。

(一) 實際型

　　喜歡有規則的具體勞動和需要基本操作技能的工作，典型職業包括技能性和技術性的職業如農民、修理工、攝影師、製圖員、機械裝配工等。

(二) 研究型

　　喜歡智力的、抽象的、分析的及獨立的定向任務這類研究性質的工作，典型職業包括科學研究人員、教師、工程師等。

(三) 藝術型

　　喜歡富有想像和創意、自由、具有藝術性質的工作和環境，典型職業包括演員、畫家、設計師、歌手、音樂家、詩人、作家等。

(四) 社會型

　　喜歡社會交往、關心社會問題、樂於教導和幫助他人，典型職業包括教師、教育行政人員、諮詢人員、公關人員等。

(五) 企業型

喜歡從事領導及企業性質的職業，典型職業包括政府官員、企業領導、銷售人員等。

(六) 傳統型

喜歡有系統、有條理的工作任務，典型職業包括秘書、公務員、會計、圖書館館員、出納員等。

霍蘭德還指出，上述六種類型各有兩種相似的人格類型，也有一種相斥的類型。大多數人可以被主要地劃分為上述某一種類型，而個人又能夠適應與自己人格類型相似的兩種人格類型所對應的職業。在這樣的條件下，個人也能夠經過努力做好工作。否則，個人若處於相斥人格類型的職業環境中，就會對職業缺乏興趣，無法勝任工作。

現實生活中，人們固然可以憑興趣尋找自己喜歡的職業，但由於興趣有限及種種主客觀因素未必能遂人所願，以致興趣和職業常不能匹配。然而，職業興趣是以社會的職業需要為基礎並在一定的學習和教育條件下形成和發展起來的，那麼即使缺乏對某些職業的興趣，也可以在實踐活動中透過多種途徑，用自己的努力去改變、發展和培養這些興趣。在培養職業興趣的過程中，還應注意要培養既廣泛又不失中心的興趣，並且使得培養的職業興趣具有實際意義和穩定性。因為廣泛而切實的興趣能減少人們在職業選擇上受到的限制，在職業有變動時也能較快地適應新的職業，有中心且穩定的職業興趣則能使人專注於自己的本職，深入鑽研並容易有所發展和成就。

3.5.2　人的能力與職業的匹配

　　能力是與人的活動密切聯繫的，一方面人的能力在活動中形成發展並且在活動中表現出來，另一方面從事某種活動又必須以一定的能力爲前提條件。因此，能力就是指人們成功完成某種活動所必需的個性心理特徵。而職業能力即是在職業活動中人們順利完成工作所需的能力。

　　能力按照其傾向性可劃分爲一般能力和特殊能力。一般能力又叫做普通能力，是完成大多數活動所共同需要的能力，實際上通常所說的智力，包括觀察力、記憶力、注意力、想像力和思維能力等具體能力。這些能力是每個人都具有的基本能力，與人們的認識活動關係密切。職業活動所需的一般能力能夠保證人們比較容易和有效地掌握職業所要求的知識和機能。特殊能力又稱爲專門能力，是只在特殊活動領域內發生作用，完成某項專門活動所必需的能力。它可分爲動作能力、機械能力、核計能力、美術能力、音樂能力等等。在職業活動中，各種職業都有自身所需的特殊能力，如裝配工人的手眼協調能力、管理人員的人際協調能力、教師的口頭表達能力等。一般能力和特殊能力是有機地聯繫在一起的，一般能力是特殊能力的基礎，特殊能力的發展又會促進一般能力的進步，只有在兩者的共同作用下才能使活動得以順利進行。

　　能力存在著個別差異，表現在類型、發展水準和發展速度三個方面。首先是類型的差異，即每個人擁有的特殊能力的類型各不相同，如有的人運算能力高超，有的人藝術想像力豐富，有的人擅長分析事物等等。其次，對於具有同一種能力的

不同個體來說，其能力能發展到的水準也是不一樣的，有著高低強弱之分。職業能力的這種差異表現在人們的工作效率和成就水準上。例如，同樣具有運算核計能力的兩名財會人員，一個只能做到幾天不出差錯，而另一個可以幾個月甚至幾年不出差錯。最後，即使對於同一種能力的同一發展水準，不同的人要達到這一水準的發展速度也不同，表現出成就的早晚也不同。有的人年少得志，成就較早，如牛頓二十多歲就發現了地心引力，也有的人大器晚成，如達爾文直到五十多歲時才開始撰寫《物種源始》一書。另外，擁有不同類型能力的人在表現出其能力成就的年齡層也不一樣，如國外研究顯示，不同學科的最佳創造平均年齡：物理是三十至三十四歲，心理學是三十至三十九歲，哲學是三十五至三十九歲，詩歌是二十五至二十九歲等等。

人的遺傳素質為能力提供了形成和發展的可能，如果解剖結構或機能方面有缺陷的話就難以形成相應的能力。但是能力形成和發展的關鍵在於後天的環境以及教育訓練和實踐活動，職業能力尤其如此。職業知識能力的形成主要依靠間接經驗的獲得，有目的、有組織、有計畫的學校職業教育是形成職業能力的有效途徑，但職業能力的發展和提高還必須依靠在職業實踐中的不斷鍛鍊。

在選擇職業時，擇業者應首先清楚自己已有哪些能力，還有哪些能力是不足的。這可以透過有關能力的心理測驗來測知。知道自己的能力適合做什麼工作之後，以此作為參考儘量選擇與自己能力相適應的職業，這樣有利於揚長避短，充分發揮自己的潛在能力。同時擇業者還應明確一點，由於職業能力特別是專門能力可以在職業實踐中培養出來，因此，並不是不

具有職業要求的相應能力就不能從事這一職業。擇業者可以透過發揮自己的能動性，並在工作中培養和發展自己的職業能力，使之適應職業的需要。

一般而言，有幾項能力如觀察和思維能力、動手操作能力、社交及表達能力等是很多職業都需要的，處於職業選擇階段或剛進入工作崗位的人應特別注意培養自己這幾方面的能力。

3.5.3 人的氣質與職業的匹配

氣質，通俗的說法，就是「性情」、「脾氣」，它使每個人的心理活動塗上了個人獨特的色彩。具有一定氣質的人在不同的活動中都表現出相同的特點，如一個人工作時坐立不安、開會時常常搶先發言、做事沈不住氣等等表現出這個人容易激動的氣質特徵。因此，氣質是指個體心理活動穩定的、不以活動目的及內容爲轉移的動力特徵。這種動力特徵主要指心理過程的速度（如知覺速度、思維靈活度）、穩定性（如注意力集中的時間）、強度（如情緒猛烈程度）、指向傾向性（如有人傾向於把心理活動指向內心，有人則傾向於指向外界環境）等方面特點。

構成氣質類型的幾種主要特徵包括感受性、耐受性、反應敏捷性、可塑性、情緒興奮性等。這些特徵的不同組合，構成了多血質、膽汁質、黏液質、抑鬱質四種氣質類型。完全屬於哪一種類型的人現實生活中很少，大多數人都是擁有幾種氣質類型特徵的中間型。

氣質類型是職業選擇的依據之一，其中某些氣質特徵對人

們來說是從事某種工作的有利條件。四類氣質的特點及適合的工作如下：

（一）多血質

這種類型的人感受性低而耐受性高，反應迅速而靈活，情緒易興奮且外露，具外向性和可塑性。適合與人接觸多、變化多樣且要求反應敏捷的工作，但不適合做需要細心及持久力的工作。

（二）膽汁質

這種類型的人感受性低而耐受性高，反應速度快但不靈活，情緒容易興奮卻不易克制，外向性明顯。適合具有較大危險性和難度、需要隨時應變並且費力的工作，但不適合穩重、細緻的工作。

（三）黏液質

這種類型的人感受性低而耐受性高，但反應遲緩而穩定，內向性明顯，情緒不易興奮也不易在外部表現出來。適合做條理分明、有板有眼、需要忍耐力的工作，不適合變化多端的工作。

（四）抑鬱質

這種類型的人感受性高而耐受性低，反應慢而刻板，非常內向，情緒易興奮並且能深刻地體現情緒。適合的工作通常需要耐心和細心，並能腳踏實地的做好，不適合的工作是要求能當機立斷的工作。

在選擇職業時，氣質方面要注意揚長避短。實際上，雖然四種氣質各有優缺點，但在職業實踐中由於同一氣質類型的不同特徵之間可以互相補償，對職業活動的影響並不是很明顯。

氣質的形成主要受先天素質影響。現代科學研究表明，氣質的生理基礎較為複雜，與人的高級神經活動類型關係密切。巴甫洛夫把高級神經過程按強度、平衡性、靈活性分為興奮型、活潑型、安靜型和抑制型，可分別對應於膽汁質、多血質、黏液質和抑鬱質。氣質受後天影響較小，不易在環境作用下發生改變，具有極大的穩定性。但是這並不是說氣質是一成不變的，它可以在生活條件和教育影響下被掩蓋，使之符合社會實踐的要求。在職業選擇中，個體選擇從事的職業要與其許多特質匹配，未必恰好符合他的氣質類型。這時，就需要對氣質加以控制和引導，可以透過改善自己可塑性較大的性格來使其氣質服從於職業的要求。

3.5.4　人的性格與職業的匹配

性格是指個人在對現實穩定的態度和習慣化了的行為方式中所表現出來的個性心理特徵，是個性特徵中具有核心意義的部分，人與人之間的個性差異首先會表現在性格上。性格主要表現在「做什麼」和「怎麼做」兩方面。其中「做什麼」反映人對現實的態度即追求或拒絕什麼樣的東西，「怎麼做」反映人的行為方式即用什麼方法來追求想要的東西或拒絕想避免的東西。性格在不同的情境中都會表現出來，但偶然的表現不能作為性格特徵，只有經常性、習慣性的表現才是個體的性格特徵。

　　性格的構成十分複雜，包括態度、理智、情緒、意志四大方面的多種性格特徵。

（一）性格的態度特徵

　　指人在對客觀現實中多種多樣的對象和現象的態度中表現出來的性格特徵。這些特徵主要是有關處理社會關係各方面的，包括對社會、集體、他人態度的性格特徵，如自私或無私、合群或孤僻、禮貌或粗暴等；對勞動和學習態度的性格特徵，如勤勞或懶惰、認真細緻或馬虎粗心、創新或守舊等；對自己態度的性格特徵，如謙虛或驕傲、嚴於律己或自我放縱等。

（二）性格的理智特徵

　　指表現在認識過程中的性格特徵。主要包括：感知特徵，如主動觀察型或被動觀察型、羅列型或概括型等；記憶特徵，如形象記憶型或邏輯記憶型、快記型或慢記型等；想像特徵，如幻想型或現實型、寬廣型或狹窄型等；思維特徵，如獨立型或依賴型、分析型或綜合型等。

（三）性格的情緒特徵

　　指人們在情緒活動中表現出來的性格特徵。如有的人情緒體驗強烈長久，有的人則微弱短暫，有的人情緒平靜易控制，而有的人情緒則大起大落不易自控等。情緒特徵主要有四個方面：強度特徵，表現為個人受情緒影響的程度和以意志控制情緒的程度；穩定性特徵，即情緒波動程度；持久性特徵，即情緒作用時間長短；主導心境特徵，表現為不同心境在一個人身

上的穩定程度。

（四）性格的意志特徵

指人自覺調節自己行為的方式和水準方面的性格特徵。包括：對行為目的明確程度的特徵，如目的性或盲目性、獨立性或依賴性等；自覺控制行為水準的特徵，如主動或被動、自制或衝動等；在長期工作中表現出來的特徵，如堅毅或動搖等；在緊急危難時刻表現出來的特徵，如勇敢或膽怯、果斷或遲疑、冷靜或驚慌等。

性格的這些特徵中態度特徵和意志特徵最為主要，它們直接表現了人對事物的傾向和影響方式。而所有這四方面特徵是相互緊密聯繫的，在它們共同作用下個體才形成了不同於他人的獨特性格。性格根據不同的依據有多種不同的區分類型的方法。例如根據心理活動的指向分為內向型和外向型；根據對社會及文化的價值觀可分為理論型、經濟型、審美型、社會型、權力型和宗教型；根據興趣與職業的關係可分為實際型、研究型、藝術型、社會型、企業型和傳統型。不同性格類型的人適合從事的職業也不同，如在前面興趣與職業匹配部分提過，以職業興趣劃分的職業類型就有各種對應的職業。

各種不同的職業對從事於它的人的性格也有一定的要求，只有具有某一職業要求的性格特徵才能較好地適應這一職業的工作。例如：教師要對人熱情、有愛心、能夠嚴於律己；醫生要細心認真、具有極大的責任心；研究人員要有恆心毅力和鑽研精神；公關人員要善於交往、能隨機應變；導遊要能臨危不亂、當機立斷等。

由於性格的形成受後天環境影響較大，可塑性比氣質大得

多。因此在職業實踐中除了要求個體具有一定的性格特徵外，職業活動也會使個體鞏固或改變原有的性格特徵，並形成許多適應職業要求的新的性格特徵，這些新的性格特徵甚至能掩蓋原先不適應職業要求的氣質。例如，從事外科手術工作的醫生原來具有易衝動、不擅自控的膽汁質特徵，透過職業訓練和實踐養成的冷靜沈著的性格特徵就有可能掩蓋原來的氣質特徵。

　　總之，性格與職業的關係十分密切並且相互作用。在職業選擇中，個體應重視這種關係，充分考慮性格與職業的適應性，同時也要依靠實踐活動培養和改善自身適應職業要求的性格特徵，使性格與職業達到完美的匹配。

本章摘要

◆ 職業選擇指個體依據所掌握的職業資訊，從自己的職業需要、職業興趣、價值觀出發，結合自己的素質特點，尋求合適職業的決策過程。

◆ 職業選擇的原則是：獨立性原則、現實性原則、勝任和難度原則、興趣和特長原則、發展性原則。

◆ 影響職業選擇的因素：主觀因素和客觀因素。

◆ 職業選擇的過程包括評鑑自我、收集就業資訊、分析整理就業資訊、匹配與決策、求職行動等五個環節。

◆ 簡歷一般在內容編排上簡潔明瞭、個性突出、說服力強，在版面設計上清新、醒目。

◆ 面試一般包括以下幾個方面的內容：言語表達能力、思考與判斷能力、社會溝通能力、責任感與情緒控制能力、儀表風度。

◆ 職業和個體的個性匹配是職業選擇的基礎。

思考與探索

1.試述收集就業資訊的過程。

2.試述面試中應注意哪些問題。

3.試述個性與職業選擇的關係。

第4章

職業心理選拔

　　　　職業心理選拔是職業選拔的一個面向。在現代人事管理中，人的因素越來越受到重視，而人的心理因素對人各方面的限制、影響作用，也越來越舉足輕重，越來越為人們所認識。職業心理選拔在各種職業選拔中的必要性也日益突出，成為科學取才、用才的一大重要依據。

4.1　職業心理選拔概述

4.1.1　什麼是職業心理選拔？

　　　　職業心理選拔，是依據職業活動結構的特點及其對勞動者的職業活動要求，借助心理學的測驗或非測驗技術，對相應職業人員在該職業或專業的適合性狀況方面所進行的預測和評定。

　　　　職業選拔是根據職業和專業活動的性質與要求，對就業人員進行有目的、有計畫的篩選的社會行為過程，是保證達到和不斷提高勞動效率的手段。職業選拔是從多個方面進行的，如年齡、性別、文化教育、經驗能力、生理健康、心理品質及道德水準等。

　　　　職業選拔的不同面向又有其獨特的標準，實際選拔中就是按照這些標準對候選人進行考核的。各行各業的人員選拔往往是綜合多個面向的資料進行定奪的。但各方面資料在不同場合下，也有主次、輕重之分，其中某一方面占有決定性地位，成為職業選拔的先決條件。

4.1.2　職業心理選拔的意義

職業心理選拔，是職業心理學的基本理論，特別是對活動、個性、心理診斷、心理測驗等理論與技術問題的研究和在人事工作、職業教育與培訓等方面的具體應用，它的實行有其重要意義。

（一）在運用中創新、發展和完善職業心理學理論

職業心理選拔的主要理論依據是差異心理學，其技術保證則來自於心理測驗和心理診斷的研究成果。它是這二者在職業選拔領域的具體運用，而且同時也在不斷地根據自身實踐中的需要、經驗、問題和教訓，對此進行增補修訂，使其得到更廣泛、更細緻、更豐富、更有價值的發展。

「需要是最好的催產劑」，心理測驗自身的產生就是源於教育實踐中對弱智兒童鑑別的需要。在職業選拔中，也同樣會面臨許多實際需要解決的問題，這就促使一些心理學手段和技巧在這一領域中得到探索、運用和完善。

1985年，美國聯合航空公司進行的一項調查揭示了一個令人震驚的結果：在過去二十年中，世界各地共發生過五萬起空難事件，其中，只有五分之一是屬於機器故障。這項調查報告發表後，立即受到各大航空公司的重視，並促使他們著手改變過去只憑技術、資歷和飛行時速錄用駕駛員的慣例，引進職業心理測驗，在甄別待錄用駕駛員智力高低、能力大小的同時，鑑定駕駛員的個性類型等，以便錄用的駕駛員能組合成一個最佳狀態飛行組。

（二）增進人職匹配，加強人的職業適應性，提高職業活動效率和職業培訓效益

事實證明，不是任何人都能勝任任何職業，也不是任何人接受一種技術培訓就能達到一定的職業要求。對人和職業活動本身，都存在一個「職業適應性」問題。在前者，是指個人的個性特徵對於相應職業活動要求的適宜程度而言；對後者，則是指某一類型的職業活動的特點對人的個性特徵及其發展水準的要求而言。只有二者達到和諧統一，人適其職，職得其人，才既有利於就業者的自我發展和發揮，又有利於職業活動的效率提高和增強。職業心理選拔的目的正在於此。

國外有些具體的研究結果和統計資料顯示了職業心理選拔在提高勞動與培訓的效率和增進其經濟效益方面的意義。

例如，1926年美國飛行學校的學員中，有87％因飛行不佳而被淘汰，其原因是空中飛行心理適合性不佳。直到第二次世界大戰期間及其後，客觀的要求促使心理選拔技術不斷發展和普及，因飛行不佳而被淘汰的人數才開始下降。美國空軍中淘汰率由70％降至36％，在法國，則由61％降至36％。

有人計算選拔飛行學校學員的經濟效益時指出，培養一名飛行員的費用不少於七萬美元，而淘汰成績不佳者一般是在培訓進行了三分之一時進行的，等於浪費了二萬五千美元。實施心理選拔前每培養一百名合格飛行員，要對三百九十七名學員進行培訓，採用心理選拔後只需預先培訓一百五十六名預備學員就足夠了，這樣培養一百名飛行員比採用心理選拔前的耗資可節省六百萬美元。這樣既提高了職業培訓部門的經濟效益，而且也有利於職業心理選拔的進一步研究和推廣。

另外有資料表明，經過心理選拔的貨運汽車司機在肇事和傷亡數量上，比未經心理選拔的司機減少了73％。而事故率也正是勞動效率的指標之一。

透過職業心理選拔，還可以達到各方面的社會效益。在較為充分的選擇條件下，求職者和職業單位都可以各得其所、各司其職、各盡其責，從而形成通暢和諧的社會心理氣氛，形成人力資源的合理配置，有利於國計民生。

4.1.3 職業心理選拔的一般內容

職業選拔的出發點和歸宿都是承認人是有個體差異的，職業心理選拔則是基於個體心理品質的千差萬別。這些差異主要表現在兩個方面：一是心理過程諸方面的差異，包括人在感覺、知覺、注意、記憶、想像、思維、意志及情緒情感等方面存在的顯著的個體差異；二是個體個性心理特徵上的差異，包括人與人之間在氣質、性格、能力等個性品質方面存在的明顯的個體差異。同時這些差異的表現方式和區別程度也各不相同，但可以透過一定的手段加以定性或定量的測定和評價。另外，差異的來源也是有區別的，有的來源於遺傳素質或神經類型上的差異，有的來源於個體所受的文化教育和從事的活動性質等社會因素的不同。因此，可以將職業心理選拔的一般內容歸為以下三個方面：

生理心理學方面，如在某些緊張度強、反應速度快、易於疲勞和負有重大責任的工作中，對人的神經系統的強度的測定；在顏色鑑定專業中，對顏色的辨別力的測定等。

個體的某些個性特徵方面，如智力、氣質、性格等。

社會心理學方面，如成就動機、挫折反應、社會態度、從眾性、競爭意識、合作傾向、領導能力和人際關係中的資訊的溝通等。

從以上三個方面入手，基本上可以對差異性個體的心理品質作一個全面考查。但實際職業選拔中，並不要求面面俱到。不同職業對人的心理品質的要求不同，在內容、性質、水準和程度上均有差異，因而只要根據需要側重其中某些方面的預測就可以了。

4.1.4　職業心理選拔的原則

職業心理選拔要保證達到一定的社會效果，不僅要求人事工作者和心理學專業人員在選拔中遵循一定的基本原則，而且也要求專業工作者必須注意選拔中的道德法律問題和原則。

（一）職業心理選拔的一般原則

一般而言，為達到一定的成效，在職業心理選拔過程中必須遵循以下的基本原則：

◆有效性和實用性相結合的原則

科學有效是職業心理選拔的首要原則，也是其意旨達成的根本基礎。遵循這一原則，職業心理選拔者要做到如下幾點：

第一，個性分析和工作分析相結合，在選拔中做到心中有數、有的放矢。對人和工作的心理分析是職業心理選拔工作的基礎。只有弄清楚人在個性心理特徵和個性心理傾向這兩個方面的特點和水準，弄清楚某種職業活動或專業活動的心理結構和相關活動的各種職業要求，才能將二者進一步對應起來，揭

示職業適合性水準，確立人—職的選擇方向和範圍。這也爲其後的工作提供了客觀的現實依據。

　　第二，選拔技術要科學有效。職業心理選拔是力求透過心理測驗和診斷的手段與方法，採用單一化指標作出相關測評的。這些技術性措施，必須符合統計學原理，即其在效度、信度和區分度等方面要經得起考驗。在選擇使用的時候，也應該確保測到的是你所想要的東西。另外，還有一些方面並不能或還未能有定量的選拔技術，而只能作定性的評估，這更要注意其標準的科學性。

　　選拔技術的關鍵是要有鑑別力。其施用的結果要能揭示出個體間、職業間的差異性和區分性，這是職業心理選拔得以有效進行的直接保證。

　　再有就是選拔技術實施的情境，也關係到選拔在實踐中的有效性。職業活動總是在一定的具體環境中進行的。如噪音、溫度、照明、濕度、工作台的舒適性等，這些都對人們在職業活動中的認知、情緒、疲勞度、思維能力等身心因素有著不容忽視的影響，並藉此進一步影響職業的社會心理氣氛，制約著人的職業活動效率。所以，在施用心理選拔技術時，不能只在單純的環境下，而是應儘可能接近於實際的職業活動。

　　第三，選拔人員應訓練有素、公正無偏。在職業心理選拔過程中，對收集到的材料、結果進行分析、評定，是決定性的一步，它關係到前面一系列工作的意義，也涉及隨後決策工作的準確性。所以，要求選拔人員訓練有素，特別是對一些非量化的資訊的解釋，更要能得其要領。而且選拔人員應儘量避免個人偏見或社會偏見對自己量才選才的干擾。

　　在確保有效的前提下，心理選拔還應做到經濟、簡便、省

時，也就是要遵循實用性原則。隨著職業心理選拔的廣泛應用，這一具體工作越來越成為企業人事部門的日常事務之一。這一方面需要各企業配備專門的心理學工作者或經過專業心理學培訓的工作人員，另一方面也要求職業心理選拔工作本身條件不可過高，難度不可太大，歷時不可太久，這樣才利於普及和推廣。當然，職業活動要求的複雜程度和水準高低不同，心理選拔實用性的程度也應不同，這樣才能使測驗本身科學有效。

◆全面性與針對性相結合的原則

　　人的心理品質豐富多樣，職業類型繁多，專業活動的種類更多，採用窮盡法匹配，當然具體、細緻，但實際上做到面面俱到是不大可能的，而且也沒有必要。所以，在掌握儘可能全面的能為己所用的資料技術的前提下，還要明確自己所需的關鍵素質何在，然後有針對性地進行重點施測，這既滿足了實用性原則，也提高了選拔效率。

　　首先，要從大處著眼。不同職業、不同專業，儘管具體要求各有差別，但並不等於其活動的性質和要求完全不同。根據技能遷移理論和事實，人並非只能從事一種職業活動，特別是同一工作族中的職業，有些基本素質和能力是相通的。所以，從同一類型的職業的基本要求出發，便可以將選拔工作限定在一定範圍內。

　　然後再根據職業要求的不同層次，進一步可確定心理選拔時的重點所在。如選拔不同層次的領導者，其指標也有所不同。對上層領導者，我們要求他主要有嚴密的抽象思維能力、決策能力及統籌計畫全局的工作能力等；而對於中層領導者，則要求他們具有人際關係方面的能力，即能處理各種人際衝

突，協調各種關係；對於基層工作人員只要求他們具有工作本身所要求的專業技術方面的能力。明確了具體指標，便可以實施針對性的選拔措施了。

◆整體性和獨立性相結合的原則

職業心理選拔是整個職業選拔的組成部分之一。一定的職業活動對就業者不只有一定的心理要求，而且還有其他如文化程度、身體健康等方面的要求。職業選拔的結果也是在綜合多方面的材料的基礎上獲得的。心理選拔並不能以一代全，並不能和其他方面的選拔割裂開來孤立進行，而要進行必要的綜合平衡。

但是，職業心理選拔的獨特意義和重要作用也是不容忽視的。特別是隨著科學技術的進步和管理體制的完善，對職業主體──人的要求越來越高，給予的重視越來越多，人的獨特性的內部決定因素──個性心理品質便也應該日益突出其對人的活動的重大影響作用，從而也決定了職業心理選拔的獨特意義。

◆穩定性和動態性相結合的原則

這個原則的心理學依據是個性的相對穩定和不斷發展的原理，其現實依據是職業要求的相對一致性和不斷變化的原理。

正是遵循穩定性原則，才能使職業心理選拔有一些相對固定的出發點、依據、程序、工具手段和評判標準，使其具有可重複性。

另外，由於個體心理品質的可塑性和發展性，使得心理選拔的工作不僅應揭示個體當前的職業心理品質及其發展水準，還應對其將來的發展趨勢能有所預測。同時職業心理選拔也由於社會分工和社會進步的發展而應該具有時代性。由於時代、

社會、科技等的飛速發展使得整個社會對人的心理品質與結構的要求越來越發生著根本性的變化。現代化社會要求員工的已經不是單純的感覺——運動反應的能力了，而是要求員工有更大的創造力、資訊加工與處理的能力，以及對內、外環境的應變能力等。為此，職業心理選拔的具體內容、措施和標準等也要應需而變，具有動態性。

（二）職業心理選拔中的倫理道德問題

合乎道德的行為是遵守道德標準或某一職業或群體品行標準的行為。倫理道德性是不能靠硬性規定來支配的，它是適應社會規範與職業服務對象的需要和利益的，並隨之發生變化。一般而言，在人事選拔中主要有以下三個方面的倫理道德問題，而這三個問題也是選拔人員應遵循的主要道德原則。

◆尊重並保護個人隱私

尊重和保護應聘者的隱私，並為應聘者的個人資訊保密是當前人事工作中極為突出的問題。

據某報登載，某女士應聘某一單位並遞上了個人資料，但不久後卻收到另一她未應聘單位的面試通知，原因是前一單位未經其本人同意就將該女士個人資料全部轉給後一單位，從而引發問題。同樣某男士準備跳槽，去應聘某公司，沒過幾天其現在的上司就得知了他正準備跳槽的消息，原來是其所應聘單位的招聘人員認識其上司並將此事告訴了其上司，從而使該男士陷入非常不利的情境。因此，保密性原則是每一位職業選拔人員所必須遵守的職業道德原則，而這一原則與資訊的自由和公開並不矛盾，它涉及到了收集資訊的種類、資訊的使用和資訊向他人公開的程度問題。也就是說資訊的收集問題、使用和

公開必須得到當事人的認可才是合法合理的行為。

◆招聘資訊發布的公開性

　　為了確保選拔的公平性和有效性，選拔人員必須將招聘資訊公開發布，使組織所針對的應聘群體都能接收到該資訊，從而使他們做出選擇。這對組織而言也是極為重要的，它提高了人員選拔的有效性。這種資訊發布的公開性確保了求職者的平等就業機會，亦符合有關法律規定，是一種合法行為，而不合法的行為也就是不道德的行為。因此，資訊發布的公開性和個人資訊的保密性一樣是職業選拔人員所必須遵守的職業道德原則。

◆測驗和評價的公平性、適當性

　　職業選拔中會採用各種心理學方面的測驗技術，因此，職業選拔人員亦必須遵守心理學工作者的有關道德標準，在測驗的實施和評價中應保證公平性和適當性。這就要求選拔人員必須是有測驗實施和評價資格的人員，亦即他們必須是受過適當訓練的人員，能夠熟練和適當地使用測驗，深刻掌握和理解測驗結果的評價標準。此外，對每個應聘人員的測驗和評價結果均屬於個人隱私，必須遵守保密性原則。同時選拔人員對應聘者個人和組織均負有職責，對個人要公平、公正，對組織要確保選拔工作的準確性和有效性。選拔人員對所做出的評價和錄用決策的可能錯誤應減少到最低限度，而達到這一結果的方法和途徑大致有三個方面：(1)對應聘者重新施測；(2)對評價決策人員進行適當的工作訓練；(3)確保測驗的實施和評價程序的標準化，因為標準化的程序使人們對整個測驗和評價過程一目瞭然，對所有的人一視同仁，並且可以使被評價人和組織者得到直接的、公正的答案。

　　總而言之，職業選拔人員在進行職業選拔時必須遵守行業的道德法律準則，同時合法行為也就是一種有道德的行為，只有這樣才能確保對應聘者和組織均具有公平公正性，使選拔具有有效性，提高組織的功效。

4.2　職業心理選拔的方法與技術

4.2.1　確定有效的測評方法

　　選拔人員可以根據工作分析結果和由此得出的選拔標準來制定有效的測評方法，這些方法應該能夠有效地測試和評定出應徵者是否符合標準。所選用的測評手段必須具備兩個特點才會達到良好的效果，這兩個特點是：

　　1.準確性。
　　2.穩定性。

　　也就是說測評工具首先必須能準確地測出某些特徵，其次必須經得起考驗，具有穩定性。例如，用智力測驗來評估一個人的智力發展水準是有效的，但用於評估一個人歌唱得好不好聽則是無效的方法。

　　職業心理選拔中會用到許多心理測驗的方法。這些測驗，有的可能是現成的已被確認有效實用的測驗；有的是參照國外類似的測驗，再根據在國內應用時的現狀和實情，對其個別內容或常規模式進行修訂後所得到的；還有的是心理學專業人員

根據國內自身的特點和需要，自行編制並證實是有效的測驗。
在職業心理選拔中還有許多非測驗技術，如調查法、訪問法、
預測法、面談法等，如果能恰當地應用，不但能配合測驗結果
的解釋，而且有其獨特的資訊價值。有關這些方法的具體內容
我們將在下一章詳細論述。

4.2.2　制定詳細的選拔方案

在確定了所要採用的選拔方法和手段後，就須制定詳細的
選拔方案。方案應包括以下幾個方面的內容：

（一）何時，以何種形式向外界發出招聘資訊

發出資訊本身就為選拔工作的推行和開展創設了條件。這
一步驟包括了徵集候選人的過程，這是心理選拔的對象範圍的
限定。以何種方式？透過何種管道？擬選用的人數和可供選用
的人數之間的關係即選擇比例應為多少較好？這些都是這一過
程需考慮說明的問題。

（二）方案需說明各個選拔步驟的安排

這一過程主要說明各種心理技術的使用，採取怎樣的順
序、方式進行實施，每一種測試選拔由何人負責實施，在實施
過程中應該注意哪些問題，以及實施進程的大致時間限制。詳
細規劃這些內容其目的就是為了使選拔方案具有明確的指導
性，能夠使心理選拔工作快捷、經濟、有效。

（三）明確制定出各種選拔測驗的標準，以便在選拔過程中掌握分寸

對每個申請人員，必須評定他們在職業活動中應具備的技能與資歷特點，因此針對不同的要求，應制定出各自的最低分數線或評定標準，以便使測試的操作人員在評定結果時有據可依。

4.2.3　選拔方案的實施

制定了方案之後，就必須按照方案進行執行，以最終達成組織目標。詳細而周密的方案使選拔工作能有條不紊地順利進行，但也要求選拔者有一定的靈活性和應變力，在現實條件中能適時調整方案，使其更為方便有效。

4.2.4　結果評定與錄用

結果評定是選拔人員依據選拔方案中的標準對測評結果進行分析、綜合、比較、概括，並對應徵者做出評定。結果評定對整個選拔的有效性有著至關重要的影響。客觀的材料必須經科學、公正、準確的分析，才能保證其有效性。結果評定的科學性、公正性、準確性受到兩種主要因素的影響，一是評定者本身的水準和對評定標準的掌握程度，二是評定者的心理觀念和職業道德。也就是說要保證選拔與錄用的有效性，選拔人員必須是訓練有素的專業人員，能夠熟練應用測評方法並深刻理解測評標準，同時具有較高的職業道德水準並能自主地克服可

能帶有的心理偏見。

錄用主要是選拔人員依據評定結果進行篩選，作出決策，但這種決策的有效性必須經日後的工作績效、工作培訓等情況才能得以證實，即事實上選拔決策只是一種預測性的，預測的準確性和有效性取決於選拔程序和方法。

測驗只有減少可能的誤差來源才能最眞實地描繪出每個職位申請者的能力。在作出有關選擇錄用決策時，無論是減少誤差，還是講究職業道德，其目的都是爲了使測驗程序可靠、一致、穩定。

（一）職業選拔中心理測評的信度

測驗程序的信度就是指不受測驗的非系統誤差影響的程度。由於種種原因，應徵者某個時候的績效可能與另一時期不相同，其某次績效一般不可能與下次績效完全保持一致，這種差異可歸於測量的非系統誤差。測量誤差降低了測驗參數的信度及其普遍性。

一般信度的確定有三種方法，對應三種類型的信度係數：

◆測驗—再測驗法所得的穩定係數，又可稱為重信度

這是指先對某個測驗實施首測，過一段時間後對它再次施測，然後計算兩次所得分數的相關，它主要是估計測驗中跨時間的一致性。穩定係數越近於絕對正相關（$r = +1.00$），測驗越可靠。但要求應徵人員或在職人員離開工作去進行兩次測驗是不太經濟的，而且兩次測驗間可能會有學習效應的影響而使再測驗分數提高。

◆等同測驗法和所得的等值係數

當同一測驗的一種形式不能或不適合實施兩次時，需要採

用該測驗的另一平行測驗，或者複本，複本在測驗的內容、題數、格式、難度、平均數、標準差等方面應與原測驗一樣，然後求得兩次測驗的相關，否則所得的等值係數就會受到歪曲。這種方法避免了學習效應的影響，但在發展兩種等同測驗方面存在技術和經濟上的困難。

◆兩半法和所得的內在一致性係數

這是把一個測驗分成兩半，求兩組分數的相關，再用斯皮爾曼－布朗公式來估計整個測驗的信度。由於只做一次測驗，所以較為省時，同時也可避免因學習或回憶對第二次得分的影響。

總之在選用或發展一種有效測驗時，調查研究其可靠性是很必要的。

在職業心理選拔中，選拔人員往往會用到許多心理測驗技術，如個性測驗、一般能力傾向測驗、情境模擬測驗等。這些測驗中有許多已是被專業人士公認的信度較好的常用測驗，也有一些是由選拔人員自行編制和採用的，其可靠性是經多次使用而得到驗證的。同時在選拔中，選拔人員也會使用各種非測驗技術，無論是哪一類技術，其在實際操作中都會因種種因素而產生一定的誤差，如測驗對象的範圍、特點、測量程序的難易程度等因素都會影響到心理選拔的信度。在選拔中所作的錄用決策越重要（即職位對組織越關鍵），對選拔的精確性的要求就越大，對信度的要求也越高。依據不可靠的測驗結果所作出的選拔決策不可能是有效的，因此，職業心理選拔的信度對於其有效達成組織目標至關重要。在職業心理選拔中一般採用的各種技術其可靠性都是經前人所驗證過的，因此，只要選拔人員在實際操作中能夠確實按照規範的操作要求實施，並儘可能

嚴格控制其他因素的影響，則選拔一般是具有一定的可靠性、一致性和穩定性的。

（二）職業心理選拔的效度

個體差異測量的效度對有效選拔而言至關重要。尤其是在職業心理選拔程序中，一般都要求所有作為僱傭決策基礎的選拔程序都必須有全面的、有根據的效度證據。選拔的效度簡言之就是指選拔的有效性，即所選拔的人員在多大程度上是某職位真正需要的人。在實際選拔工作中，信度極低的選拔程序，其效度也必然低，但高信度的選拔程序未必就有高效度，因此可以說高信度只是高效度的必要條件，而非充分條件，也就是說，選拔程序必須既是可靠的又是有效的，那麼選拔才是成功的。

一般而言，我們將效度分為三大類：

◆準則關聯效度，又稱經驗效度或統計效度

這一效度指標是把足以顯示測驗所欲測量的特性的變數或足以顯示測驗所欲預測的特性的變數，作為檢定效度的準則，用測驗分數與它之間的相關係數表示測驗的有效性程度。

◆內容效度

它探討的是測題取樣的恰當性，即構成測驗的各個項目在多大程度上代表了想要測量的那些被規定好的整個內容。這一指標是基於工作分析之上並依賴於專家的沒有數量化的指標。

◆結構效度

是指心理測量的對象不是實態的，而是假設性地構造出來的結構，如智力和學力。因此，測驗結果體現出來的某種結構和測值之間的對應程度就是所謂的結構效度。

　　各種研究表明，不同測驗對不同職業在預測效率上也各不相同，但從應用情況來看，心理測驗結果對工作成效具有一定程度的預測力，即其在一定程度上可以預測一個人未來的行爲，其在人員測評和人事決策中具有一定的預測效度。

　　招聘選拔成功與否可以根據多方面標準來判斷，如吸引到的申請者人數、僱傭到的人數，但最爲可靠和重要的標準就是考察僱傭後的工作績效。工作績效高，則說明該次選拔是有效的，否則就是無效的。因此對選拔品質及對應徵者預測的有效性的評價不可過早，而是應該注重錄用人員日後的工作表現，並且要進行定期追蹤分析評定。這種對選拔效度的驗證雖然所耗時間較長，但其準確性很高，因而是一種不可替代的選拔效度的評定方法，這種方法對於非測驗技術的效度評定更爲重要。

4.3　職業心理選拔中的非測驗技術和選拔的決策模式

　　筆試和面試都是非測驗技術，這兩種技術的實施、作用和效果方面各有特點，在職業心理選拔中二者有相互補充之功效。因此，在各種組織的招聘選拔中常常兼顧使用。

4.3.1　筆試

　　筆試是指招聘單位事先擬好的一系列題目（試卷），讓應徵者在紙上作答，透過客觀、公正的評分，以考查應徵者的知識能力水準的一種測試方法。筆試主要考查應徵者的業務知識以

及文字能力、分析綜合能力，因此筆試題目內容都是圍繞著職位而設計的，針對不同的職位設計不同的筆試內容。筆試具有測試內容覆蓋面廣、能夠實行團體測試、操作程序簡單、易於掌握等優點，是最常用的選拔測評方法之一。筆試一般可以分為標準化和非標準化兩大類型。

（一）標準化筆試

◆標準化筆試必須具備的條件

1. 給所有應徵者實施有代表性的同一組試題，這是他們將來的成績可以直接進行比較的基礎。
2. 如何實施筆試應有詳細嚴格的規定，以保證每個應聘者有相同的考試條件。考試須知應對每個應聘者都講清楚，考多長時間、有哪些需要注意的方面等等。考試情境對每個應聘者也應該一樣，包括考試的場地、座位、答案紙型，以及監考人員的特徵，這些條件的差異很可能影響應聘者的考試成績。
3. 記分方法要有詳細的規定，使評分誤差減至最低。
4. 要配有常模標準化樣本的分數分布、平均數和標準差，以便給應聘者的考試分數提供可比較的參考點。

正是由於標準化的筆試有上述特點，評分客觀、公正，不會因評分者的好惡等主觀偏見影響對應聘者能力的評定。標準化筆試主要採用是非選擇題目形式，包括是非選擇、改錯、類推、填充、簡答等形式，可以覆蓋較廣的知識面，有利於儘量考查應聘者是否具有所需要的知識水準。這種方式使閱卷工作變得較為輕鬆，甚至還可以採用機器閱卷，省時省力。

但是這種考查方式也具有較大的局限性。由於應聘者在給出的幾個答案中進行選擇，因此很容易靠猜測答對一些題目。此外，這種方式很難考查人的自我創造力和發散性思維能力，不能使應聘者充分表達其見解，也無法體現應聘者的文字運用能力。

◆標準化筆測試題的編制程序

第一，確定筆試的目的（包括作用、內容和對象）。這一步主要是限定筆試是考查某一特定職位所需的知識水準還是普通的知識水準；是針對無經驗的應屆畢業生還是有經驗的跳槽者；是針對每一個應聘者還是針對某一個職位的應聘者等。

第二，選擇材料。材料的選擇要適合考試的目的，如考查一般知識就不能根據某一職位的特定知識來選材，如對象是應屆大學畢業生就不能選取實踐性很強的知識點來考查。所選的材料還應包含儘可能的知識面，保證測查到所需的知識水準，這樣的測試才有效度。

第三，編制試題。選好材料後，就可以進行命題了。在命題時，應遵循以下一些原則：

1. 試題在內容上應具有代表性，並注意知識的應用而不是考死記硬背的知識。
2. 在形式上要力求語言簡潔易懂，各題彼此獨立，不能含有答題線索。
3. 從整個試題來看，應有一定的難度分布。
4. 應準備至少比所需題數多一倍的試題，以備選擇淘汰，對備選試題必須重複進行編輯、選擇、修改，這一過程可由測驗編制者自己重複做，也可請其他專家進行。

5.經過初步篩選的試題，雖然在內容和形式上已符合要求，但它是否真的具有適當的難度和好的鑑別力，還須進行預試及專案分析。

第四，預試。預試就是將初步篩選出的試題以預備測驗的形式向一組有代表性的人群實施，以獲得客觀性資料，從而評定每一試題的性能。預試應儘量按正式測試的要求進行，保證所用資料的可靠性。在預試過程中，應隨時記錄受試人的反應情況，如大部分人完成測試的時間、題意不明之處、用詞不當引起的誤解等等，作為以後修改試題的參考。

第五，試題分析與選擇。利用預試所得的資料就可以對試題進行分析。這裡主要指的是試題的難度和鑑別力分析。試題的難度通常以全體被試者答對或通過該題目的百分比表示。計算公式為：

$$P = \frac{答對該題的人數}{全體人數} \times 100\%$$

P值越低，難度越高；P值越高，說明難度越低。好的試題應有一定的難度，同時整個試卷的題目難度應形成一定的分布，既要有容易和較難的，也要有中等難度的試題。

鑑別力又稱區分度，它標誌著試題能夠測量出它所要測量的東西的程度。試題的難度分布是影響測驗鑑別力的一個重要因素。難度分布越廣，鑑別力就越強。在實際工作中，一般是將鑑別力較高的試題選出，再按照難度指數選出其中難度適中的試題，再加上一些較難和較易的題目，保證試題有一定的難度分布。

第六,重測。為了保證試題的可靠性,最好用試題分析後選出的題目再測一次,看兩次測試的難度、鑑別力是否一致。如果不一致,則需作進一步修改,如果一致,則說明試題已具備良好的信度和效度。

第七,試題的標準化。試題的標準化是指測驗實施、記分以及分數解釋程序的一致性。測驗必須標準化才可以保證真實的結果。一般而言,測驗的標準化應包括編制實施指導手冊和建立常模兩個步驟。手冊用於指導測驗實施,常模使測驗分數變得有意義。

由上述可知,編制標準化試題的程序較為複雜,但在實際應用中,通常要根據人力、物力以及對測試結果的要求進行簡化,依然具有一定的經濟實用性。

(二)非標準化筆試

非標準化筆試相對而言更為方便簡潔。非標準化筆試又稱為論文或開放式筆試。它主要是要求應聘者對一些用問句或敘述句表達的現實或理論問題,用自己的語言進行回答。與標準化筆試不同,它允許應聘者按自己的想法作答,清楚地表達自己的見解,因而能體現人的創造能力和概括思維能力。但這樣給閱卷評分帶來了難度,評分者很難有統一的標準予以參考評分。非標準化筆試的答案一般無標準的正確與錯誤之分,評分者主要是根據自己的經驗評定應聘者的回答是否有創造性,其邏輯嚴密性、概括能力、推理能力、文字表達能力如何,這在標準化筆試中很難考查。但是,評分者在評分時往往帶有較大的主觀隨意性,評分很容易受到評分者的好惡以及他自身對問題的看法的影響,因此其評分的客觀性和公正性常受到質疑。

一般而言，改善這一狀況的途徑有兩條：一是對評分者進行培訓，訓練他們的鑑別能力；二是儘可能在其他方面，如考試場地、考試的實施等提高非標準化筆試的標準化程度。

非標準化筆試的命題較爲簡單，但不適宜大規模施測，因此許多組織往往先採用標準化筆試之後，再利用非標準化筆試進行小範圍篩選。

總之，筆試是人員選拔的一種重要方法。它的長處在於可以進行一定規模的測試，對知識和能力的考查有較高的信度和效度，所以在各種組織和企業的招聘中往往是不可少的。但是筆試僅限於應聘者紙筆的交流，選拔人員只能透過試卷間接了解應聘者，而應聘者的工作態度、修養、人生觀、價值觀等方面很難從試卷中得到反映，因此在選拔中僅用筆試是不夠的，對知識和能力初步合格者還應進行更深層次的篩選測試。

4.3.2　面試

面試是現代人員選拔中一種非常重要的非測驗技術和方法，它有著其他選聘方法不可替代的作用和特點，因此面試方法在人員選拔中越來越受到重視。面試是透過主試與被試雙方面對面地觀察、交談等雙向溝通方式，了解應試人員素質狀況、能力特徵及求職應聘動機的一種人員選拔技術，面試技術較其他一些選拔技術更直觀、靈活、深入。

（一）面試的特點

面試與其他一些選拔方法相比較而言，具有其自身的特點。

◆面試是透過對人的外部行為特徵的觀察與分析來評價一個人的素質

　　一個人的氣質、性格、能力往往是透過其外部行為特徵表現出來的，而人的外部行為特徵主要是一個人的語言行為與非語言行為。因此，透過面試，對一個人的外部語言行為與非語言行為進行觀察與分析，可以了解一個人的內在心理素質狀況。現代心理科學研究認為，透過對一個人的言語表達行為的觀察與分析，可以獲得有關個人的態度、情緒、學識水準、能力、智力等方面的資訊。同時，人們的言語表達借助於音量、音調及言語速度的改變能夠表達多種複雜細微的感情。此外，國外一項研究表明，在面試中，從應試者面部表情中獲得的訊息量可達50％以上，主試者可由對非語言行為的分析來判斷應試者的自信心、情緒、態度等素質特徵。

◆面試是以談話、觀察和傾聽為主要手段的評價方法

　　面試主要以問答為主，所以在面試過程中，主試者正確把握提問技巧十分重要。談話、觀察和傾聽是面試過程中的三大主要方法，只有恰當地應用了這三項主要方法，才能保證面試的信度和效度。

◆面試的內容比較靈活

　　一般來說，面試內容對於不同的應試者來說是相對變化的、靈活的。其主要原因有三點：

1.面試內容因應試者的個人經歷、背景情況等的不同而發生變化。
2.面試內容因工作職位不同而有所不同。
3.面試內容因應試者在面試過程中的面試表現不同而不同。

◆面試是主試者與被試者之間的雙向溝通過程

面試是主試者與被試者之間的一種雙向交流，彼此傳達並引發彼此的態度、情感、想法、希望的過程，是包括言語及非言語資訊交流的過程。在面試中，被試並不完全處於被動狀態，主試可以透過觀察和言詞答問來評價被試，被試也可以透過主試的行為來判斷主試的態度偏好、價值判斷標準、對自己面試過程表現的滿意度，以此來調節自己在面試中的行為。同時，被試也可以由此了解應聘職位的條件，並由此決定自己是否可以接受該職務。因此，面試不僅是對被試的一種考查，也是主客體之間的一種溝通、交流和能力的較量。

◆面試在時間上要持續較長一段時間

面試是因人而異的，考查內容不像筆試那麼單一，每面試完一人，即評出該人的面試成績，然後再進行下一個面試，過程周而復始，直至全部面試完畢，時間持續較長，可能一天完成，也可能一週、一月甚至更長。

此外，面試一般由用人部門主持，各部門、各職位的工作性質、職責以及其他方面的要求各不相同，面試差異較大，無法在同一時間進行面試。而且面試一位應聘者的時間不能作硬性規定，而應視該人面試的情況而定，因此面試時間長短具有某種不確定性。

（二）面試的類型

一般來說面試可分為以下幾種類型：

◆自由式

面試的內容和話題順序都未作計畫，只根據主試與被試的交互作用而定，帶有很大的偶然性，因而在評價應試者時缺乏

一致性。有些採用者把這種方法作爲一種初步的、開始認識的方法。

◆半結構化式

　　訪談者系統地涉及到某些背景領域和爲儘可能獲取有關資訊而專門設計的問題，而問題的次序、範圍、用語等都是機動的。這種方式減少了一些隨意性，且具有相當的靈活性。

◆結構化式

　　這是一種形式化、標準化的面談。它是採用一種預先確定好的面試問題表向具體職務的申請者提問。這一方式較爲嚴密，使面談者不會完全按自己的意思控制整個過程，因而有時缺乏一定的彈性。

　　除上述三種面試形式外，選拔人員有時也採用其他形式進行面試，例如壓力式面試，這種方法是第二次世界大戰中發明的，使用時多半是給予求職者失敗的壓力，面試中主試極富攻擊性，在面談中突然由平淡輕鬆的態度改爲敵視態度，攻擊應試者，使其產生防禦機制，以考查應試者的應變能力。然後主試再設法使氣氛回到原來的平靜和友好，以恢復應試者的自信，再觀察他的應對能力。另外還有複式面試、集體面試等等，此處就不一一詳述了。

（三）面試程序

　　面試過程一般可分爲五個基本階段：

◆預備階段

　　預備階段主要是以一般的社交話題進行交談，使應聘者消除或減緩戒備心理和緊張情緒，使他們自然地進入面試的情景之中，雙方建立起和諧、友善、輕鬆的面試氣氛。

◆引入階段

這一階段主要是圍繞應聘者的基本情況提出問題，逐步引出面試正題。同時，給應聘者第一次真正發言的機會，主試開始對應聘者進行實質性評價。

◆正題階段

此階段是面試的主要環節，主試就廣泛的問題向應聘者徵詢、提問，並根據應聘者的回答和表現對他們的能力、素質、心理特點、工作動機等多方面內容進行評價。

◆變換階段

這一階段已接近面試的尾聲。在主要問題談過之後，可以提出一些比較敏感、尖銳的問題，以便深入、徹底地了解應聘者的情況，但需注意任何提問都必須以尊重應聘者的自尊和隱私權為基本前提。

◆結束階段

面試的結束階段應該自然、流暢，不可給應聘者留下某種疑惑、突然的感覺。還應給應聘者最後的、充分提問的機會。

（四）面試中應注意的問題

依據面試的規則和實踐，一般主試要注意以下幾點：

1. 問題要清楚，富有誘導性，並使被試者易於回答，以引發其回答的興趣。
2. 主試者應注意多聽，適時地引導或表明自己的態度，但在提問時對可能的問題答案不應表現出偏好傾向，而應保持中立態度。
3. 在建立良好友誼氣氛之前，不宜問太多的私事。

4.被試每回答完一個問題，都應稍待幾秒鐘，給其充分補充
　　回答的機會。

5.所有語言和詞彙要適合被試者的程度。

6.不可多作記錄，以免使被試者有所顧慮，應在面試後即時
　　回憶並加以評定。

7.充分尊重被試者的人格和隱私權，注意克服不良偏見。

8.主試者要有敏銳的捕捉資訊的能力和判斷力。

（五）面試中主試者可能出現的心理偏差

　　作爲面試中三大變數（求職者、面談環境和主試者）之一
的主試者，在選拔人員中有著主導性的作用。所以，其主觀狀
態會影響面試效果。面試中主試者易犯的錯誤有以下幾種：

◆理想候選人模型

　　有研究表明，許多主試者都有理想候選人的模型，並以此
作爲實際候選人的評估標準。而事實上，不同主試者的理想標
準是有差異的。

◆居高臨下，施惠於人

　　在當前的就業形勢下，有些供職單位往往有一種無形的優
越感，這使主試者有時會表現出施惠於求職者的態度，從而可
能造成對求職者的低估，也不利於創造輕鬆愉快的面試氛圍。

◆尋求與己相似者

　　研究表明，個體間個性特徵的相似性，是增進人際吸引的
一個因素。有些主試者便可能由此產生對不同求職者的偏好，
而忽視工作的具體要求。

◆先入為主的偏見

　　在擇員面談中，面談雙方往往是初次接觸，所以第一印象

就顯得至關重要。第一印象是隨後接觸和交往的依據。由於第一印象有表面性、片面性等特徵，所以主試者應儘量避免這種先入爲主的觀念干擾。

◆暈輪效應

主試者在面試過程中根據自己的好惡作出判斷，過於注重他所喜歡的求職者特性，而不論這些特性是否於工作有利，從而可能導致錯誤的決策。

◆主試者收集消極資訊的定勢

斯普林伯特曾說，主試者總是帶著一種搜索消極資訊的謹慎定勢對候選人作出評估。這就意味著，主試者的判斷受有關候選人的消極資訊的影響比積極資訊更大。社會心理學的研究也表明，比起積極資訊，個體更注重消極否定的資訊。由此可知改變早先的消極印象比改變早先的有利印象更困難。所以主試者在對他人作出估計時，要正確估計消極否定資訊的作用，堅持實事求是，不能任意誇大。

◆對比效應

面試中的對比效應有兩種情況，其一是先前求職者的印象對主試者判斷後面求職者可能產生的影響；其二是同一申請人提供的有關他自己的資訊，因時間順序而造成的前後對比。例如，有研究表明，儘管總體上呈現的資訊是相同的，但評判者傾向於對先提出不利資訊的求職者在錄用決策和薪水建議方面作出較低的評定。

對於以上這些主試者可能出現的偏差，要想防止或減少，以提高面試的有效性，就必須加強以下幾個方面的工作：(1)在面試設計中儘量使用兩個或兩個以上的主試者進行評定，以抵銷每個主試者的偏見傾向；(2)加強對主試者的工作作風訓練，

使其堅持公平公正的原則；(3)加強工作方法和評定標準的訓
練，使主試者掌握客觀的評定標準，正確理解和運用評定標
準。

4.4　職業心理選拔中的心理測驗

現代社會中，心理測驗已成為許多組織所採用的一種重要
的人員選拔技術，心理測驗的方法在職業選拔中的使用已非常
普遍。

由於個體心理品質千差萬別，而不同職業對任職者心理品
質的要求也各不相同，職業選拔人員就必須對個體的生理心
理、個性特徵和社會心理等幾個方面進行測評。心理測驗便是
有效的測評手段之一。由於其自身的特點，使得心理測驗比其
他方法更具有客觀性，更多的定量化使其所測內容更精確，具
有較好的可比性，並且能在較短的時間裡提供關於一個人的大
量情況，提高了選拔效率。

4.4.1　心理測驗概述

心理測驗起源於實驗心理學中個別差異研究的需要。它經
過一個多世紀的發展，已逐漸從萌芽階段走向完善發展階段，
並取得了非常顯著的成就，廣泛應用於教育、企業人員的選拔
與評價。在這一過程中，人們編制了許多心理測驗，如比奈－
西蒙智力測驗（1905-1911）、羅夏墨跡測驗（1921）、主題統覺
測驗（EPQ）、卡特爾十六因素測驗等等，同時也就產生了各種

有關心理測驗的定義，其中阿納斯塔西所下的定義最爲完整，被大多數心理測驗學家所接受，即心理測驗實質上是行爲樣組的客觀的和標準化的測量。通俗地說，心理測驗就是借助心理量表，對心理特徵和行爲的典型部分進行測驗和描述的一種系統的心理測量程序。

（一）心理測驗的特點

從上述定義我們可以看出，一項適當的心理測驗具有如下特點：

◆心理測驗是對行爲的測量

這些行爲主要是心理的而不是反射性的生理行爲，是外顯行爲而不是內部心理活動，是一組行爲而不是單個行爲。

◆心理測驗是對一組行爲樣本的測量

這是指所測量的行爲是有代表性的一組行爲。任何個體在不同時間、空間與條件下的行爲表現是不盡相同的，如果我們所測的行爲抽樣不同，則所得的結果就會不同。因此每個有效的心理測驗一般都應具有針對不同總體的、由有代表性的樣本得分所求得的標準化常模。

◆心理測驗和行爲樣組不一定是真實行爲，而往往是概括化了的模擬行爲

例如，投射測驗、答題行爲均不是眞實的行爲，而是一種間接的行爲反應。

◆心理測驗是一種標準化的測驗

所謂標準化，在這裡是指測驗的編制、實施、記分以及測驗分數解釋程序的連貫性或一致性。這是測驗的內在要求。因爲要使測驗的最後結果具有可比性，測驗的條件必須具有等同

性或統一性。

◆心理測驗是一種力求客觀化的測量

　　客觀性是心理測驗編制的目標之一，也是其優於其他一些非測驗方法的要求之一。編制測驗和評分的某些方法，如採用選擇、塡空等客觀性試題以及統一的評分標準等等，都是爲了儘可能地排除主觀因素的影響。但値得注意的是各種測驗都不可能完全絕對客觀化，因此在使用時主試者應儘量按測驗要求進行，以確保測驗結果的客觀性、可比性。

◆心理測驗一般均具有較高的可靠性和有效性

　　一般來說，許多組織在進行選拔時，多選用一些經典的、在實踐中經過多次驗證的心理測驗量表爲工具，這些量表通常具有較高的信度和效度。而對於某些自編量表，則需在測驗編制、實施、記分以及分數解釋程序上實行標準化，建立可靠的常模，才能確保測驗的可靠性和有效性。

（二）心理測驗的分類

　　心理測驗雖然具有上述一般特點，但在實際應用中根據不同的標準卻可以有不同種類的劃分。根據測驗的具體對象，可以將心理測驗劃分爲認知測驗與人格測驗。認知測驗測評的是認知行爲，而人格測驗測評的是社會行爲。其中認知測驗又可按其具體的測驗對象，分爲成就測驗、智力測驗和能力傾向測驗。成就測驗主要測評人的知識與技能，是對認知活動結果的測評；智力測驗主要測量認知活動中較爲穩定的行爲特徵，是對認知過程或認知活動的整體測量；能力傾向測驗是對人的認識潛能的測量，是對認知活動的深層次測評。而人格測驗按其具體對象又可分爲態度、興趣、性格、氣質與品行測驗等。

根據測驗的目的，可以將心理測驗劃分爲描述性、預測性、診斷諮詢性、挑選性、配置性、計畫性、研究性等形式。根據測驗的材料特點，還可劃分爲文字性測驗和非文字性測驗。根據測驗的實施對象可劃分爲個別測驗和團體測驗兩類。

總之，一項適當的心理測驗是標準化的、客觀的、以適當的常模爲依據的、可靠和有效的測量，但某一項測驗結果只反映出人們某一方面的特點，在人員選拔中，應根據實際需要綜合幾種測驗，結合各方面的情況，進行決策。

4.4.2　能力測驗

能力測驗用以測定應徵者成功完成某些活動所必須具備的個性心理特徵。按能力種類劃分，能力測驗又可分爲一般能力測驗和特殊能力測驗。一般能力測驗指大多數活動所共同需要的能力，是人所共有的基本能力，即智力。它包括觀察力、注意力、記憶力、思維力和想像力等內容。特殊能力是指爲完成某項專門活動所必需的能力，只在特殊活動領域內發生作用，如音樂能力、機械運動能力、寫作能力、數學能力等。

（一）智力測驗

智力測驗是透過測驗方法衡量人的智力水準高低的一種科學方法。由於人們常把智力看作是各種基本能力的綜合，所以智力測驗又可稱爲普通能力測驗。智力測驗有可以團體實施的，也有只能進行個人測驗的。目前國外企業常用的智力測驗方法有：

◆奧蒂斯自我管理心理測驗

這種方法適合調查工作範圍廣泛的申請人，如辦公室的辦事員、一般操作工人等。使用於智力水準要求較低的工作人員的篩選。該測驗是集體進行的，不必花費很多時間去完成。但不能在較高的智力範圍內很好地進行鑑別，所以在專業或高級管理職位中不大有用。

◆旺德利克人員測驗

這項測驗包括五十個項目，分別測量言語、數字和空間能力，難度逐步提高。其測試程序比較簡單，效率較高，並能用於團體測驗。這項測驗有多種形式，普遍適用於企業挑選工作人員，特別是在辦事員一類中，在預測成就上是有用的。

◆韋斯曼人員分類測驗

這是一種團體測驗，適用於挑選基層管理人員。它是特別為工業所設計的測驗，有很嚴格的時間限制。總分是以在限定時間內寫出正確答案的總數來計算的。內容分為兩個方面：語文能力和數學能力，且是分別計分的。

◆韋克斯勒成人智力量表

此量表只適宜於個別施測，在時間經濟上花費較多，因此在一般人員的選拔中運用不多。但它在管理能力上有較好的效度，尤其是語文測驗部分尤佳，所以一般用於高層管理人員的選拔。這一測驗的運用、記分和解釋需訓練有素的主試者進行操作。表4-1列舉了韋氏成人智力測驗的主要項目與內容。

(二) 特殊能力測驗

特殊能力反映的是人們在某些方面的特長和技能。透過對特殊能力的測量可以推論和評估人們的較高層次的能力。同

表4-1 韋氏成人智力量表的主要項目和內容

測驗項目	內容
語言量表	
常識（一系列有關人類日常生活的開放式問題）	知識廣度
理解（一系列有關人們對社會規則了解的開放式問題）	實際知識與理解力
心算（所有問題是以故事或難題形式，以解決的正確性及所需時間計分）	算術推理能力
類同（閱讀配對名詞，分出其共有的特質）	抽象能力和鑑別能力
背誦數字（主試者讀出數位數字，由被試者依記憶重複）	注意力和記憶力
詞彙（被試者對所給難度逐漸增加的字加以定義）	語言知識和表達能力
操作量表	
解碼（一連串符號均各有一個數字為其代碼，在限定的時間內看符號寫出其正確的數字代碼）	學習與書寫速度
填圖（指出每張圖片中遺失缺漏的部分）	視覺的記憶與理解
積木圖案（將積木儘快依圖示拼湊成與圖示相同的形象）	視覺的模式分析能力
圖片排列（儘快將圖片部分拼成一幅完整的圖畫）	對社會情景的理解力
圖像組合（在限定的時間內將圖像部分拼湊完整）	處理部分與整體的能力

時，許多職位對任職者是否具有某些方面的特殊能力都有一定的要求，因而運用特殊能力測驗就為選拔提供了參考依據。

◆特殊性向測驗

這是用來測量人的特殊能力的方法的總稱，國外企業常用的特殊性向測驗一般有四大類，每類中又包含了不同種的許多小測驗。

1.機械性向測驗：主要測量人們對機械原理的理解和判斷空間形象的速度、準確性以及手眼協調的運動能力。該測驗應用最廣，確實有效的對象是機械工、設計師、修理工、

藝匠和工程師，典型的有「明尼蘇達空間關係測驗」、「貝內特機械理解測驗」等。

2.文書能力測驗：專門了解個人打字、速記、簿記、處理文書和聯繫工作的能力，適合於科室和文職人員能力測量。常用的有「明尼蘇達文書測驗」、「一般文書測驗」等。

3.心理運動能力測驗：主要測驗工業中許多工作所需的肌肉協調、手指靈巧或眼與手精確協調等技能。

4.視覺測驗：利用遠雙目鏡或美國鮑希羅眼鏡公司設計的視力分類機等儀器，對視力的多種特徵進行測驗，以評定其是否符合一定工作的要求。

◆多重能力傾向測驗

多重能力傾向測驗是用來測量與某些活動有關的一系列心理潛能的考試，能同時測定多種能力傾向。其中普通能力成套測驗（GATB）是較有代表性且較常用的。GATB由八個紙筆測驗和四個儀器測驗組成，可以測量九個因素：言語能力、數字能力、空間能力、一般學習能力、形狀知覺、文書知覺、運動協調、手指靈巧。這九個因素中不同因素組合代表著不同職業能力傾向，如數字能力、空間能力和手的敏捷性較好的人適於從事設計、製圖作業及電器職業，因此，GATB也常用來測定應徵者的職業傾向，進行職業指導。

◆創造力測驗

創造能力是發現新情況、創造新事物的能力，是更高級的思維層次。主要的創造力測驗有南加利福尼亞大學「發散性思維測驗」、「托蘭斯創造思維測驗」和芝加哥大學「創造力測驗」等。

4.4.3 人格測驗

人格測驗主要用於測量個人在一定條件下經常表現出來的、相對穩定的個性特徵、興趣、態度、價值觀等。

(一) 個性測驗

狹義的個性主要是指氣質和性格，它們在很大程度上影響人的職業適應性，進而影響個體在職業活動中與他人的合作。所以，心理選拔中廣泛應用了多種氣質和性格測驗。這類測驗主要有兩種方式：

◆自陳測驗

自陳測驗一般採用自我評定問卷，被測試者透過回答一些多選一或必答的問題，向主試者提供有關自己個性的一些特點。其中有的測驗是專為測量個性的某一特質，而有的則可以用來測量人的多種個性特質。有代表性的自陳測驗包括「氣質測驗」、「明尼蘇達多項人格測驗（MMPI）」、「卡特爾人格測驗（16PF）」、「Y—G性格測驗」等等。

◆投射測驗

投射測驗是給受試者提供一個模糊的刺激情境，讓他自由發揮，在不自覺中表現出內在的需要、動機、情感、適應方式等，從而可分析出其整體的人格結構，同時可以考察個人的智慧、創造力和解決問題的能力。這種方法可適當用於評價高級管理職位的候選人。典型的投射測驗有：「羅夏墨跡測驗」、「主題統覺測驗」（TAT）、「句子完成測驗」、「畫人測驗」等。

（二）職業興趣測驗

對職業興趣進行測量是現代人員選拔和職業指導與諮詢中非常重要的內容。職業興趣測驗的基本原理是：如果一個人表現的興趣、愛好與在某種職業中取得成功的要素相同或相似，則其就可能在該職業中獲得成就。有代表性的職業興趣測驗包括「霍蘭德職業偏愛測驗」、「庫德職業興趣測驗」（KDIS）、「愛德華個人興趣測驗」等。

（三）態度測驗

態度可借助態度量表進行客觀測量。態度量表是由一組相互關聯的敘述句或項目構成的。這些項目都涉及某事物的某一個態度層面，而且它們在方向上和強度上有差異。測驗時讓被試者對這些項目作出反應，主試者就可依此推測個人的態度。由於態度是針對不同對象內容的，所以並不能找到足夠的現成量表作工具，但有幾種典型的量表編制方法，如：「塞斯頓態度量表法」、「利克特量表法」、「哥特曼量表法」等。

（四）價值觀的測定

價值觀是個人對客觀事物的意義與重要性的總評價，它使人的行為帶有個人的某種穩定的傾向性。價值觀不僅影響人的行為，而且會影響整個組織的行為，從而影響組織的功效。因此，在人員選拔中，應考慮價值觀的評測。

價值觀是一種高級的認知形式，因此，問卷測驗是較常見的一種評測形式。這方面國外較為推崇的是阿爾波特、韋農和林達塞於1931年發表的價值觀研究量表，該量表於1951年和

1960年修訂過兩次。此外還有羅克奇的價值觀測量表，以及
Morris（1956）所編制的「生活方式問卷」等。

上面我們介紹了在職業活動中常用的三大類心理測驗，此
外，職業活動也是一種社會活動，在職業活動中，人不可避免
地要處於一定的人際關係之中，與他人進行交往。個體在這方
面的心理傾向和能力，也會影響到組織的氣氛和集體的協調，
進而影響工作效率。所以，就有必要進行一些有關這類群體社
會心理方面的測定。「社會能力交往測驗」和「羞怯性測驗」
是兩種較為簡單易行的測驗。

總之，在心理學中還有其他許多心理測驗，如記憶力、注
意力、需要動機、領導類型、領導風格等的測驗，都可能為職
業選拔提供依據，選拔者可以根據選拔的需要而進行使用。

4.4.4 運用心理測驗應該注意的問題

心理測驗是間接了解心理個性及能力因素的一種方法，人
的個性特徵又是十分複雜的，測驗結果往往受到許多因素的影
響。有的因素是可以控制的，有的因素則難以控制，從而降低
了測驗的信度和效度。如果運用不當，就不能發揮選拔作用，
甚至還會給組織帶來不可估量的損失。因此在選用時要注意以
下兩點：

（一）工具的選擇

測驗工具選擇得當與否將決定測驗的成敗。一般來說，選
擇量表時要考慮以下幾個問題。首先是量表的適合性，應了解
編制量表的一些技術資料，如信度、效度等等。然後應根據量

表的使用對象來選擇。每個量表都有特定的使用對象，如果超過了某一特定的群體範圍就不能使用，而且還會造成不公平現象。

(二) 嚴格按照測驗手冊來實施測驗

如準備工作、測驗的記錄、主試者的培訓、記分與解釋等，這樣才能保證測驗結果的可靠、可信、準確和有效，選拔決策才能合理和有根據。

4.5 職業心理選拔中的模擬與角色扮演

4.5.1 模擬與角色扮演概述

情景模擬和角色扮演是指讓應聘者在控制條件下，完成實際工作任務的過程。如對電腦操作員的編程測驗、給經銷人員的模擬推銷任務等等。對每種不同的工作都有模擬情景可以測試出應聘者的實際工作能力。和筆試相比，情景模擬測驗可以直接觀察到應聘者如何解決實際工作問題，而不只是回答該如何去做，並且在實際操作中，應聘者很難作假。好的情景模擬方法在預測日後的工作能力和績效時有很高的信度和效度。

模擬與角色扮演的方法尤其適合於為需要動手操作的職業選拔任職者，如秘書、電腦操作員、管理者等。應聘者能否勝任工作可以從他的操作中得到結論。因此模擬和角色扮演法很重要的是選拔哪些任務讓應聘者操作，以及如何選擇。為了準

確測定應聘者的工作能力，應選擇爲完成某工作或勝任某職位
的關鍵的、基本的一些任務。這些任務的順利操作證明應聘者
有足夠的能力水準可以擔當此項工作。在設計一個模擬測試
時，專家們首先列出這一工作所有可能的任務，列出每項任務
的操作頻率以及它對整個工作的相對重要性程度，根據這些資
訊就可以選擇那些比較重要、有代表性的任務作爲操作考核內
容。然後把每個任務分爲幾個操作步驟，列出每個步驟可能的
完成方法，對每種方法的優劣程度給予不同的分數。

　　一般來說，模擬與角色扮演方法的測試沒有標準答案可供
參考，但爲排除主觀偏見，還是應對各項操作列出行爲標準，
按照行爲標準完成的程度予以記分。此外，在實施這種測試時
還應注意使每個應聘者的測試條件、環境、設備儀器等儘可能
一致，以便客觀標準地比較他們的得分高低。

　　儘管情景模擬和角色扮演法有較高的信度和效度，但在對
管理者和領導者的選拔上，一般的模擬與角色扮演很難顯出優
勢，這是因爲管理人員、領導者的工作職責範圍大，需要承擔
各種工作，不是一兩種模擬情境就可以概括的。因此，對管理
人員和領導者的選拔中，常使用評價中心方法。

4.5.2　評價中心

　　評價中心的目的是測量候選人能力水準以及是否能勝任某
項管理者職位，並評價候選人的工作潛力和預測其可能的工作
績效，同時還可以發現候選人的欠缺之處，以確定培養內容和
方式。實踐證明，評價中心是一種較好的適用於管理人員、尤
其是高級管理人員選拔的測評方法。

（一）評價中心的概念和特點

評價中心作為現代人員測評的一種新方法，最早起源於德國心理學家1929年建立的一套用於挑選軍官的非常先進的多項評價程序，後來又由美國電話電報公司首先提出並應用於高層管理人員的選拔工作中，現在這一方法已廣泛應用於組織對經理人的選拔工作中。

◆評價中心的概念

評價中心是以測評被測者管理素質為中心的標準化的一組評價活動，它是一種測評方式。在這種活動中，包括著多個主試者採用多種測評方法對被測者管理素質進行測試的努力，但所有這些努力與活動都是圍繞對管理素質的評測這一中心的。評價中心是在情景模擬和角色扮演測評方法的基礎上發展起來的，其最主要的特點就是情景模擬性。

評價中心是透過多種情景模擬方法觀察被測者特定行為的方法。這些情景模擬方法包括寫一個市場問題分析報告、發表一篇口頭演說、處理一些信件與公文、處理某個用戶產品品質投訴問題及讓幾個被試者共同討論組織生產問題或銷售策略問題等等。這些模擬方法給主試者提供了觀察被試者如何與他人相處、分析問題與解決問題的複雜行為的機會。

◆評價中心的特點

評價中心除了具有情景模擬性外，還具有以下幾個突出特點：

第一，綜合性。評價中心是對其他多種測評技術與手段的綜合兼併，如問卷、量表、測驗、投射、面試、公文處理、角色扮演等測評技術，它往往是擇其中多種綜合實施而不是擇其

中一種，取各種測評技術之長，而補它們獨立使用之短。被試者在這些測評形式中行為反應的多樣性與廣泛性，使評價中心測評的效度與信度大大提高。

第二，動態性。評價中心的表現形式具有運動變化性。它是透過一系列的活動、安排、環境布置與壓力刺激來激發被試者的潛在素質，使其得到充分的表現，眞正體現了在運動中、活動中測評素質的特點。

第三，標準化。評價中心雖然活動頻繁，形式多樣，時間持續從幾個小時到一週不等，但每個活動都是統一的，主試者與被試者的活動，都是以工作分析所確定的素質爲目標進行的。此外對主試者的培訓程序也是統一的、嚴格的。

第四，整體互動性。評價中心的測評具有整體互動性的特點，主試者對被試者的測評，大多是置於群體互動中進行比較性的整個測評，不是進行抽象的分析，而是置於動態的觀察之中。

第五，訊息量大。評價中心是綜合多種測評活動，有多個測評人員共同測評。測評方式上突破了前面各種形式的限制，測評內容涉及到監督、管理與決策諸方面的技能。

第六，以預測爲主要目的。評價中心主要是以對管理人員管理能力與績效預測爲目的的，因此其測評內容主要是管理人員的管理素質與潛能。但是，目前評價中心技術也已廣泛應用於能力培訓與開發、職業能力測評、職業規劃以及人事研究等。

第七，形象逼眞。評價中心的每一個情景測驗，都是從許多實際工作樣本中挑選出來的典型，經過測評技術的處理，使許多與測評無關的因素都得到了有效的控制。經過組合加工，

還可以把分屬不同工作中的活動綜合連接在一起，既提高了測評的準確性又擴大了測評的內容與範圍，可以在同一種情景模擬中測評多種管理素質。

由於評價中心試題與實際工作的高度相似性，使它所測評的素質往往是分析和處理具體工作的實際知識、技能與品德素質，使評價中心具有較高的效度；由於評價中心活動的形象性與逼真性，使整個測評過程生動活潑，不像筆試那樣死板，能引起被測者的更大興趣，發揮潛能；由於被測者作答的過程就是完成任務的過程，也是充分表現實際素質的過程，因此整個測評顯得形象直觀。

第八，行為性。評價中心要求被試者表現的是行為，主試者觀察評定的也是行為。這種行為是複雜的，是多種素質的綜合體現，同時它又是直觀而生動的。

（二）評價中心的主要情景模擬技術

評價中心主要是將被試者置於一系列模擬的工作環境中，採用多種測評技術，觀察和評價被試者的心理和行為，預測被試者的各項能力與不足以及對某項工作的適合性。其技術包括測驗性和非測驗性的，主要有：診斷性面談、投射測驗、公文處理測驗、無領導小組測驗和管理遊戲（如建築練習等）。下面我們主要介紹兩種較典型的情景模擬測驗：

◆公文處理測驗

又稱文件筐作業。這項活動中，被試者將扮演組織中某一重要角色，並被要求閱讀和處理一系列該角色日常工作中常遇到的各類公文，包括備忘錄、訂單和信函等。評價人員觀察被試者，看他們工作是否有系統性、是否建立優先次序、是否善

於授權，或者是否把自己糾纏在瑣事中，從而確定被評價者能否很好地理解一個新的工作環境並在較短的時間內作出正確的管理決策。

◆無領導小組討論（LGD）

無領導小組討論就是指數名被評價者集中在一起就某一問題進行討論，事先並不指定討論會的主持人，評價者則在一旁觀察評價對象的行為表現並對被試者作出評價的一種方法。如美國電話電報公司的一個例子，五、六個候選人組成一個小組，告訴他們要作為公司的經理，在規定時間內提高公司的利潤。他們掌握有關公司和市場的資料，他們中沒有人被指定為領導者，他們如何達到目標，公司也不作任何規定。有時，規定一個候選人擔任領導，對他或她擔負領導責任的能力進行評價，其他組內成員則按在完成領導人指派的工作上的合作精神來評價。評價者可以觀察每個參加者和其他人是如何相互作用的，每個人表現出怎樣的領導能力與說服人的才能。

總之，經多年的研究證明評價中心具有較好的信度和效度，採用評價中心所選的那些管理人員或者在本組織內晉升的人，要比用傳統方法選拔的那些人員強50％。在今天，世界上許多大的跨國組織都採用這種技術來選拔經理和高級管理人員，如美國國際商用機器公司、福特汽車公司等等。

4.6　選拔決策模式

組織經過採取一系列的測評技術對應聘者進行選拔，並最終根據選拔結果作出錄用決策。這一過程是一個複雜而具有連

續性的過程，決策的有效性直接影響著組織此次選拔活動的效果和組織本身的效益。因此，最後的選拔決策過程對於整個選拔程序至關重要。

4.6.1　選拔決策模式（程序）

選拔決策是依據對職位的工作分析結果和對應聘者的調查測評結果相對照而作出的。其一般模式如圖4-1所示。

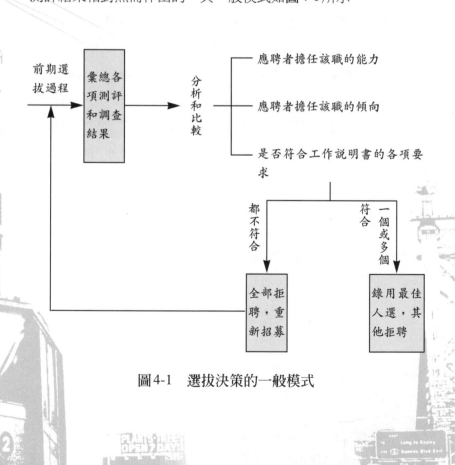

圖4-1　選拔決策的一般模式

4.6.2　影響選拔決策的因素

（一）決策者的個人傾向所造成的主觀偏見

這些主觀偏見主要是選拔決策者的個人好惡傾向、以偏概全傾向等等，都可能使決策者本身在決策時忽略某些與職位有關係的因素，而過分注重一些與職位無多大關係的因素，從而導致錯誤決策。

（二）決策者對決策標準的理解和把握發生偏差

當決策者沒有完全正確理解和把握決策標準，或者不了解招聘職位的要求時，必然會導致錯誤決策。

（三）前期選拔過程控制不當

前期選拔過程不嚴格，則考核的結果就不能夠成為決策的有利依據，按照這樣的結果所作出的決策缺乏準確性和有效性。

基於上述因素，為提高選拔決策的準確性和有效性，必須加強對決策者決策能力和選拔技術操作的培訓，同時加強有關決策標準方面的培訓，使其正確理解決策標準。

本章摘要

◆ 職業心理選拔是依據職業活動結構的特點及其對勞動者的
職業活動要求，借助心理學的測驗或非測驗技術，對相應
職業人員在該職業或專業的適合性狀況方面所進行的預測
和評定。

◆ 職業心理選拔的原則包括：有效性和應用性相結合的原
則、全面性和針對性相結合的原則、整體性和獨立性相結
合的原則、穩定性和動態性相結合的原則。

◆ 筆試是選拔人員的一種重要方法，對知識能力的考查有較
高的信度和效度。

◆ 面試是透過主試者與被試者雙方面對面地觀察、交談等雙
向溝通方式，了解應試人員素質狀況、能力特徵及求職應
聘動機的一種人員選拔技術。

◆ 心理測驗就是借助心理量表，對心理特徵和行為的典型部
分進行測驗和描述的一種系統的心理測量程序。

◆ 評價中心是透過多種情景模擬方法觀察被測者特定行為的
方法。

思考與探索

1.試述職業心理選拔的原則。

2.試述職業心理選拔中筆試和麵試的優缺點。

3.試述評價中心法。

4.試述在職業選拔中，各種技術應怎樣協調使用。

第5章

職業生涯

　　一個人一旦透過選擇或選拔進入職業組織或特定的職位，他的職業生涯就開始了。一個人一生可能在一個固定的工作崗位上從事一個職業，也可能經歷若干個職位、若干個職業甚至若干個不同的行業。不管屬於哪種情況，個體希望在職業中獲得成功這一點是共同的。職業中的成功是一個漫長的過程，在這個漫長的過程中，個人、職業組織、社會環境都在變化，個人進入職業組織之初的「匹配程度或職業適合性」需要隨著時間的推移不斷與職業組織的成長相適應，需要不斷的磨合。因此，從職業組織的角度看，應該把員工的職業生涯發展計畫納入管理工作的視野。職業生涯問題是終生發展心理學為現代人力資源管理實踐獻上的一份厚禮，進行員工職業生涯管理是現代以人為中心管理的重要組成部分之一。

5.1　職業生涯概述

5.1.1　什麼是職業生涯？

　　生涯這個概念指人的一生。在人的一生中，人的生物特性、心理特性、社會特性都要經歷無數大大小小的變化，這些變化的背景牽涉許許多多因素，因此，要給職業生涯下一個準確的定義並不是一件容易的事情。

　　有人認為，職業生涯指個體在一個職業中擁有的持續地位。這個定義強調了職業生涯作為個體在一個職業中穩定、持續的地位，排除了各種變動的情況。

　　另外又有人認為，職業生涯是個體在一個組織中的流動。這個定義肯定了個體在職業生涯中的變動，如縱向的變動——晉升，橫向的變動——輪崗、轉崗等等，但是，這種變動局限在同一個職業或行業中。

　　第三種看法認為，把職業生涯看成是個別職業或組織的所有物有兩個盲點：第一，員工並非終身呆在一個職業或組織中；第二，員工的職業興趣也並非穩定的。前兩種定義的盲點在於，它們都是站在職業組織的角度，而沒有站在個體的角度來看待職業生涯問題。隨著社會的發展，個體選擇機會的增加，職業生涯更多地受到個人職業興趣與職業動機的影響，因此，對職業生涯這個概念的定義也更趨向於個體水準上的把握。

　　職業生涯，指一個人終生職業經歷的模式。職業經歷包括職位、工作經驗和任務，受到員工價值、需要和情感的影響。員工的職業生涯受到人生發展階段、生理年齡的制約，受到職業組織發展水準、行業發展與社會文化、科技發展的影響。對於管理人員來說，了解人生發展

　　階段以及每個階段上員工需要、興趣的差異十分重要。

5.1.2　職業生涯問題的意義

　　隨著社會經濟文化的發展與人民生活水準的提高，人們的職業價值觀正在發生變化，開始越來越注意高層次需要的滿足，如歸屬感、尊重感、自我成就感等等方面。組織的變革也引導著員工的價值觀轉變，使員工對組織的心理需求也發生著變化。

　　員工價值觀的變化意味著他們不再僅僅對升遷、工資、地位和權力等事業成功的傳統標誌感興趣，而轉向對職業是否與自己的價值觀相符感興趣，也就是說，他們更希望得到心理上的成功。心理上的成功與社會承認、家庭美滿及工作成果等個人目標的達成有關。

　　同時，組織結構的扁平化意味著職業成功不再以晉升為標準，因為在扁平化的組織結構中，垂直升遷的層級很有限，於是職業組織就得幫助員工懂得輪調、側向調動等其他發展方式也是成功的標誌。職業組織結構的扁平化同時也增加了雇員處於停滯狀態的可能性。為戰勝停滯，職業組織不得不採取措施使員工接受挑戰性更高、責任性更強的任務。為了在複雜多變、充滿挑戰的市場環境中競爭，一些職業組織削減了對某些原有項目的投入，其結果是員工必須保證他們的技能跟得上項目的變化，要不然就會失業。

　　技術的飛速發展與員工被賦予更大責任的趨勢，使工作變得更有價值同時也更具有挑戰性。員工在職位上繼續提升和發展的需要就顯得越來越迫切，員工的職業生涯計畫就顯得越來越重要。

5.1.3　職業生涯計畫的作用

　　目標是把需要轉化成動機的誘因，目標的內在化必然導致動機的內在化、持久化。職業生涯計畫的過程就是員工個人成長目標與組織發展目標相互作用、達到整合的過程，是一個目標激勵的過程。因此，職業組織有必要幫助員工規劃好職業生涯以加強他們的職業生涯動機。

　　職業生涯動機包括三個方面的內容：職業彈性、職業洞察力與職業認同。

　　職業彈性指員工應對職業生涯中各種問題的能力。

　　職業洞察力指員工對自己的興趣、技能、優點和缺點，以及這些方面與他們的職業生涯目標之間的關係的認知水準。

　　職業認同指員工調整自己的價值使之與職業相符的程度。

　　職業組織的創新和適應力只能建立在員工職業生涯動機水準的基礎上。具有較高職業彈性的員工能夠排除工作中的障礙，適應預料之外的事件（如工作流程的變化、顧客需求的變化等等）。他們會自覺運用已有的技術創造出新的方法去克服阻礙和適應出乎預料的變化，職業洞察力強的員工會制定長遠的職業生涯目標，並積極參與達成目標的各種職業活動，他們傾向於採取有效的方法保證自己的技術永不過時，職業認同高的員工會對職業組織高度投入，他們會自覺地去完成職業組織任務和滿足顧客需求的工作，同時，他們也為職業組織感到驕傲，積極地為職業組織工作。

5.1.4　職業生涯管理的原則

　　把員工職業生涯計畫的制定和實施、調控納入職業組織管理體系中，就是職業生涯管理。職業生涯管理的良好執行，可以為組織帶來雙贏的效果，為員工個人帶來三贏的效果。從組織的角度來看，良好的職業生涯管理既有利於組織的發展，又有利於員工的成長，既有利於組織當前的目標達成，又有利於為組織未來目標的達成積蓄潛能。從員工個人的角度看，良好的職業生涯管理既有利於職業內部的發展，又有利於家庭生活

品質的提高，還有利於個人的整體發展。

　　要使職業生涯管理真正達到雙贏、三贏的目的，充分考慮下列運作原則是十分重要的：

（一）統籌性原則

　　所謂統籌性，就是要把職業生涯計畫與實施看成是一個系統的工程，納入組織的發展策略。統籌包括橫向統籌與縱向統籌兩個向度。從橫向向度來看，職業組織、管理者、個人都要參與，各自發揮自己的作用；從縱向向度來看，應該貫穿職業組織的整個工作過程，貫穿員工的整個人生。

（二）差異性原則

　　所謂差異性原則，就是在制定和實施職業生涯計畫的過程中要充分考慮職業之間、職位之間、專業之間的實際情況，有區別地制定目標。同時要充分考慮員工性別差異、年齡差異、個性差異等方面的具體情況，根據個別差異提出不同的要求，給予不同的建議。

（三）階段性原則

　　所謂階段性原則即在對職業生涯計畫作目標具體化與具體實施的時候，要充分考慮當時職業組織所處的發展階段與個體所處的不同發展階段，有步驟、有回饋、有調整、有次序地進行，不可徒具形式，更不可急功近利。

（四）發展性原則

　　所謂發展性原則，就是在選擇實施職業生涯計畫的具體措

施的時候，要從促進員工發展的理念出發，把職位實踐與有效的教育、培訓結合起來。有效的教育與培訓需要有針對性，需要把握受培訓員工的心理特點，如需要、動機、學習過程的特點、認知風格等等，還需要根據前述特點進行合理的教學設計、培訓設計，使組織在教育、培訓與發展上的投資能夠受到應有的回報——員工真正在職業生涯計畫中得到發展，就是組織的發展，就是日後的適應、創新和效益。

5.2　職業生涯發展模式

職業生涯發展指員工進入職業後所經歷的由不同發展任務、活動與關係為標誌的不同階段構成的連續過程。

分析員工的職業生涯發展，從不同的角度出發，形成四種模式：生活週期模式、基於組織的發展模式、發展方向模式及綜合模式。

5.2.1　生活週期模式

生活週期模式以員工人生過程中不同階段所面臨的發展任務為線索來描述職業生涯的發展。多數對成人發展領域進行的研究結果表明，人生發展的一些主要任務基本上都與年齡有關。在我們的文化中，人們習慣將年滿三十歲、四十歲、五十歲或六十歲看作人生歷程的里程碑。

一個人成年以後第一個階段是從青年中期（二十二歲至二十三歲）開始到三十歲前後。在這個時期中，個人既要成家，

又要立業。對於大多數人來說，進入三十歲是人生第一個開始重新審視自己、重新確立生活理想的過渡時期。工作世界的現實、適應婚姻、撫育子女、家庭經濟負擔等方面的責任，代替了二十歲時的種種人生夢想，因此個人需要重新審視現實，作出新的、更加現實的選擇。新的選擇一旦作出，個人就進入而立之年，一個持續性承諾的時期。

四十歲左右，多數人會面臨中年過渡或中年危機。面對這種危機，個人需要對人生作出永久性承諾。這種危機一般來自兩個方面：一是個人夢想和成就之間的不一致引起的類似青春期自我同一性矛盾的衝突；二是認識到體力下降的徵兆，感悟到人生已經過去一半，強烈地認識到個人終有一死。因此，個人抓緊作出新的選擇，或者接受和尋求當前工作、家庭與自我新的意義，或者改變當前的狀況。

四十歲至五十歲，個人面臨空巢期帶來的心理不適。子女長大成人，自立門戶，夫妻之間忽然發現只有相依為命才能戰勝空巢感，因此，需要建立新的親密模式。如果這些問題得到圓滿解決，自我接納感和生活滿足感就會增長，緊接下來就會出現一個相對穩定和滿足的時期，人變得圓熟、寬厚，比以前更加珍視老關係，同時，也認識到各種老化的徵兆，可能產生一些煩惱。

六十歲到去世這段時期也包含著許多心理上的過渡，最明顯的是退休所帶來的種種變化，如生活方式的變化、生活標準的變化等等。如果個人從財務上做好了充分準備，這種過渡可以順利進行。這時起，保健的問題會變得十分突出，還會面臨親友或配偶逝世的嚴重心理創傷。這個階段，個人對別人的需要會變得比較高。

5.2.2　基於組織的發展模式

以組織任務爲線索，描述人生不同發展階段應該透過學習滿足組織的不同需求的各個方面。

雪恩教授的「基於時間的職業發展模型」反映了這個模型的基本思想，如圖5-1所示。

在這個模型中，個人的職業發展任務亦步亦趨地跟隨著職業組織的發展目標，從組織的角度來看，這是一個很好的模型，但是，從個人的角度來看，主動性可能會遭到削弱。

5.2.3　發展方向模式

這個模式描述員工看待職業的方式對人生發展的影響，它的一些觀點在綜合模式中有比較明確的分析，在此就不專門介紹了。

5.2.4　綜合模式

這是前三種模式的結合，它既從個體發展的角度，又從組織發展需要的角度，還從職業導向的角度考察職業生涯的發展。

在綜合模式中，職業生涯發展分爲四個依次出現、相互聯繫的階段：探索階段、建立階段、保持階段和解脫階段，每一個階段都有一些發展任務、活動及關係作爲標誌。例如，一個研究發現，銷售人員在探索職業生涯的階段比起在其他階段更

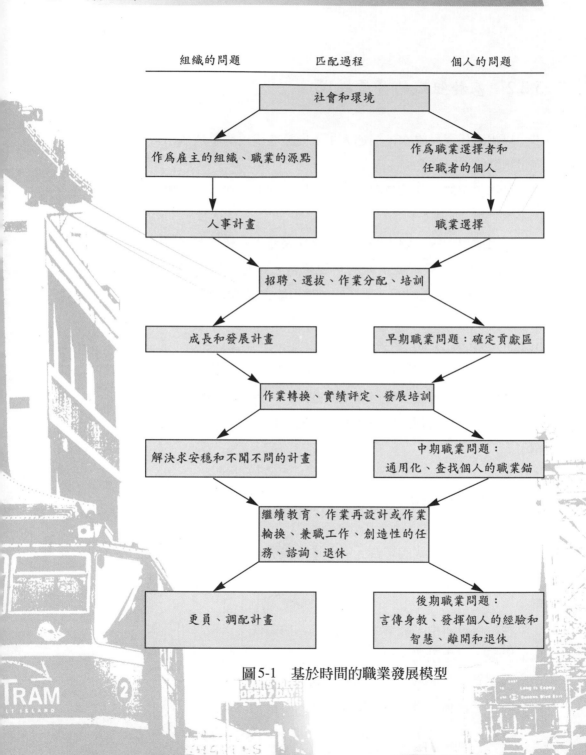

圖5-1　基於時間的職業發展模型

多地表現出調換職位和爭取升遷的傾向。另一項研究發現，員工認同職業的程度在早期比在晚期更傾向於受職業特徵（工作的多樣性、職責等等）的影響，如表5-1所示。

在這裡，員工的年齡和工作年限僅僅是一個參考尺度。在人生道路上，往往會有職業生涯發展階段的再循環，例如，一個人從已經熟悉的職業領域轉入另一個完全不熟悉的新職業領域，哪怕處在比較高的年齡階段上，也要重新從探索階段開始，進入新的職業生涯發展。

下面，我們對不同發展階段作進一步的分析：

（一）探索階段

在這個階段，個體致力於探明他們所感興趣職業的型態。他們透過同事、朋友和家庭成員獲得工作、職業與職位的資訊。一旦他們明確了工作或職業的性質，他們就會開始尋求職業所必需的教育與訓練。職業探索一般從十五、十六歲或二十歲左右就開始了，一直延續到就業。在大多數情況下，新進員

表5-1　職業生涯發展階段

發展標誌	探索階段	建立階段	保持階段	解脫階段
發展任務	使自己的興趣、技能、適應職業要求	進步、成長、安全、發展生活風格	穩步取得成功，更新技能	計畫退休生活，改變職業、業餘間的平衡
主導活動	幫助、學習、接受指導	獨立，成為有貢獻的人	培訓、奉獻、政策制定	離開崗位
與其他員工的關係	學徒	同事	良師益友	協助者
年齡	30歲以下	30-45歲	45-60歲	60歲以上
工作年限	2年以內	2-10年	10年以上	10年以上

工離開他人的幫助和指導就不能勝任工作和職務。在許多行業中，新員工被稱作學徒。從職業組織的角度上講，定向訓練和社會化活動對於幫助新員工順利地適應新工作、新人際關係以使他們儘快開始對組織目標作貢獻來說，都是十分重要的管理措施。

（二）建立階段

在這個階段，個體在職業組織中找到了自己的位置、獨立作出貢獻、擔負起更大職責、獲得更大的經濟成果並建立起自己希望的生活風格。處於這個階段的員工津津樂道於被視為職業組織成功的貢獻者。他們透過與同事、管理人員的交往、互動以及來自勞資獎勵系統的直接回饋來了解職業組織是怎樣看待他們的貢獻。對處在這個階段的員工，職業組織有必要制定一些相關政策幫助他們平衡職業內和職業外的各種角色關係。同時，為了職業組織和自己的更好發展，員工也有必要積極加入到職業生涯規劃活動中去。

（三）保持階段

在保持階段，個體關注的中心是保持技術領先，並希望在別人的眼中繼續保持一個職業組織貢獻者的形象。處於這個階段的個體已經有了許多年工作經驗、豐富的專業知識以及對職業組織希望企業如何運轉的深刻理解。處於這個階段的員工可以成為有價值的訓練者和新員工的良師益友。他們常常被職業組織請去修正或制定發展目標或政策。他們對工作流程、問題及職業組織面臨的重大決策常常能提出有益的看法。從職業組織的角度來看，重要的是如何使處於這個階段的員工走出高原

期，擺脫停滯。同時，職業組織有必要確認他們的技術是否正在過時。

（四）解脫階段

在解脫階段，個體準備為平衡職業內活動和職業外活動之間的關係作出一定改變。解脫在一般情況下指老年員工退休，然後把自己的精力集中到非職業的活動上去，如運動、愛好、旅遊或義務勞動等等。然而，越來越多老年員工並沒有作出在退休後完全脫離職業活動的選擇，他們仍然留在職業組織裡，作作顧問，每天的工作時間縮短。在任何一個年齡階段上，員工都可以離開一個職業組織，脫離原來的職業，變換一個新的職業。另外由於職業組織裁員或合併，一些員工也可能被迫離開職業組織。員工離開一個職業組織後，就會進入職業生涯的再循環，又從探索階段開始。這時，他們需要新的職業資訊來重新考慮職業興趣和自己技術的適應性。從職業組織的角度來看，解脫階段的主要職業生涯管理活動應該是作好退休計畫和失業職工的再就業安排。

從上述分析可以看出，職業組織應該在員工職業生涯發展的不同階段採取不同的策略支援員工的職業發展，因為員工的發展就是職業組織的發展；另一方面，處於不同發展階段的員工也需要了解自己的發展任務、發展目標，在職業組織的支援下不斷學習，不斷調整，以適應職業組織的發展需要，同時使自己得到充分的發展。

職業生涯計畫系統可以幫助員工、管理者和職業組織明確發展的需要、目標和方法，促成職業成功。

5.3　職業生涯計畫系統

5.3.1　職業生涯計畫的意義

職業生涯計畫是一套工作程序，透過這套程序，員工可以：

1. 確知自己的興趣、價值觀、優點與缺點。
2. 獲得職業組織內部有關職位、職務的資訊。
3. 明確職業目標。
4. 為達到職業目標制定行動計畫。

職業生涯計畫對員工和職業組織雙方都有利。職業生涯計畫可以幫助員工發展職業興趣和職業技能，其結果是使員工的職業滿意感達到較高的水準，因為計畫可以幫助他們明確並逐步獲得與他們的目標和計畫一致的職位。從職業組織的角度上看，職業生涯計畫系統可以減少在工作崗位上摸索的時間，使職業組織按預定的程序及時支援和調整員工的工作。職業生涯計畫系統把員工與管理技巧有機地結合在一起，並使所有員工有機會明確他們的職業目標並制定計畫來達成這些目標。

5.3.2　職業生涯計畫的組成部分

各個職業組織在職業生涯計畫系統的完善程度、著重點都

不同，但一般都包括自我評定、審視現實條件、目標設定和制
定行動計畫四個組成部分。

(一) 自我評定

　　自我評定可以幫助員工明確自己的職業興趣、價值觀、能
力傾向以及行為傾向等等。在這個環節中，常常需要使用心理
測量表，例如，「斯特朗—坎貝爾興趣量表」和「自我定向測
查表」。前者可以幫助員工明瞭自己的職業與工作興趣，後者可
以幫助員工明瞭自己喜歡在什麼樣的環境中工作。心理測驗還
可以幫助員工明瞭自己對工作與閒暇活動價值的相對看法。職
業諮詢人員的作用通常就是在自我評定過程中幫助員工解釋心
理測量的結果。

(二) 審視現實條件

　　員工獲取職業組織如何評價他們的知識技能，以及根據職
業組織計畫，他們適合什麼工作的資訊（晉升的機會、日後的
調動等等）。一般情況下，這些資訊是由員工的直接管理者作為
績效—獎勵程序的一部分回饋給他們的。分別召開績效表彰及
職業發展討論會這種形式在周密設計的職業生涯發展計畫系統
中十分普遍。

(三) 目標設定

　　在職業生涯計畫的這個環節中，員工確定他們的短期和長
期職業目標。這些目標通常與人們希望得到的職位、技術水準
發揮、工作條件或技術獲得有關。這些目標一般都要透過與管
理者商量，最後寫進發展計畫。表5-2是一份職業生涯發展計畫

表5-2　職業生涯發展計畫表

發展需要——目前的狀況 改進或保持滿意的工作效率所需的知識和技能：
發展需要——未來的狀態 獲得下一個職位所需要的知識和技能： 目標職位：
發展活動 管理者和員工將共同努力完成的活動：
發展目標 行為或表明發展需要業已達成的結果：
結果
制定日期： 員工簽名： 管理人員簽名：

表的式樣。

(四) 制定行動計畫

　　在這個環節中，員工明確怎樣去達成短期和長期的目標。行動計畫包括在職業組織中參加培訓、講座、訪談收集資訊、申請填補職位空缺等等。

5.3.3　員工、管理者及職業組織在職業生涯計畫中的作用

　　員工、管理者與職業組織共同分擔職業生涯發展的職責。

（一）員工的作用

　　心理契約指員工與雇主相互之間的期望。傳統的心理契約強調職業組織應該給那些長期留在企業中且工作績效高的人持續不斷的僱傭和晉升機會。然而，由於技術、組織結構和社會競爭的挑戰，職業組織、雇主與員工之間的心理契約發生了變化。職業組織無法肯定為員工提供就業保障和升遷機會。員工對挑戰性的、變化的、具有創造性的工作更加覺得有趣。儘管他們意識到終生僱傭對於一個職業組織已經不現實，但他們對擁有職業安全感仍然抱有興趣。

　　新的心理契約使員工明白，他們可以透過對職業生涯發展計畫負責的途徑提高他們在當前管理者心目中的價值（同時提高他們的受聘機會）。擁有制定得十分完善的職業生涯發展計畫體系的職業組織希望員工對他們自己的職業生涯發展計畫負責。例如，英國石油鑽探職業組織發給每一個員工一本個人發展計畫指南，引導他們進行自我評定、目標設置、制定發展計畫和行動計畫。在這個項目中，參與是自願的。作為個人發展過程的一部分，員工也必須參加管理者主持的工作討論會。

　　不管職業組織的職業生涯發展計畫系統如何完善，員工都必須採取一些自己的職業生涯計畫行動。他們應該：(1)一開始就要求從管理者和同事那裡獲得關於自己技能、優缺點評價的回饋資訊；(2)明確自己的職業發展階段及相應的發展需要；(3)爭取更多的學習機會；(4)與職業組織內、職業組織外不同工作團體的員工交流。

（二）管理者的作用

管理者在職業生涯計畫的過程中起著關鍵作用。在大多數情況下，員工找管理者幫他們拿主意，因為員工的晉升可能性是由管理者評定的，並且，管理者也是職位空缺、培訓課程以及其他發展機會資訊的基本來源。不幸的是，許多管理者不願意捲入員工關於職業生涯計畫的活動，原因是：他們感到自己沒有回答員工關於職業發展問題的能力，他們與員工討論職業發展問題的時間有限，或者他們缺乏充分理解職業發展問題的人際溝通能力。

幫助員工解決職業發展問題，管理者應發揮如下四種作用：指導、讚許、建議和提供資訊。表5-3列出了管理者在職業生涯指導中應該努力發揮的作用。

（三）職業組織的作用

職業組織的作用主要是負責提供員工在職業生涯計畫中成功所必要的資源。這些資源包括：

1.職業生涯問題專題研討會（職業生涯計畫、自我評定、目標設定方法等題目的講座）。

表5-3　管理者在成功職業生涯商討中的作用

1.管理者確知員工的職業目標和興趣，同時管理者與員工在下一個發展步驟的安排上取得一致
2.員工知道管理者是如何評價他或她的績效、發展需要和選擇的
3.在員工的發展需要如何透過現行工作來滿足的看法上，管理者與員工達成一致
4.管理者明確哪些資源可以幫助員工達成在職業生涯討論中形成的目標

2.職業生涯中心或資訊系統（員工可以查找職位空缺或培訓科目的場地或資料庫）。

3.職業生涯計畫的工作手冊（指導員工練習、討論的印刷物或職業生涯指南）。

4.職業生涯諮詢（來自經專業訓練的職業心理諮詢師的幫助）。

5.職業生涯道路（制定職位序列計畫、界定職業群落中各種職位發展所需要的技能）。

職業組織也負責監控管理者和員工對職業生涯計畫系統的落實情況，以及評價這個系統是否在達成職業組織目標上真正發揮作用。

在美國的3M公司，職業生涯管理涉及大量的活動，由一個遍及全職業組織的資源網路系統支持，旨在增進共同制定生產計畫和職業生涯發展計畫的管理者與員工之間交流的活動，囊括了績效—獎勵和職業發展多個方面。職業組織有一個職業資源中心，為員工提供有關職業組織內職業生涯計畫和發展機會的參考資料、出版物和書籍。員工可以跟訓練有素的心理諮詢師討論職業生涯問題，還可以透過心理測量探索自己的興趣、價值觀和工作環境偏好。3M公司的職業資源部經常開辦講座，題目包括自我評定、面試技巧、管理者在職業生涯計畫中的作用等等。職業組織還為因遷移、裁員、健康問題及傷殘而失業的人提供幫助，設法進行安置。3M公司有兩個致力於解決職業生涯問題的資訊庫：一個是職位資訊系統，即為員工自我推薦而獲取職位空缺資訊的電腦系統；另一個是內部資訊查詢系統，透過這個系統，管理者可以利用人力資源資訊，去確定與

特定職位要求匹配的員工，因為有關員工職業經歷、住址、能力水準以及職業興趣等資料，都可以在這個系統中查到。

5.4 職業生涯發展中的問題

5.4.1 社會化和職業定向

(一) 社會化的階段

組織社會化指新員工轉化成職業組織有效成員的過程。社會化包括三個階段：

◆先期社會化

先期社會化發生於個體進入職業組織之前。個體在求職過程中透過與職業組織代表的交往發展出關於職業組織、職位、工作條件和人際關係的預期。需要對求職者提供有關職位、工作條件和地理位置的真實資訊，以幫助他們建立起關於職業組織的適當預期。人員選擇過程中造成的過高期望不能滿足與員工跳槽有很大關係。

◆遭遇衝突

不管新員工來自面試和現場參觀的資訊多麼現實，開始新職業的個體都可能體會到驚訝與衝擊。員工需要熟悉工作職責、接受一定的培訓、懂得職業組織的運作程序，而挑戰性的工作任務、合作且能幫忙的管理者和同事能夠幫助新員工儘快地學會新工作。員工還需要與同事、管理者及職業組織中其他

員工建立人際關係。

◆安頓

在安頓期中，員工開始對工作要求和人際關係感到適應。他們開始致力於解決工作中的衝突（大多為任務或工作要求中的矛盾等等）以及職業與業餘活動之間的衝突。員工開始關注職業組織對自己表現的評價並注意職業組織中潛在的職務變動機會。

員工必須順利透過社會化的這三個階段，才能全心全意地為職業組織做貢獻。例如，一個員工如果沒有與同事建立起良好的工作關係，就會在擔心與別人的關係上花費時間和精力，而不能有效地把時間和精力花在生產發展或顧客服務上。體驗到成功社會化的員工工作更積極，對職業組織更投入，對職業也會更滿意。

（二）職業定向

定向程序在員工社會化過程中發揮著重要作用。定向程序涉及讓新員工熟悉職業組織規章、政策和運作程序。最常見的定向程序包括完整的工資表以及由管理者或人事代表重申職業組織人事政策。新員工幾乎沒有機會與同事及管理者交談。有效定向程序的突出特點是同事、管理者以及高級職員都積極參與到幫助新員工適應新工作團體的工作中來。表5-4是有效定向程序的特點。

位於美國匹茲堡的柯寧玻璃製品公司在多年實踐的基礎上，總結出一套定向程序，其主要特點如下：

◆管理者的充分準備

人事招聘經理人手一套工作指南和工作進展檢查表。其中

表5-4　有效定向程序的特點

1.鼓勵員工提出問題
2.專案中同時包括職位的技術和社會層面
3.幫助新員工定向成為直接管理者的職責
4.避免與新員工爭辯，避免讓新員工感到尷尬
5.正式的和非正式的互動都會發生
6.專案中應包括對新員工安家提供幫助
7.員工可以了解職業組織的產品、服務和顧客等方面的資訊

規定了新員工進來之前和進來之後的工作步驟和檢查工作進展情況的目標和要求。

◆指導下的自學

　　其要求新進員工用最初兩週時間了解職業和職業組織，而不把注意力集中在具體的常規職位操作上。每個新員工都會領到一本工作手冊。透過手冊的學習，掌握職業組織雇主的情況、原料供應情況、組織目標和企業文化。新員工必須學會回答工作手冊中提出的問題的方法，或訪問有關人士，或到職業組織資料中心去查閱資料。管理者與員工共同尋求工作手冊中所提出問題的答案。如果員工希望得到更多的資訊，可以適當延長學習時間。

◆組織文化薰陶

　　在最初的三個月中，員工要參加職業組織舉辦的柯寧企業組織哲學、企業文化和價值觀方面的講座。

　　從職業組織知識測驗的最後結果來看，他們的定向專案是十分成功的。經過定向專案培訓的員工比未經過此專案培訓的職工的測驗分數平均高出二十五至三十五個百分點。

5.4.2　職業生涯高原期

　　如果一個員工接受責任日趨重大的任務時顯得有些力不從心，我們就可以判定這個員工進入了他的職業生涯高原期。職業生涯中期的員工最容易進入職業生涯高原期。職業生涯高原期對於員工個人和職業組織來說，都不一定是件壞事。高原期員工不大會爭取職責更大的職位，但工作表現會達到基本要求。當員工覺得被黏著在不利於個人成長的職位上的時候，高原期就會造成員工的心理挫折感與心理功能失調。這種挫折感會導致不良的工作態度、增長的缺勤率以及工作水準下降。

　　導致員工進入職業生涯高原期的原因有以下幾點：

1.缺少培訓。

2.低成就需求。

3.不公平的工資制度或工資提升不滿意。

4.職位職責不清。

5.由於缺少發展機會而造成的職業組織成長過慢。

　　管理者可以採取許多方法幫助高原期員工。第一，管理者有必要幫助員工理解黏著並不是職業組織的過錯（可能是招聘凍結的結果）；第二，管理者必須向員工，特別是產量品質下降的員工提供及時的回饋資訊；第三，管理者要鼓勵員工積極爭取發展機會，包括參加培訓、工作輪換以及擔當可以在部門外發揮自己特長的短期任務。爭取發展機會可以讓員工有條件在現有職位上接受更具挑戰性的任務，或勝任職業組織中的新職位。管理者還要鼓勵高原期員工求助於職業心理諮詢，以使

他們懂得自己進入高原期的原因以及解決高原期問題的方法。要鼓勵員工透過與管理者、同事及人事經理討論來實際驗證他們認為能解決自己高原期問題的方法是否可行。

5.4.3 雙重職業發展道路

職業發展道路指員工在職業組織中流動所要經歷的、所涉工種與技能大體相同的職位序列。對於一個僱傭工程師、科學家之類專業人員的職業組織來講，一個非常重要的問題是如何使他們感到職業組織看重他們。一些職業組織的職業發展道路是高度結構化的，以至於工程師和科學家（或任何形式的重大貢獻人員）得到晉升或經濟獎賞的唯一通路就是進入經理階層。圖5-2所表示的就是科技人員和管理者的傳統職業道路。在傳統的職業生涯道路中，技術職業發展道路所提供的升遷機會十分有限。同時，管理人員職業發展道路比技術職業發展道路所提供的經濟報酬也要高得多。從現代管理的眼光來看，圖5-2中所描述的職業發展道路體系於職業組織是不利的。在這樣一種職業發展體系之下，由於地位低、工資少、晉升的機會又比管理人員少，科技人員很可能選擇離開職業組織，跳槽到更有利於他們發展的地方去。如果科技人員希望得到地位和高薪，他們也有可能放棄科研技術工作去當管理人員。

許多職業組織目前都制定了多元或雙重職業發展道路系統，給科技人員或其他有重大貢獻的人員更多的職業發展機會。雙重職業發展道路給予員工繼續留在技術崗位上發展或進入管理層的機會。圖5-3表示的就是一個雙重職業發展道路系統。

圖5-2 傳統的科技人員與管理人員職業發展道路

圖5-3 雙重職業發展道路示例

在雙重職業發展道路系統中，科技人員有機會進入三條不同的職業發展道路：一條技術的職業道路和兩條管理的職業道路。假如在三條職業發展道路中，員工的工資和升遷機會都差不多的話，員工會去選擇最適合他們興趣和能力的職業道路。有效的職業發展道路有如下幾個特點：

1. 科技人員的薪資、地位和待遇與管理人員相當。
2. 有貢獻的個人的基本薪資可能低於管理人員，但是他們有機會透過高額獎金使自己的總收入大大提高。
3. 有貢獻的個人的職業發展道路並不能常常滿足缺乏管理潛能的生產效率低下者，這條職業發展道路是爲具有突出技術能力的員工創設的。
4. 給有貢獻的個人以選擇職業發展道路的機會。職業組織提供評定的資源（如心理測驗、發展狀況回饋等等）。評定的資訊給予員工機會，弄清自己的興趣、職業價值觀、技能在多大程度上與技術崗位或管理崗位相匹配。

5.4.4 技術淘汰

技術淘汰指員工由於原有教育訓練不適應職業、新技術的發展所造成的工作水準的下降。避免技術淘汰，是工程、醫藥等技術、專業員工關注的傳統問題。今天，急劇的技術變革影響著從製造業到管理的所有領域，因此，所有員工都面臨技術淘汰的威脅。如果員工的技術過時，員工本人和職業組織都要吃虧。職業組織將無法爲顧客提供新產品和新服務，從而喪失競爭優勢，員工則不再被職業組織所倚重。例如，一個秘書如

果跟不上文書處理軟體的發展，他就無法為內部員工、廣告經理或外部的客戶列印出正規、漂亮的文件。他們的廣告客戶就會覺得職業組織的廣告製作太陳舊，就會把業務轉給職業組織的競爭對手。於是，這個秘書對職業組織的價值就下降了，他就很可能被列為辭退的對象。

　　用什麼方法來避免技術淘汰所帶來的問題呢？許多職業組織鼓勵員工參加課程學習、專題講座、訓練專案，每天花一定時間思考如何改進工作，這些都是鼓勵繼續學習的做法。技術淘汰還可以透過下列途徑予以避免：

1. 職業組織提供機會讓員工交換資訊和看法。
2. 在職業生涯早期就給予員工具有挑戰性的任務。
3. 提供具有挑戰性的、需要技術延伸的工作崗位。
4. 獎勵提升的行為（如自修課程）、革新建議，以及服務與產品創新。
5. 在少花錢或不花錢的情況下，允許員工參加專業學術會議、在專業雜誌上發表文章，參與大學、研究院、所、社區科技中心的科研專案。

5.4.5　職業與家庭生活之間的平衡

　　在美國，僅有7％的家庭是男人工作、女人持家並擁有兩個以上孩子。在我國，這比例還要小一些。雙薪家庭、單親家庭數量的不斷增加對職業組織提出了嚴峻的挑戰。職業組織必須仔細考慮如何管理同時關心工作和家庭兩個方面的員工。由於員工在不同的情景中需要擔當一系列不同的角色（如父母的角

色、配偶的角色、員工的角色等等)，工作角色和家庭角色之間總會有衝突。一些研究表明，雙薪家庭、單親家庭、擁有五歲以下孩子的家庭體驗到更多的工作—家庭衝突。最近出爐的一些法規可以幫助我們降低當員工需要照顧嬰兒和病人時面臨的工作—家庭衝突。美國的「家庭與醫療問題請假條例」規定：「有新生嬰兒及新領養孩子的父母可以請十二週以內的假，但職業組織不付工資。」這個條例還包括因家庭成員生病的員工的請假問題。員工要求職業組織在他們請假期間提供衛生保健福利。在我國的一些企業中，也有類似的規定。

挫折感是工作—家庭衝突的結果之一。這些衝突與員工的身體健康問題、生產水準下降、拖拖拉拉、工作效率下降以及心理衛生都有著密切的聯繫。其實，無配偶、無孩子的員工也一樣存在著工作—家庭衝突，認識到這一點是十分重要的。所有員工都有非職業角色和非職業活動，這些都可能與工作發生衝突。

我們可以把工作—家庭衝突分為三類：時間衝突、壓力衝突以及行為衝突。

1. 時間衝突：當工作需要與家庭需要互相牽制的時候，時間衝突就會發生。例如，工作要求值晚班、加班、出差，總會與家庭活動相衝突。

2. 壓力衝突：它主要發生在工作和家庭角色都面臨刺激的情景中，例如，新生兒干擾了父母的睡眠，其結果是他們在上班時很難打起精神。

3. 行為衝突：它主要發生在員工在職業中角色與在家庭中角色不能相互適應的情況下，例如，經理的工作要求他們思

維富有邏輯性、不偏執且具有權威性，同時，同樣的經
理，在與家庭成員的關係中就要求是溫和、富有感情、友
好。

5.4.6　促進職業與家庭生活相容的職業組織政策

許多職業組織開始透過制定旨在消除工作─家庭衝突的政
策來對工作─家庭問題作出積極的反應。這些政策強調現實職
業需求資訊的溝通、工作時間和地點的靈活性、托兒中心和養
老專案支援性機構的建立。

（一）工作與家庭政策及職位要求的資訊溝通

員工需要知曉職業組織中職位的時間安排和面臨的情況。
這些資訊可以幫助員工選擇與工作重要性相符的職業發展機
會。員工還必須知曉職業組織處理工作和家庭之間關係的各種
實踐，例如保健與請假制度等彈性福利。

（二）工作場所與時間的安排

解決工作─家庭衝突的一個關鍵途徑是職業組織向員工提
供一個更靈活的工作時間和場所安排。工作─家庭衝突可以透
過提高員工對工作和家庭需求的控制程度來予以消除。許多職
業組織用來提高員工控制力的方法之一是包括彈性工作制和部
分時間工作制在內的多樣化工作時間安排。表5-5所列的就是多
樣化工作時間、場地安排的一些例子。

表5-5　多樣化工作時間與場地安排

	工作地點	工作時間
傳統工作制	工作單位	每週工作5天（40個小時）
彈性工作制	工作單位	每週工作40小時，可以自己選擇上下班時間
壓縮工作日制	工作單位	每週工作4天（40個小時，每天10小時）
臨時工作制	工作單位	什麼時候需要，什麼時候工作
崗位分工制	工作單位	把每週的5天（40個小時）分配給夥伴們，分別上班
部分時間工作制	工作單位	不足8小時一天或5天一週
輪班制	工作單位	分早、中、晚三班，輪流上班
家中工作	家中	因人而異，每週保證5天（40小時）

（三）支援性服務機構

　　職業組織需要為員工提供三種支援服務：管理人員培訓、孩子的照顧和老人的照顧。許多員工十分審慎地接受彈性工作制，因為他們擔心管理人員會認為他們對工作失去興趣，逃避工作責任。他們擔心管理人員會因此不給他們發展的機會，並對他們的工作給予不利的評價。

　　職業組織應該培訓管理人員，讓他們懂得員工運用工作－家庭政策解決工作與家庭生活之間的矛盾不應該受到責罰。管理人員越是具有支援感（願意與員工談論工作－家庭問題等等），員工所體驗到的工作－家庭衝突就越少。

　　大約三分之二的職業婦女正在撫養十四歲以下的孩子。職業組織可以採取多種途徑解決她們的孩子照顧問題。單親家庭的員工所面臨的孩子照顧問題更為複雜。職業組織應該發展能適應不同類型家庭和工種、採取不同工作制的員工在孩子照顧方面的不同要求。美國的大、中型企業中，僅有5％為員工提供

了孩子照顧服務機構。孩子照顧機構的匱乏對收入低下的家庭來說，是一個很大的社會問題。

許多員工越來越關心的問題是如何照顧老年人。

降低工作－家庭衝突的一個最有爭議的想法是把擔任要職的婦女和職業－家庭婦女的職業生涯規劃分別進行設計。運用這個策略來降低工作－家庭衝突，需及早確定婦女的職業生涯，把將擔任要職的婦女和職業－家庭婦女區分開來。對職業－家庭婦女，可以提供高品質的孩子照顧和彈性工作時間。作爲這些方面優待的結果，職業－家庭婦女的工資就應該比將擔任要職的婦女低一些。對於將擔任要職的婦女來說，職業組織要考慮的主要是給予她們與有才能的男性平等的晉升機會。

5.4.7　失業或裁員

（一）國外的失業與裁員

企業改組、裁員、合併、兼併、接管或企業倒閉，都會造成許多工人、技術人員以及管理人員失業。在多次經濟不景氣的時候，精簡人事幫助一些企業生存了下來。然而，如果職業組織被迫以最昂貴的諮詢服務來解決失業員工的安置問題，先前提到的那些成本節省就不會產生了。由於職業組織需要把留下來的員工培訓出來頂替失業員工的職位，成本又增加了。裁員的代價也是十分昂貴的。辭退員工的職業組織一般都會經歷留任員工較低的工作投入、對管理的不信任和招聘新員工的困難。裁員還往往導致刺激、攪亂失業員工的生活。

職業組織應儘量避免讓員工失業。職業組織應該確認那些

對經營起關鍵作用的員工，除非在特別嚴重的經濟困境下，一般應該保證這些員工有工作。可以透過「緩衝措施」（在經營短期好轉或應雇主特殊要求時機動加班或僱傭臨時工）之類人事策略的改變來做到這一點。如果經濟形勢惡化，職業組織可以停止加班或辭退臨時工，而不用犧牲正式員工的職位。避免失業的另一個措施是弄清失業對象是否能夠轉入其他工作崗位，也就是能否進行內部安排。

如果失業仍不可避免，職業組織應該提供在外部安置的服務，提前讓員工作好失業的準備，以減輕失業可能產生的負面效應。外部安置系統需提供下列服務：

1.提前告知和解釋裁員問題。

2.提供心理、經濟和職業方面的諮詢。

3.提供能力和興趣方面的評定。

4.提高再就業競爭力方面的服務，如求職自薦信的撰寫和面試技巧等方面的培訓。

5.彙集透過各種傳播媒介（報刊、廣播電視、書籍、通訊、網路等）得到的職業資訊，為失業員工做資訊服務。

比起職位低的員工，具有高級管理及技術職務的員工可能得到更加個人化的外部安置服務。做好外部安置服務，需要培訓管理者與員工進行結束性會談的方法。表5-6中的提要可供安排結束性會談時參考。為即將失業的員工安排結束性會談是非常重要的，因為員工在找到新職業以前，首先需要解決的就是失業帶來的震撼，以及憤怒、自責、懷疑、埋怨等情緒。

一般說來，職業組織在對失業員工進行外部安置所作的投入比留任的員工要大得多。而職業組織的成功卻要依靠這些留

表5-6　結束性會談提要

計畫
・告知外部安置的對方職業組織結束性會談開始（如果恰當的話）
・準備解除契約和辭退金
・準備工作聘任期滿的公告
・準備告知員工不要因此受影響
・準備好醫療、安全部門的電話號碼
時間安排
・結束性會談不要安排在星期五下午、一天中太晚的時候或假日前，將結束性會談安排在一週中較早的時候，以便失業員工能接受諮詢和外部安置幫助
地點安排
・通常安排在員工的辦公室
・須由人事代表出面解釋契約的解除及發放辭退安置費
・在強烈情感反應可能發生的情況下，第三方人員在場也是必要的
時間長度
・會談宜簡短、中肯，在最初的兩分鐘內，就要告知對方辭退的消息，剩下的時間主要用來說明辭退金的發放並讓員工表達他的情緒
方法
・提供直截了當的解釋，說明解雇的原因
・說明解雇的決定是管理層作出的，無法更改
・不要討論自己的感受、需要和問題
經費
・提供工資關係、獎金、外部安置等書面資料和其他條件，並與員工商量

任的員工。研究表明，留任員工的態度和產量都要受到他們對失業員工受到的優待和自己工作條件變化的看法的影響。留任員工傾向於認為，如果要叫他們努力降低成本來避免解雇，而且決定解雇誰的因素對每一個人都適用的話，解雇應該是公正的。留任員工需要透過培訓以適應因裁員而不斷增加的工作負荷與工作職責。職業組織也須向留任員工提供有關職業組織未

來的客觀資訊。

（二）職工失業後的心態

　　國外學者所作的一項對經濟不景氣時期失業的專業人員的研究發現，他們中大多數人在失業過程中經歷了如下幾個階段：

◆放鬆、解脫階段

　　他們中大多數人都預見到失業。當失業這一天終於來臨，他們鬆了一口氣。他們堅信能找到新工作，因此，決定推遲尋找工作，用了幾週時間去休閒。

◆一致努力階段

　　一個多月以後，他們為找工作變得有些焦慮。他們開始採用一般的求職方法：讀報紙廣告、打電話、發送個人簡歷和走訪職業介紹所等，作一致的努力。儘管他們沒有及時找到工作，還是保持著樂觀的態度。

◆猶豫懷疑階段

　　在經歷了幾個月的挫折以後，他們找工作的行動變得更加鬆散。在這段時間裡，他們經歷了月復一月的焦慮、抑鬱、憤怒和自我否定。他們的自信心和自尊心遭到削弱。當他們的妻子推他們出門去找工作的時候，他們與家庭成員之間的關係變得緊張。他們中的一些人去學校接受再培訓。三十歲以上的人認為公司只要更年輕的人。

◆不適與犬儒主義階段

　　這個階段以失望為主要特點。他們傾向於用縮小工作尋求範圍的方法來保護自己的自尊心。他們把要找的工作限制在與自己的技術和經驗背景相適應的職業範圍內。意識到自己對命

運已經失去控制，他們的憤怒和焦慮於是就轉化爲失望、聽天由命和犬儒哲學。他們開始迴避與朋友接觸，其中許多人的妻子開始出去工作。

大陸的一些學者對失業人員的心態也進行了一些研究，發現他們大體也要經歷類似的心路歷程。而且，存在著七種典型的心態：

1.不知所措的依賴感。
2.擇業上的貴族感（再就業時不願選擇髒活、苦活、累活）。
3.競爭上的自卑感。
4.回首往事的委屈感。
5.對主人翁地位的失落感。
6.得過且過的滿足感。
7.沒有歸屬的失望感。

幫助失業人員調整好心態，解決好這七種心態問題，需要各有關方面的共同努力。

5.4.8 退休

退休是指離開工作崗位和職業角色，進入沒有工作的生活。對於有些職工來說，退休意味著離開當前的崗位和職業組織，到別的地方去尋求正式職位或兼職工作。研究表明，在不久的將來，人們對退休問題的關注將大大增加。二十一世紀初，美國公民中六十五歲以上年齡的人將占總人口的22％。最近，社會保障系統的變化以及延遲到六十五歲至七十歲退休的

趨勢表明，員工願意在工作崗位上做更長的時間。據有關資料顯示，半數以上的員工在六十三歲之前就退休了，到七十歲的時候，80％的員工都離開了工作崗位。這也可能是因為員工接受了職業組織發放的數額豐厚的退休金。老年勞動力與職業組織為更新勞動力所採用的提前退休計畫在實施中必須注意兩方面問題：第一，職業組織必須為員工的退休準備一系列嚴密的步驟；第二，職業組織必須謹慎，防止早退計畫引起對老年員工的不公正待遇和歧視。

（一）退休預備社會化

退休預備社會化是幫助員工作好退休準備的過程，它鼓勵員工了解退休生活，準備充分的經濟、住房、健康保健條件，作好退休後的具體打算。員工退休後的生活滿意感取決於其健康狀況、對職業的感受和樂觀豁達的程度。比起未參加退休預備社會化專案的員工，參加過的員工退休後會遇到更少的經濟和心理問題，體驗到更多的退休滿意感。退休預備社會化專案一般著重以下內容：

1. 退休的心理調適，例如發展個人興趣和愛好。
2. 家居問題的考慮和安排，包括遷居、租房、離醫院的距離等等。
3. 退休後的身體健康、營養與鍛鍊。
4. 經濟預算和安排，保險或投資。
5. 財產安排。
6. 從職業組織和社會保障部門獲取有關經費。

許多職業組織也採用其他方法幫助員工適應退休這個重大

的人生轉變。波拉羅公司制定了兩套富有創造力的退休實施計畫。「預演式退休」允許打算退休的員工先嘗試退休，一段時間後，若覺得生活不錯，就正式辦理退休手續，若覺得不想退休，還可以回到原來的崗位上繼續工作。另一個計畫叫做「漸進式退休」，允許打算退休的員工逐漸減少工作時間，直到正式辦理退休手續。

雖然正式的退休預備社會化計畫主要是爲打算退休的員工設計的，但尚未接近退休年齡的員工也可以開始爲退休做準備。在經濟方面早作打算可以保證未來退休生活的幸福。

（二）提前退休計畫

提前退休計畫是指付予員工一定的經費，讓其離開職業組織。這類計畫往往是職業組織降低成本但不削減人員策略的組成部分。退休經費一般是指一筆退休金及按一定比例發放的月工資或年工資。這些經濟待遇對員工，特別是那些在職業組織時間較長的員工來說，是有一定吸引力的。退休經濟待遇是按員工在職業組織的工作年限計算的。提前退休計畫存在著兩個主要問題：第一，這個計畫的危險之一是暫時無法替代的技術專家選擇了提前退休會帶來很多麻煩；第二，老齡員工會認爲提前退休當中包含有歧視的因素。爲避免代價高昂的申訴，職業組織應該弄清自己制定的提前退休計畫是否具備下列條件：

1.是否是員工福利計畫的一部分。
2.調整以年齡爲區分尺度的提前退休條件。
3.允許員工自願選擇提前退休。

退休條件一定不要涉及與年齡有關的能力、技術等方面因

素。研究表明，與年齡有關的細微能力差異其實與員工個人的工作績效幾乎沒有什麼關係。員工的退休決定應該建立在自願的基礎上，他們需要得到提前退休計畫的全部資訊，並且，應該給予充分的時間來考慮，最後作出決定。

5.5　參與和促進職業生涯發展的社會力量

世界各國都有一些社會機構或社會組織對社會成員職業生涯發展中的困難和問題實施幫助，如民政系統、勞動部門、各種慈善團體、救助性社會團體、宗教團體、慈善機構等等，都擁有大量的專案幫助在職業生涯中遭遇困難的人們擺脫困境，參與和促進社會成員的職業生涯發展。這些機構和組織在整合個人、職業組織和社會發展的系統工作中，發揮了積極的作用。

在這些機構和組織中，一種以「自創職業策略」為主要促進手段的專案及其組織受到世人的大量關注。

「自創職業」的策略最先起源於法國，並於1980年確定為一項國家政策，參與實施此策略的組織中，60％至80％當年就獲得成功，引起了社會的重視。1986年，英國也成功地開始了這項社會計畫，取得了良好的效果。

1986年，「自創職業」策略傳到美國。1987年，美國成立了一個「社會與經濟發展組織」，它是美國一百五十個為幫助低收入者自創職業而成立的非營利機構之一。其宗旨是利用社會和經濟發展策略，透過培訓、技術指導、計畫及調查，向那些處於困境的人們提供幫助。它尤其注重於小型經濟實體的發

展、社會計畫、政策調查以及專案評估。

　　參加這個組織的人員大多數是三十多歲的離婚婦女。「社會與經濟發展組織」提供的自創職業培訓教育，使得那些接受社會救濟、渴望自食其力的單親家長有了生活選擇的餘地。因為對於他們來說，自創職業培訓是幫助他們自食其力的最佳途徑。

　　「社會與經濟發展組織」的自創職業計畫包括五個組成部分：

1. 招生與定向：他們透過各種媒體向可能參加的人員發出通知，然後對有興趣的人員進行為時六小時的具體情況介紹。

2. 進行各種評價：決心參加此培訓的人員除了參加三週的研習會和每週與培訓者商討具體經營事宜以外，他們還進行經營可行性研究，以此決定市場、廣告、價格、地點、詳細目錄以及貸款問題等等。

3. 經營計畫的準備：在以後的十週內，他們每週參加為時六小時的針對經營計畫各組成部分的研習會。到最後，他們就要求拿出自己設想的企業的大致計畫。

4. 獲得貸款和經營的開始：貸款有四條途徑：銀行、州郡的低收入者貸款基金、社會與發展組織的貸款保證基金，以及私人管道，如參加者的家庭或朋友。

5. 持續指導與技術上的幫助：經營者給受培訓者提供財政管理、人事管理、廣告與市場等方面的資訊。

　　到目前為止，美國已有一百五十多個組織實施了「自創職業策略」。這些組織中，有為全體低收入者和失業者服務的，也

有爲特殊群體，例如低收入婦女、本土美國人、救濟金領取者服務的。他們既提供培訓，也提供貸款等業務。他們培訓的方式既可以是正式的課堂教學、小組討論，也可以透過引導或諮詢的形式。

在過去的幾年裡，人們對「自創職業策略」的興趣大大提高。由於它在促進社會成員職業生涯發展方面的貢獻，「自創職業策略」得到了美國國會及各州立法機構的支援。議員和有關專家都認爲自創職業是可行的、重要的職業生涯選擇途徑，應該得到法律的支援。美國前總統布希在任時簽署了「職業培訓與合股經營條例」的修正案，其中包括了承認「自創職業」是培訓的特殊選擇的條款，從而使美國的「自創職業策略」有了法律的保證。

本章摘要

◆職業生涯是指一個人終生職業經歷的模式。職業經歷包括職位、工作經驗和任務，受到員工價值、需要和情感的影響。

◆職業生涯發展模式有：生活週期模式、基於組織的發展模式、發展方向模式及綜合模式。

◆職業生涯計畫由自我評定、審視現實條件、目標設定和制定行動計畫四部分組成。

◆制定雙重職業發展道路系統，給科技人員或其他有重大貢獻的人員更多的職業發展機會。

◆自創職業策略是增進社會就業的重要途徑。

思考與探索

1.試述職業生涯的生活模式。

2.試述員工、管理者及職業組織在職業生涯計畫中的作用。

3.試述雙重職業發展道路系統。

4.試述社會應如何幫助失業職工。

第6章

職業指導

6.1 職業指導概述

6.1.1 什麼是職業指導？

1908年，帕森斯第一次提出「職業指導」這個概念，確定了職業指導的三大要素，把職業指導界定爲幫助求職的個體「清楚地了解自己、了解職業、正確選擇職業」、實現「人—職」匹配的實踐活動。職業工作者的任務就是透過提供直接的資訊及獲取資訊的方式和手段，使求助者儘可能清楚地了解自己的性向、能力、興趣及其他特質，了解各種職業成功必備的條件、優缺點、酬勞、機會及發展前途，合理推論前述兩類資料的關係，最終作出正確的、合理的職業選擇。

在帕森斯的早期工作中，基本上奠定了職業指導的大體框架。

第一次世界大戰以後，職業社會的變動與發展、就業與失業中的心理適應問題、就業後的培訓與職業成功等問題，也成爲職業指導所關心的聚焦點。

1937年，美國職業指導學會對職業指導作出了進一步的界定：「職業指導是協助個人選擇職業、準備就業、安置就業，並在職業上獲得成功的過程。」對職業指導的這個定義在原來的基礎上有了拓展，形成了比較完善的傳統職業指導框架，但基本上還是幫助人在「人—職」匹配的模式下被動地選擇職業、適應職業。

　　帕森斯的早期職業指導框架是建立在個體特質和職業特徵相對穩定的假設前提下的。實際上，人、職業以及產業背景、文化環境都是動態發展的。

　　第二次世界大戰以後，關注人的內在動機和生命意義的自我心理學及心理健康運動的興起，在職業指導界也產生了很大的影響。有關自我發展、自我心理學的大量研究成果對傳統的「人—職」匹配觀產生了很大的衝擊。

　　1951年，薩帕根據自我心理學的基本觀點，對職業指導作了一個全新的定義：職業指導協助個人發展並接受完整而適當的自我形象，同時也發展並接受完整而適當的職業角色形象，從而在現實世界中加以檢驗並化為實際的職業行為，以滿足個人的需要，同時也造福社會。

　　薩帕的定義以個人的職業發展為著眼點，將自我與職業、個人與社會聯繫在一起，強調人與職業、人與社會之間的相互作用，協調發展。既充分考慮個人在職業中發展才能的機會，又充分考慮社會發展的需要，在不斷的調整中，達到職業角色的完善，達到人生的完善。這個定義要求職業指導不僅要把局部、靜態的「人—職」匹配作為指導工作的目標，還應該將樹立自我形象與職業角色形象作為職業指導的更高目標。

6.1.2　職業指導的功能

　　從帕森斯的職業指導實踐開始，職業指導本身已經成為一個行業。隨著產業的進步，行業、新職業不斷增加，職業指導行業化程度越來越高，影響越來越廣。作為一種正式的、對個人和社會都具有重大影響的社會事業，職業指導工作發揮著三

方面功能：

（一）教育功能

職業指導的教育功能主要表現在：它透過正確、有效的職業資訊的傳遞，幫助人們發展健全的職業意識和職業角色形象，增強人們的職業決策能力，促進個人的職業成熟。職業成熟是個體社會化過程中一個舉足輕重的方面，也是個體全面發展的一個重要指標。職業指導使個體增進對自身和職業世界的了解，使個體能更現實、更有效地實施職業決策，並自覺地確立與社會發展、職業發展一致的目標，發展出與現代產業進步相適應的素質，在工作中獲得成功，獲得職業滿意感。

（二）經濟功能

職業指導透過把最恰當的人配置到最恰當的工作崗位上，實現最佳「人一職」匹配，可以減少人職不匹配造成適應期太長、培訓量太大甚至不適應以致重新安置所帶來的資金、人力、物力、時間等方面的損失；從另一方面來看，透過把最恰當的人配置到最恰當的崗位上，職業指導可以為企事業單位有效開發人力資源、挖掘人才、合理使用人才創造條件。實現最佳「人一職」匹配是職業指導的最基本目標，合適的人到合適的崗位上，就能充分發揮勞動者的潛能和積極性，為單位和社會創造更多的財富；另一方面，職業指導可以減少盲目擇業、盲目職業流動所帶來的社會不安定以及個人、社會的經濟損失，還可以避免「人一職」錯位帶來的消極怠工、情緒低落。

（三）社會功能

　　職業生活涉及國計民生的各個方面，就業問題是全世界各國政府和人民共同關心的頭等大事。不管是在和平時期還是在戰爭時期，社會就業問題都是社會管理的最重要任務之一。職業指導機構的設立使人們在需要求職的時候能及時得到幫助，能夠發揮一個社會安全閥的作用，可以減輕由於缺乏有效職業資訊和無助帶來的緊張、焦慮和不安。個體能夠從職業指導機構和職業指導人員那裡得到及時的社會支援，就有可能選擇一種適合自己的職業，就能更好地發揮自己的個性與才能，同時也有助於行業的發展，最終有助於整個社會的穩定和發展。

6.1.3　職業指導的目標

　　職業指導的目標有兩個層次：一個層次是謀職職業指導，這個目標是傳統職業指導的目標，主要是幫助求職者作好「人－職」匹配，找到合適的工作；第二個層次是終生職業發展指導，這個目標是現代職業指導的目標，主要是促進人的職業社會化，實現人－職業－社會的良好整合，使人在職業中發揮自己的潛能並獲得長久的職業成功和職業滿意感。

　　終生職業發展指導是全人生的系統工程，從時間跨度上來看，它涉及從童年到成年再到老年各個時期，從空間推移來看，它涉及從家庭到學校再到職業社會的各種社會環境。根據金斯伯格和薩帕的職業發展理論，人生不同時期職業心理發展的任務各不相同，因此，具體的職業指導目標也不盡相同，但階段之間具有一定的連續性。

終生職業發展指導有著十分重要的社會化價值。把整個一生的職業發展納入一個完整的系統進行考慮，可以避免早期職業意識培養與現實職業社會發展之間脫節，進而可以避免由於這種脫節帶來的職業適應不良和職業實踐失敗。

下面是人生發展各階段的具體職業指導目標：

（一）兒童期（成長階段）

在這一時期中，兒童處於職業幻想階段，想像他們未來將成為什麼樣的人。這些想像對他們職業理想、態度和能力的發展有著十分重要的意義。他們的職業幻想會引導他們去觀察自己嚮往的職業角色，並在遊戲中模仿這些角色。儘管這些模仿有憑興趣、非現實的特點，但他們主動選擇的某些職業角色榜樣確實影響他們的行為定向。引導孩子選擇好職業角色榜樣，把重點放在良好行為習慣和生活技能方面的培養，應該是這個階段的主要職業指導目標。

良好習慣的培養主要在兩個方面：一是良好的生活習慣，二是良好的起居習慣。家長和教師要著重發展兒童講衛生、守紀律、守時間、勤勞、團結等良好習慣。職業指導人員可以編制一些輔導材料、遊戲活動，幫助家長和教師根據兒童的身心發展特點開發這些方面的活動。

兒童生活技能的培養主要是發展孩子管理自己生活的能力，包括安排自己的作息時間、管理自己的學習活動、保管和使用自己的學習和生活用品、參與適當的家務勞動以及適合於兒童的校內外勞動等等。職業指導人員可以幫助家長和教師根據兒童心理年齡特點制定科學合理的訓練計畫。

（二）青少年期（探索階段）

　　初中階段的學生正面臨青春期身心劇烈變化的時期。成長感的出現、知識的增加、能力的發展、社會交往的擴大、價值觀的形成，使他們的人生經驗急劇擴大。在職業心理發展方面，他們不僅更深遠、同時也更現實地考慮自己的職業興趣，而且能運用自己正在快速發展的批判思維比較客觀地審視自己的能力，同時也開始領悟職業角色的社會意義。在這個階段中，職業指導的目標是培養職業興趣、澄清職業觀念、肯定自我、探索人生方向並努力鍛鍊、提高自己，為未來的職業理想作準備。

　　職業指導的重點是：

1. 了解個人的興趣、性向，並以此為基礎選擇暫時性的職業發展目標。
2. 了解工作世界的一般情況，透過參加義務勞動、課外活動、觀摩等方式獲得比較直接的工作、勞動經驗，獲得對職業勞動的現實感受。
3. 樹立正確的勞動觀和職業態度。
4. 初步培養個人決策、計畫、交往與解決問題的能力。

（三）青年期（自我認識與選擇期）

　　這個階段的個體，正處於在高中和大學求學期間，正是尋求自我調整、邁向獨立、決定人生方向的時期。他們的抽象思維和邏輯思維能力已經有了長足的發展，能夠把自己的主觀願望、主觀條件與社會現實協調起來，將目標集中於具體的現實

的職業選擇上。不管是升學還是就業，都要面臨所從事專業或職業的選擇。這個時期的職業指導重點宜放在協助青年達成自我認識與決策的具體目標，幫助他們應對選拔中各種衝突所帶來的刺激。

職業指導的具體目標：

1. 從現實的自我中發展積極、肯定的自我觀概念，選擇正確有效的人生發展方向，邁向獨立自主的生活境界。
2. 發展健全的人際關係，學習扮演適當的性別角色。
3. 制定暫時性的學業或職業計畫，逐步執行並檢驗自己選擇的適合性。

（四）成年期（職業成熟階段）

這個時期可以分為兩段，前期為嘗試期，後期為穩定期。在嘗試期中，個人對多種職業可能性進行嘗試，積極追求職業內的變化或新的職業，並不斷對自己的職業經驗進行總結，以確立一種最佳的選擇，從而順利地進入職業穩定期，把自己的最佳選擇作為終生職業。然而，由於社會文化變遷與科技進步的速度加快，處於職業穩定期的個體身上容易發生「職業高原期」現象。

針對這一時期的基本情況，職業指導的重點宜放在協助個人增進職業適應與實現職業成就目標上面：

1. 協助個人回顧總結過去的職業發展情況，進行客觀的自我評估，進一步制定或完善長遠發展計畫。
2. 協助個人順利、成功地擔當社會角色及家庭行為角色。
3. 了解中年時期可能出現的種種身心變化及其對工作與家庭

生活的影響，提供良好建議。

4.協助個人了解並排除職業生活中的不利因素，繼續學習，
不斷取得職業成功，實現自我價值，造福社會。

（五）老年期（脫離階段）

個體進入退休年齡，職業生涯接近尾聲。由於社會生活水
準的提高、醫療衛生事業的發達，個人平均壽命大大提高，以
至於脫離職業退休後，個體的身體狀況還相當不錯。從退休到
人生終點的一大段人生路程還需要認真地進行重新設計，合理
地調整工作與生活習慣，透過重新學習和重新適應建立起新的
生活方式。

這一階段職業指導的目標主要應集中在以下幾點上：

1.幫助能繼續勝任某些工作的退休員工謀求部分或臨時性或
短期性的工作。

2.幫助逐漸喪失工作或勞動能力的退休員工制定老年期生活
規劃，有規律地參加有益身心健康的體育或其他娛樂活
動，增進老人料理自己生活的能力。

6.1.4 職業指導的任務和內容

（一）職業指導的任務

職業指導，從根本上來講，是一種資訊服務，是有關職業
發展的社會教育和學校教育的有機組成部分。職業指導性質的
多層面性使它的任務也具有多層面性。我們可以從個人、社會

以及個人—社會相互作用等三個層面上來分析職業指導的任
務：

◆個人層面

職業指導的任務是透過資訊服務、教育和引導，幫助人們
了解自己、了解職業世界，養成正確的勞動觀和職業價值觀，
幫助求職者找到合適的工作並適應職業生活。

◆社會層面

透過提供資訊、調研技術、專案與策略設計技術等多方面
服務，幫助教育部門或培訓部門做好專業設置；幫助用人單位
合理有效地選拔人才、提高職工團隊素質；促進教育體制改
革、勞動人事制度改變，科學合理地開發人力資源。

◆個人—社會相互作用層面

透過職業指導「人—職」匹配和促進人生各階段職業發展
兩個層次目標的實現，促成職業中的人與職業組織、與職業社
會之間的良性互動，達到人與職業、與社會的整合，使人、職
業、社會一起發展。

（二）職業指導的內容

職業指導的目標與任務決定職業指導的內容。職業指導的
基本內容包括四個方面：職業測驗與職業鑑定、職業資訊服
務、職業諮詢、就業推薦。

◆職業測驗與職業鑑定

職業測驗指運用適宜、有效的測量工具（各種心理測驗、
體能測驗等等）對尋求指導的個體的職業素質進行評量的過
程；職業鑑定則指對測量資料進行綜合分析，並作出職業適應
性判斷的過程。歐美國家的職業指導人員習慣用英文字母KSAP

（知識、技能、能力、個性）或 KSAO（知識、技能、能力、其他）來表示需要測驗和鑑定的職業素質。亦有習慣於將職業素質分為職業身體素質、職業能力傾向、職業個性特徵以及教育與工作經歷四個方面。

職業身體素質一般包括八個方面：(1)力氣；(2)攀登與平衡；(3)彎腰、跪立、下蹲、爬行；(4)伸張手臂、用手操作、用指操作或皮膚感知；(5)口頭表達（無生理障礙）；(6)聽力；(7)視力；(8)控制協調。

職業能力傾向是職業對勞動者工作能力的要求，或勝任特定職業而必須具備的能力，包括十一個方面：(1)智力；(2)語言表達能力；(3)數學計算能力；(4)空間能力；(5)形體感；(6)文書事務能力；(7)動作協調能力；(8)手指靈活性；(9)手工靈巧性；(10)眼、手、足配合能力；(11)顏色辨別能力。

職業個性特徵指勞動者個人的職業興趣與職業人格特徵。職業興趣指勞動者為某種類型的工作或活動所深深吸引而專心致志的傾向；職業人格指勞動者比較穩定的性格品質。職業個性特徵可以用有關的心理測量量表來進行測評。

教育與工作經歷：教育指個體所受教育（普通教育、職業教育、專業培訓）的性質、程度。個人的教育背景資料可以直接由求助者自己或所在單位、學校提供，它表明個人所具有的勞動知識和技能的性質和水準；工作經歷包括過去工作崗位的類別、工作表現、工作時間等方面內容，這項資料可以由求助者所在單位提供。

上述個人職業素質的資料都是進行職業指導的基本依據，職業指導機構應及時登記入檔，嚴格保密，妥善保管，以備日後之用。

◆職業資訊服務

　　職業資訊是進行職業決策的依據，不管對求職中的個人，還是對進行人力資源配置的職業組織，都是十分重要的。職業指導中的資訊服務因此也基本劃分成兩個工作系統：對個人的職業資訊服務，以及對團體或組織的職業資訊服務。

　　對個人的職業資訊服務主要包括三方面內容：(1)傳遞職業知識，職業知識包括職業名稱、職業種類、職業的社會經濟意義、職業的環境條件、職業報酬、職業晉升機會、職業前景、職業資格要求（體能、個性、教育程度、道德等等）；(2)運用資料收集、職業預測等技術手段反映就業市場供需情況，搭起用人單位和求職者之間的橋樑；(3)宣傳就業政策，幫助人們正確理解並適應市場經濟條件下的就業政策和就業方式，順利實現從「計畫就業」向「自主擇業」的過渡。

　　對社會團體或組織的資訊服務，主要指運用職業指導機構自身的專業優勢，幫助企事業單位進行工作分析和職位規劃。

◆職業諮詢

　　職業諮詢指運用心理諮詢的技術和方法，協助當事人從職業適應不良狀態中解脫出來的一種社會支援性、幫助性實踐。職業適應不良可能來自個人自我認識偏差、確定的職業或職位資訊缺乏、職業觀念錯誤以及個性缺陷等等方面，也可能來自職業或工作壓力、人際關係緊張、工作職責界定模糊以及技術要求變化等組織所涉及的各個方面。因此，職業諮詢工作也包括個體和團體（組織）兩個層面。

　　個體職業諮詢的涵義，主要是指運用心理諮詢技術促進當事人自我認識以及自我決策能力的發展，促進當事人運用自己的腦力智慧解決所面臨的困境。個體職業諮詢的基本目標包括

促進自我概念的發展、促成觀念的澄清、提高決策技能水準、提高適應變遷的能力四個方面。採取的工作方式可以是個別諮詢，也可以是團體訓練。

為團體或組織服務的職業諮詢主要是透過分析資訊和測驗、調查等手段的運用，診斷工作團體或工作環境存在的問題，協助職業組織制定員工培訓方案、整頓改革方案和工作再設計方案。

有關職業諮詢的詳細闡述，將在後面專章介紹。

◆就業推薦

職業指導機構的就業推薦主要是針對謀職者，為職業組織與謀職者供需雙方作媒合。

為幫助謀職者儘可能滿意就業，職業指導機構要充分掌握各方面的勞動力需求資訊，與有關單位建立起勞動力供需方面的合作關係，及時把廣大求職者推薦給用人單位，尤其是缺少穩定勞動力來源的企業。可以採取先培訓後推薦就業的方法，把求職者推薦到需要專門培訓的用人單位。

職業指導機構還可以運用資訊庫儲備人才資訊和職業市場供需資訊，及時進行匹配比較、處理和推薦。

隨著資訊社會的到來，電腦網路的應用越來越普及。透過電腦網路發布資訊，具有快捷、覆蓋面廣和全天候、跨時空交互溝通等許多優點，因此，一些職業指導機構紛紛上網，利用網路發布人才供需資訊。如美國一家有六十年歷史的老字號職業介紹所——美國職業銀行，在不到十年的時間裡，就在網上提供了二十五萬多個就業機會。

6.2　職業指導的實施

　　從職業指導的目標、內容來看，它是一個具有豐富內涵的社會系統工程。要使職業指導充分發揮其社會功能和經濟功能，一方面，職業指導必須具備一定的社會文化、法律、組織管理背景、資訊技術背景、從業人員的專業背景；另一方面，又必須具備建立在心理學理論和技術基礎上的、科學有效的技術背景。

6.2.1　作為工作系統的職業指導

　　作為工作系統，職業指導是在社會文化認同下、社會制度與政策調控下、法律規範下、大眾傳媒支援下，有組織、有計畫的職業資訊服務活動。影響作為工作系統的職業指導充分發揮其社會功能的要素有如下五個方面：(1)社會支援；(2)組織環境；(3)人員勝任條件；(4)基本工作條件；(5)職業指導規劃。

(一) 社會支援

　　作為一項社會資訊服務事業，一個新的行業，社會支援是職業指導工作成功的根本保證。社會支援具體來自社會意識、制度、傳媒等許多方面。

◆社會意識

　　職業社會的發展帶來職業機會的大量增加，使求職就業者在進行決策的時候越來越強烈地感受到資訊壓力，這種壓力推

動著人們尋求職業資訊幫助，形成一種直接推動職業指導工作開展的社會意識和社會需求。近年來，各種各樣的職業指導機構、職業仲介機構如雨後春筍，正是這種強烈的社會意識和社會需求的集中反映。如何更好地滿足社會對職業資訊的需求，使職業指導機構與行業健康發展、取信於民，加強職業規範、職業道德、職業形象是十分重要的。

◆行業組織制度

嚴密的行業組織制度是保證職業指導工作成功的必要條件之一。以制度來保證人員的精練高效、組織結構的簡明靈活、資訊的流暢通達、員工之間的精誠合作，以提高職業資訊的收集、規劃水準以及指導過程的科學性、有效性水準，是行業發展的必由之路。

作為資訊服務行業，樹立一個內部嚴謹高效、外部和藹可親的形象是十分重要的。

◆大眾傳媒

職業指導機構既透過大眾傳媒獲取職業資訊，又要透過大眾傳媒發布職業資訊，因此，加強與大眾傳媒的聯繫，獲得大眾傳媒的支援就顯得十分重要。由於社會經濟文化的高速發展，大眾傳媒發展很快，廣播電視的普及、報刊雜誌的迅速增加、圖書出版發行量的迅速增長等等，形成了一個全方位的大眾資訊環境。電腦技術的飛速發展，又給我們帶來了「網際網路」這個威力強大的新型大眾媒體。

在眾多傳媒帶來資訊「爆炸」的形勢下，如何篩選資訊成了職業指導機構運用媒體資訊的一個重要智力活動領域。

（二）組織環境

職業指導的組織環境也是制約職業指導工作成敗的關鍵因素之一，從組織上理清職業指導工作的隸屬關係、嚴格內部組織管理、處理好周邊關係是非常重要的。

（三）人員勝任條件

人員素質是保證工作順利開展的首要條件。職業指導人員首先要具備良好的職業道德，敬業樂群，喜歡與人打交道並具備較強的社交能力與人際影響力，有較強的保密意識。在專業方面，受過良好的社會科學教育與訓練，知識面廣，有一定的科研能力，最好具備管理或心理學的學歷及專業背景。

（四）基本工作條件

職業指導是一種特殊的資訊服務，因此，職業資訊是支撐這個行業的主要資源。為了提高職業指導的專業化水準，職業指導機構需要具備內容豐富的職業資訊庫，為了使資訊庫的資訊更加充分有效，收集資訊、分析合理資訊的研究方法、設計流程以及測評診斷工具是必備的手段。

◆職業資訊庫

職業資訊庫中的資訊應該包括兩大方面內容：職業資訊與求職者資訊。

第一，職業資訊。職業資訊的形式多種多樣，主要來自下列管道：

1.政府機構及學校的出版物：國家和各級政府發布的經濟與

社會發展規劃、年度執行情況報告，勞動人事部門發布的各種法令、政策與招聘計畫，教育管理部門發布的工作計畫、工作報告以及其他專題報告，各類學校及培訓機構出版的各種學校介紹、科系介紹以及招生、畢業生分配的知識的正式或非正式出版物。

2.新聞媒介：各種專門性的就業資訊報刊、人才資訊報刊及招聘資料，各種報刊、廣播電視所發布的人才招聘廣告，有關人才職業方面的調查報告、訪問記錄及介紹性文章。

3.勞動服務部門與職業服務機構提供的資訊：各級勞動服務公司有關職業介紹和職業培訓方面的資訊，各種勞動力市場，包括職業介紹所、勞務市場、人才交流中心、人才銀行、對外勞動服務公司等社會職業仲介機構所發布的職業資訊，職業諮詢機構所提供的資訊。

4.用人單位：各級企業事業單位、中外合資企業、鄉鎮企業、私營企業等等方面的職業情況、缺員情況、人員補充計畫。

第二，求職者資訊。求職者的姓名、性別、年齡、學歷、專業、興趣特長、學習或工作經歷、求職意向等等，有關資訊應該儘量詳細。

◆收集職業資訊的方法與技術

1.間接收集：所要收集的資料已由他人收集、整理、編制完成，收集者以購買、索取的方式獲得。

2.直接收集：透過運用調查法、追蹤研究法、訪談法、觀察法等研究方法直接接觸原始資訊，獲得資訊。

◆職業資訊的分類整理技術

第一，職業資訊的分類。根據資料本身的特點，考慮使用方便，可以採用多種方法：

1. 行業分類法：根據行業分類的標準，將同一行業的職業資訊集中在一起，許多職業資訊都是由特定行業組織或協會收集，因此，只要了解行業分類的性質及標準，按這種方式編排比較方便。

2. 職業分類法：根據職業分類標準，將職業資訊按大類、中類、小類、細類的等級逐級區分，將同一職業的資料集中在一起，由於職業分類本身已有一套比較完整的體系，在熟悉職業分類標準的前提下，使用這種分類方法比較靈活、方便。

3. 學科分類法：將職業資訊按所屬學科或專業性質進行分類的方法，最適合教育與培訓資訊的分類，學生或求職者可以透過這些資訊了解特定專業的課程設置與特定職業之間的關係，但是，由於將所有職業用有限的學科和專業來進行分類，實施起來有很多困難，無法準確反映職業的特點，因此，必須與其他分類方法相互配合。

4. 地理分類法：按職業資訊所反映的地理位置為標準進行分類，對於打算到某一特定地區去工作的人來說，提供了查閱的方便，根據該方法把同一地區有關就業的政策、就業管道以及教育培訓等職業資訊集中在一起，不但便於求職者諮詢，也便於進行地區之間的比較。

5. 筆順或注音符號分類法：依據資料名稱第一字的筆劃順序或拼音字母順序來組織資料，只要熟悉文字的筆劃順序或

注音順序，無論是分類還是查閱，都非常簡便，由於此方法不能把同類資料集中在一起，因此只對查閱具體資料用處較大。

第二，建立資料目錄或索引。對資料進行分類整理後，爲了查找與利用的方便，需要建立資料目錄。一套完整的資料目錄（或索引）應該提供多種檢索途徑——名稱的、主題的、學科專業的以及地理的等等。一般來說，爲了查找方便，同一內容應同時建立幾種目錄（或索引），包括名稱目錄、主題目錄、分類目錄、地理分類目錄等等。把這些資訊製成目錄卡片，每一張卡片只記錄一項資料的目錄訊息。記錄的主要項目有：(1)資料名稱；(2)資料來源（包括作者、出版印製者、出版地點與時間）；(3)資料形式（印刷品或非印刷品、正式出版物或非正式出版物、書本或報刊等等）；(4)內容提要；(5)分類號；(6)索取號。

第三，職業資訊的保管。職業資訊的保管一定要遵循安全、方便的原則，書面資料與電腦檔案保存相結合。做到：

1.應有安全的場所保管資料。

2.每一單元的資料應放置在固定的位置，以利於查找。

3.放置的位置應方便使用者查找。

4.同一類資料應儘量放置在一起。

5.相近的資料儘可能放在鄰近的位置。

6.建立與之配套的資料目錄或索引，同時提供參照索引。

7.放置的場所應有剩餘空間，以補充或添加新材料。

◆對職業資訊進行深度加工

運用分析、綜合、比較、統計等方法對資訊進行深入研究，對職業變化作出預測。

◆職業資訊的運用

職業指導的過程，實際上就是運用收集到的職業資訊進行服務的過程。

第一，運用職業資訊的目的。在職業指導中運用職業資訊，要求達到三方面的目的：(1)認知目的：職業指導人員透過提供適當的職業資訊資料來幫助求職者了解職業世界、了解自己、了解職業與個人的關係，從而有助於澄清求職問題的性質，為解決求職問題鋪平道路；(2)調適目的：在問題基本澄清的基礎上，職業指導者就可以進一步協調當事人針對問題尋求適當的對策，幫助當事人平衡自我與環境之間的矛盾或衝突，並據此作適度的調整；(3)預測目的：職業指導中的資訊服務可以就當事人目前的狀況提供未來發展的預測資料，有助於求職者制定可行的人生職業發展計畫。

第二，職業資訊的運用途徑。職業資訊的運用途徑主要有兩條：職業指導課與職業諮詢。

（五）職業指導規劃

為實現職業指導的目標，在實施職業指導之前，必須對指導的過程進行全面的規劃以便使整個工作有序地進行。為保證職業指導專案的規劃成功，依據一定的理論、遵循一定的原則和程序是十分必要的。

◆職業指導規劃的原則

職業指導規劃的原則包括：需要原則、整體原則、發展原

則及溝通原則。

第一，需要原則。職業指導的規劃必須依據當事人的需要及職業崗位對人才的需要。只有在充分了解雙方需要的前提下，兼顧雙方的需要，職業指導工作才能對症下藥，才能從整體上協調職業供需之間的矛盾。

第二，整體原則。在針對當事人的問題設計指導規劃時，應把問題納入廣泛的背景中進行全面研究和考察，以提供具有組織性、連續性的活動與經驗。所謂組織性，就是要從人的整體結構出發，多角度、全方位地對其素質及經驗背景進行綜合評價；所謂連續性，就是從動態的、發展的觀點出發，將職業問題貫穿於個體職業發展的全過程，以銜接不同年齡、不同人生發展階段的經驗。

第三，發展原則。職業指導要以促進人的職業發展為基本出發點和歸屬。因此，在職業指導規劃過程中，既要考慮當前的實際情況，又要著眼於人的長期發展，促進個體逐步形成完善的職業自我概念，一步步走向職業成熟。

第四，溝通原則。職業指導規劃必須建立在廣泛資訊溝通的基礎上。與當事人之間的有效溝通、與工作世界之間的順暢資訊溝通、利用各種資訊源廣泛掌握各種資訊、充分利用自己的職業生活經驗等等，有利於掌握充分資料作出切合實際的指導計畫，避免主觀臆斷。

（二）職業指導規劃的程序

職業指導規劃的基本程序一般包括籌劃、設計、執行與評價四個階段：

第一，籌劃階段。籌劃階段需要作好三件事：(1)職業指導

專案的構思，專案構思的資訊一般有三個來源：當事人提出的問題，教師、家長的建議或職業指導人員自己的靈感，以及學校教育的計畫，要求在構思專案時，需以當事人的需要為依據，對專案進行評價，以確定是否將構思發展成正式專案計畫；(2)對需要和所占有的相關資料進行評估，以確定誰需要這項指導服務、專案實施所需的資源是否有價值、是否充分、人員與其他資源是否充分等等；(3)擬定初步計畫，對本職業指導專案的目標、對象及方法作出界定和描述。

第二，設計階段。設計階段需要作四件事：(1)擬定具體目標，具體目標一定要是操作、具體化行為或行為改變；(2)確定指導（或訓練）內容；(3)確定指導方式，如測驗、諮詢、職業指導課、參觀訪問、訊息服務、專題報告會等等；(4)試驗與修正，透過小規模、小範圍的試驗結果，對專案的可行性、可推廣性進行評估，必要時作出一定修正，進而擬定正式計畫。

第三，執行階段。執行階段要作好兩件事：(1)合理安排人員、分配任務；(2)及時回饋、調整實施過程。

第四，評價階段。依據專案計畫中確定的目標、要求對結果進行分析，評價實施結果與計畫目標的符合程度，為進一步設計積累經驗。

6.2.2　作為技術系統的職業指導

作為技術系統，職業指導是透過有效人際資訊溝通實現助人的活動，包括：基本關係、基本手段、基本形式、基本策略。

(一) 基本關係

　　職業指導是一種人際溝通，要保證其有效性，首先確定指導與求助者之間的基本關係就顯得十分重要。溝通中的人際關係決定著資訊發送者和資訊接受者的基本態度，直接影響溝通的品質。職業指導中的基本人際關係是一種類似傳統教師與學生之間的關係，是一種教學關係。在這種關係中，指導者的權威性和影響力是指導工作成功的關鍵。

(二) 職業指導作為人際溝通，其基本手段是言語與非言語行為

　　言語包括口頭言語和書面言語，指導者的口頭和書面言語能力都應具備較高的水準，邏輯性、層次性、簡潔性、理解性等方面都應該很強；非言語溝通包括語氣、面部表情、姿態、手勢、空間安排等等方面。非言語溝通中，顯露一種溫和、確定、適度、放鬆的氣氛，有利於增強言語溝通的暗示效果，有利於指導的成功進行。

(三) 職業指導實施的基本形式有個別與團體兩種形式

◆個別指導

　　職業指導，特別是其中的就業指導，所涉及的問題具有很強的個別性，因此，個別指導就成了職業指導中重要的形式之一。個別指導主要是指導人員與當事人面對面地交談，內容一般涉及職業資訊的提供、分析、心理測量、問題討論、嘗試決策等方面。職業指導人員也可以運用各種心理諮詢技術，引導當事人自我認識、自我探索，並輔以角色扮演、行為矯正等心理訓練技術。在個別指導中，運用電腦輔助指導系統也具有很

高的技術價值。指導人員可以指導當事人透過操作電腦輔助指導系統獲得有關職業資訊，以及進行電腦職業決策模擬。

◆團體指導

在具有同類型職業問題的當事人人數較多，而且空間上比較集中的情況下（如學校中的職業指導），就可以採用團體指導的方法。團體指導又可以分為兩種方式：

1.團體教學方式：利用講授法、座談會等傳遞當事人所需要的資訊。

2.團體諮詢：在小型團體（一般十五人以下為宜）中，在指導者的設計、組織、調控下，借助團體的動力作用來激發成員之間的信任感、內聚力和支援感，達到調整成員動機、情緒、價值觀等方面的作用。設計、指導、調控得力的團體諮詢在多數情況下比個別諮詢效果更好。

（四）基本策略

職業指導實施過程中，可以針對不同問題採取四種不同的指導策略：資訊諮詢式職業指導、診斷性職業指導、治療式（矯正性）職業指導與發展式職業指導。

◆資訊諮詢式職業指導

這是透過職業資訊的提供來增進當事人對職業世界的了解。在提供各種職業資訊時，指導工作者應結合當事人的具體情況進行說明與分析，以使當事人有效地將職業要求與自己的特點進行對比、評價，從而收到良好效果。

◆診斷性職業指導

一般包括醫學方面的指導與心理方面的指導兩個方面。醫

學方面的指導主要針對當事人的身體條件與職業對身體條件的
要求進行對比,作出適合性評價和選擇有效性診斷,向當事人
提出選擇建議,幫助他們制定恰當的個人職業發展計畫;心理
方面的診斷主要是對當事人職業心理準備狀況(一定的知識、
能力、興趣、理想、價值觀、職業發展水準等)進行測量、調
查、診斷,並運用心理諮詢的方法,幫助當事人確定適合自己
心理特點和能力傾向的職業領域。

◆治療式職業指導

又叫矯正性職業指導,主要是協助職業選擇發生困難或選
擇錯誤的當事人即刻解決其所面臨的職業選擇或職業適應問
題。職業選擇的困難或錯誤一般有這樣幾種情況:選擇與個性
心理或生理素質不符、選擇與個人能力或所學專業不符以及非
主觀因素(如招聘廣告的失實、誤導等等)。矯正須根據錯誤選
擇的基本原因提供適時、適宜的幫助。當事人在職業選擇中所
面臨的一般錯誤和困難大致有如下幾種情況:(1)從認知方面來
說,他們可能不了解職業選擇的規則,將學科與職業混為一
談,以對待人的態度對待職業,隨潮流地選擇職業或不善於決
定取得職業的途徑;(2)從知識上來說,可能不了解職業世界關
於具體職業的勞動性質與勞動條件的觀念已過時;(3)從自我意
識上來說,可能不了解自己、不了解自己的能力或不善於將自
己的能力與職業要求加以協調。矯正性職業指導主要以個別談
話法為主,也可以採用團體的方式將職業興趣相同或選擇問題
類型相同的當事人組成小組進行交流、輔導。

◆發展式職業指導

這是從職業發展的觀點出發,幫助當事人發展正確的職業
自我概念,提高自我決策的能力。有效地實施發展式職業指

導，充分掌握當事人過去的職業發展資料、建立個人職業發展檔案是十分必要的，透過這些個人歷史資料，指導者可以洞悉當事人的當前發展狀況和可能的發展趨勢，不斷透過追蹤調查和測驗來充實這些資料，還有利於對指導的實際效果進行總結、評價。建立個人職業發展檔案可以從三方面入手來收集和積累當事人的個人資料：

1. 透過生理測量或醫學診斷，了解和收集當事人體格、體力、體質和健康、疾病方面的資料。
2. 透過心理測量，了解學生一般能力傾向、特殊能力、興趣愛好、性格氣質、職業適應性等方面的資料。
3. 透過觀察、談話、調查等途徑，收集當事人各種社會關係、社會環境（如家庭經濟文化背景、教育方式等）等社會方面的資料。收集到這些資料後進行整理、分析和歸類，形成當事人個人職業發展檔案。

為全面反映當事人的情況，個人職業發展檔案應包括表6-1中所列的內容。

上述四種指導策略各有千秋，相輔相成。一般來說，資訊諮詢指導、診斷性指導、治療式指導策略較適用於個別指導，而發展式指導更適用於團體指導，是學校職業指導的最有效策略。

表6-1　個人職業發展檔案資料項目表

項目	內容
1.一般情況	姓名、性別、出生年月、出生地、學歷（或學校、班級）、專業方向、職務等
2.家庭情況	家庭成員姓名、性別、出生年月、文化程度、經濟狀況、工作單位、通訊地址等等
3.生理狀況	身高、體重、視力、聽力、嗅覺、辨色力、脈搏、血壓、體態、體力、營養健康狀況
4.學習情況	各門學科的成績、學習興趣、學習態度等等
5.能力傾向	注意力、觀察力、記憶力、想像力、思維力、解決問題的能力及創造力
6.特殊能力	語言、交際、數學計算、繪畫、機械操作、空間判斷、運動協調、精細動作、預見、設計、組織、應變、決策等方面的能力
7.思想品德	愛國主義、集體主義、獻身精神、尊老愛幼、團結友愛、責任感、義務感、同情心、謙虛謹慎、嚴於律己、自覺性、堅毅、勤奮刻苦等等，以及工作評語和獎懲記錄
8.職業意向	個人職業意向與職業期望的形成、變化情況
9.職業興趣	興趣的傾向性、範圍及穩定性
10.職業活動	各種實踐活動中的表現
11.評價建議	不同時期職業指導者的評價及建議
12.追蹤記錄	就業（或升學）情況，及其追蹤調查記錄

6.3 職業指導技術

6.3.1 職業指導技術中的一般步驟

美國心理指導學派的核心人物威廉遜和達利認爲，指導應包含六個基本步驟：(1)分析；(2)綜合；(3)診斷；(4)預斷；(5)處理；(6)追蹤。這六個步驟在職業指導中也是適用的。

（一）分析

儘可能收集當事人的有關資料，獲得對當事人的基本了解。收集當事人資料的途徑一般有：(1)查看工作（學業）成績和行爲表現的累積記錄；(2)面談；(3)了解當事人的生活史；(4)了解當事人的重要生活事件；(5)作心理測驗；(6)作問卷調查等等。

（二）綜合

將分析過程中收集到的資料加以整理、安排，分出輕重、主次，對當事人的情況和問題形成一個總體的看法。

（三）診斷

透過分析、綜合與推論，作出對問題性質和原因的系統的判斷。從可能的橫向、縱向關係中了解問題的發展，可能會有什麼新的困難、危險或轉機。

(四）預斷

設想各種可能的解決方案，預測每種方案可能產生的影響，以及問題的未來發展，以優選方案。

(五）輔導與諮詢或處理

指導人員運用其對當事人的充分理解，透過針對問題的技巧性會談，幫助其實現知、情、意及態度等方面的變化，以使其達成良好的心理適應和再適應。

威廉遜認為，「輔導」一詞至少有五個方面的涵義：(1)它是一種人際關係；(2)它是某種形式的再教育與再學習；(3)它是輔導人員個人給予的幫助；(4)它是良好人際關係與技術的結合；(5)它是一種傾述或宣洩。

(六）追蹤

指導人員在當事人問題解決以後要進一步聯繫，或幫助當事人克服問題的反覆出現，或協助其解決新問題，並評估指導的效果，以總結工作、積累經驗。

上述六個步驟在心理輔導的臨床實踐中也不是一成不變的，威廉遜曾說：「輔導人員在臨床工作中可以彈性地使用這些技術，而不一定依照一般所排列的順序。」

6.3.2　職業指導的技術

指導學派認為，沒有哪種技術能夠適合所有當事人和所有場合，因此，在輔導的實踐中，運用技術應做到變通、靈活。

指導學派的指導技術可以歸納爲五個方面：

（一）建立友好關係的技術

從當事人一進入職業指導工作室，表達適宜的禮貌，諸如稱呼、握手開始，直到打開話題、談話，以至談話結束、互相道別，指導人員始終都應保持對當事人的尊重，始終注意當事人的興趣，使其感到輕鬆，不要輕易觸及敏感的個人隱私，倘若當事人主動道出，指導人員應適時、適當地作出保守秘密的承諾。

在具體技巧的使用上，輔導人員應具有充分的彈性，注意不同技巧的個別針對性。

（二）促進自我了解的技術

職業指導人員應將包括心理測驗資料在內的所有現存資料加以分析與綜合，在指導中用明白易懂的話語傳達給當事人，儘可能使他對自己產生新的、更爲透徹的了解，並幫助其發揚優點、克服缺點。

要幫助當事人理性地認識自己，職業指導人員應具備廣博的知識、深厚的專業基礎。在指導過程中始終保持良好的態度，談吐輕重緩急適度，措詞樸素懇切，語意簡明。在指導中，切忌使用專業性術語，更忌諱陳腔濫調、油腔滑調或不恰當的幽默與玩笑。

（三）勸導策劃技術

在當事人明瞭問題、理解自己的情況下，職業指導人員就要具體幫助他選擇目標、價值、方法，並協助他制定可行的計

畫,對當事人進行勸導、幫助、策劃。

在勸導中,職業指導人員闡述自己觀點的時候應使用肯定的語氣。社會心理學中態度改變的策略,諸如「登門檻技術」、「大中取小技術」、「認知調諧術」等都是十分有用的。職業指導人員所闡述的觀點應有充分的理由和充足的依據,以免出現「接種效應」。

常見勸導方法很多,歸納起來主要有以下三種:

◆直接勸導

職業指導人員以直接的方式坦率地告訴當事人應當選擇什麼、不應選擇什麼。這種方法效果不十分穩定,有時會使當事人產生阻抗,導致指導失敗。

◆說服勸導

職業指導人員向當事人提供多種選擇,幫助他在分析、比較中擇優而從之。這種方法有利於發揮當事人的主動性。

◆解說勸導

職業指導人員層次分明地道明問題的各個方面,陳述各種可能的解決方案,以及可能發生的情況,同時,也認真分析當事人的優勢和劣勢,在充分展示有關資料的基礎上,引導當事人作出最優選擇。後期指導學派學者認為這種勸導技術最好,它有利於發揮當事人的主動性,有利於挖掘當事人的潛能。

(四)計畫推進技術

職業指導人員憑藉自己的良好訓練和經驗,在當事人作出選擇和決定的基礎上,應幫助當事人制定更為具體的行動計畫,並協助、督促其完成,預防其反覆改變。

任務分析法、生活行動分析法、綜合激勵法、代幣法等

等，都是推進計畫實現、增強當事人自我控制感和勝任感的有
效技術。

　　在當事人實行計畫的過程中，及時回饋，讓他有機會獲得
成功體驗是至關重要的。在當事人完成一定任務，自信心有所
提高的情況下，逐步提高要求，將及時回饋和延時回饋結合起
來，使其逐步適應較高要求和延時回饋。這樣做，有利於幫助
他克服患得患失的個性傾向。

（五）任務轉介技術

　　職業指導人員一個非常重要的職業特點就是專業定向很
強。有的問題如果超出自己的專業範圍，就應該及時、恰當地
轉介給其他專業人員，如生理檢查或疾病診斷需要轉介給醫生
等等。儘量減少由於超出自己現有專業訓練而遭致失敗的努力
是保證職業指導人員專業聲譽和自信的必要條件。

　　常見的任務轉介技術主要是移交和會診。前者為職業指導
人員將超出自己專業訓練的案例介紹、移交給具備處理這類問
題能力的專業人員或機構；後者則是透過會診，擴大自己的經
驗，形成協同工作小組，以通力合作解決問題。

6.4　學校中的職業指導

　　職業發展理論告訴我們，職業選擇並不是個人面臨現實就
業選擇時的一個孤立事件，個人過去形成的職業觀念，以及對
職業的未來期望，都要影響到他當前的職業選擇和未來的職業
適應成功。因此，我們可以說，職業選擇貫穿個體生命的全過

程。學校是個體早期社會化的溫床，因此，學校中的職業指導也是整個職業指導工作系統中的重要組成部分。由於學生處於正式的職業選擇準備時期，故而在指導任務和實施形式方面，具有自己的一些特點。

6.4.1 學校職業指導的目標和任務

學校教育的目的，從個體發展的意義上講，是促進個體德、智、體、群、美諸方面全面發展；從社會發展進步的意義上講，是為社會培養合格的勞動者。作為合格的勞動者，個人不僅要具備良好的思想道德品質、專門的知識和技能、良好的身體素質，而且還要具備基本的「職業角色技能」和「職業自我概念」。職業角色技能使個體能夠合理、建設性地處理好工作角色和其他角色（家庭角色、市民角色、閒暇角色等）間的關係，與個體的職業適應和職業心理健康關係十分密切；職業自我概念指個體對職業關係中自我存在狀況的總體評價和看法，與個體的職業動機、職業追求和職業滿意感關係十分密切。

（一）學校職業指導的目標

1. 教育學生熱愛勞動，養成勞動習慣，懂得平凡勞動的社會價值，幫助學生樹立正確的勞動觀、職業觀和擇業觀。
2. 幫助學生從認識身邊的職業開始，逐步深入社會，了解各類學校和各類職業的情況。
3. 幫助學生了解自己（興趣、能力、個性等等），引導學生提高自己的綜合素質，揚長避短，發掘自己的潛能。
4. 幫助學生正確認識和協調個人志願與社會、國家需要之間

的關係，根據社會、國家的實際需要和自己的特點確立初
步的職業意向，提高學生升學和就業的決策能力。

（二）學校職業指導的基本任務

1.從學生入校開始，就有計畫、有步驟地進行職業觀和職業
理想教育，向他們傳授社會職業和專業的有關知識。

2.收集而後積累學生的個人資料，包括他們的學習成績、能
力、智力、興趣、志向、思想品德和家庭經濟情況；同時
調查、了解企事業用人單位、各級各類職業技術學校和普
通學校的職業、專業內容、招工或招生的條件與要求，以
及各種職業的工作環境及報酬等。

3.對畢業生進行個別指導和諮詢，幫助他們根據社會需要和
個人特點來確定就業或升學的方向，選擇合適的職業或專
業；同時，學校也可以向用人單位推薦優秀人才。

6.4.2　學校職業指導的基本內容

學校職業指導的內容包括下列四個方面：

（一）幫助學生了解職業、了解職業社會

向學生介紹職業的分類、介紹學校的專業情況及其與未來
職業發展的關係。幫助學生研究職業內容和收集職業資料。

（二）幫助學生了解自己的心理特點和生理特點

幫助學生了解自己的職業性向、職業興趣、職業個性等心
理特點和有關的生理特點。

（三）引導學生進行積極的人生探索

樹立正確的職業觀和擇業觀；幫助學生了解職業的內涵及其在人生中的重要意義，懂得學習與未來所要從事的職業之間的關係；同時，更要教育學生正確對待社會分工和職業差異，樹立正確的職業理想和職業期望，能根據社會的需要和自身條件合理地選擇專業或職業。

（四）幫助學生選擇職業

幫助學生根據自己的身心特點和職業的要求，正視自己的優點和不足，揚長避短，選擇最適合自己特點的專業或職業；同時，也要指導學生掌握填報升學志願和求職擇業的技巧。

6.4.3　學校職業指導的原則與途徑

（一）學校職業指導的原則

學校職業指導，要求指導教師除了遵循職業指導的一般原則外，還要根據學校職業指導的特點，遵循以下三條原則：

◆獨立性與滲透性相結合的原則

職業指導工作作為學校教育的一個方面，是一個獨立的教育途徑，但又必須與其他方面的教育結合起來，滲透在德、智、體、群、美全面發展的教育過程中，並取得班導師、各科教師和家長的配合。

◆靈活多樣的原則

職業指導不能僅僅停留於介紹、講授職業知識，還要採取

多種教學方法和教學手段來提高指導效果，例如，採用投影、錄影、幻燈、外出參觀、請人作報告、啓發、討論、辯論、心理測量等多種方式，使指導生動、具體，使學生積極參與、熱情關注。

◆切合實際的原則

職業指導應該與解決學生的基本實際問題相聯繫。學生在職業方面經常碰到的問題主要表現在職業認識、職業準備、擇業觀念、擇業動機、求職與擇業行爲技巧等方面。教師應多接觸學生，了解他們的思想狀況及存在的問題，並建立學生個人檔案，以使職業指導更具有針對性。

（二）學校職業指導的途徑

學校職業指導的途徑主要有兩種：一是開設專門的職業指導課程；二是將職業指導滲透到各門專業課的教學中。

◆開設專門的職業指導課程

是透過正規教學的途徑，由專職教師或職業指導專業人員、專家擔任教學工作，全面、系統地向學生傳授職業知識、幫助學生探索自我、了解職業世界、合理設計專業學習計畫和選定未來職業。除課堂教學方式外，還可輔以補充讀物、影音資料、參觀訪問、實習等途徑，增強指導課程的實效。

◆將職業指導內容滲透到各門專業課和學校的各項活動中去

透過「教書育人」，薰陶、引導學生懂得怎樣成爲合格的未來職業工作者。

本章摘要

◆職業指導有三個方面功能：教育功能、經濟功能、社會功能。

◆職業指導的內容有：職業測驗與職業鑑定、職業資訊服務、職業諮詢、就業推薦。

◆職業指導發揮社會功能的要素：社會支援、組織環境、人員勝任條件、基本工作條件、職業指導規劃。

◆作為技術系統的職業指導包括：基本關係、基本手段、基本形式、基本策略。

◆職業指導技術歸納為：建立友好關係的技術、促進自我了解的技術、勸導策劃技術、計畫推進技術、任務轉介技術。

◆學校就業指導的內容有：幫助學生了解職業、了解職業社會；了解自己的心理特點和有關的生理特點；引導學生進行積極的人生探索；幫助學生選擇職業。

思考與探索

1.試述職業指導的內涵與目標。

2.試述職業指導的實施方法與步驟。

3.試述職業指導技術的具體內容。

4.試述學校職業指導的原則與途徑。

第7章
職業心理諮詢

7.1 職業心理諮詢概述

7.1.1 什麼是職業心理諮詢？

「諮詢」這一概念最基本的涵義就是「提供幫助」，其範圍十分廣泛。職業心理諮詢屬於諮詢領域中的一種針對職業人群的特殊服務項目。它是一種以語言為主要溝通方式，協助當事人自我了解、澄清問題、尋找問題解決的方法和技巧，並最終達到問題解決、增強心理適應、促進心理健康的助人方式。

（一）職業心理諮詢的特點

◆職業心理諮詢過程多以語言方式進行溝通

其對象是具有與職業有關的心理或行為問題的個人，而不是精神病患者，因此，不能合作及有嚴重語言或心理障礙者不能作為職業諮詢的直接對象。

◆職業心理諮詢人員與諮詢對象（當事人）之間具有能動的交互作用關係

雙方以平等的立場，共同參與諮詢過程，共同負起責任。諮詢人員以了解、尊重、真誠等態度，與當事人建立自然溫暖的諮詢關係。

◆必須考慮當事人的期望和諮詢的目標

職業心理諮詢的效果最終要以是否解決了當事人所面臨的問題為主要標準。因此，諮詢過程必須以當事人的素質為前

提，以促進當事人自我認知的發展、決策與行動能力的發展以
及維護心理健康為目標。

◆職業心理諮詢過程表現為有關資訊的運用和心理諮詢技術
的使用

以此來幫助當事人達到自我認識的發展。

（二）職業心理諮詢的範圍

當事人的問題可能多種多樣，在決定採取何種心理諮詢方
式之前，職業心理諮詢人員必須分辨當事人的問題性質，以便
作出適當的處理。為此，我們需要對職業心理諮詢的範圍有一
個基本的界定：

◆職業問題與其他心理及社會問題的區分

並非當事人的所有問題都可以透過職業心理諮詢加以解
決。職業心理諮詢所介入和處理的主要是涉及職業選擇與職業
心理適應方面的問題，不利的工作環境或當事人的生物—醫學
問題等等，則需要轉由管理者或其他專業人員加以解決。

◆職業問題與工作技能問題的區分

職業心理諮詢具有教育的功能，但不等同於職業教育，有
關專業知識與技能的培養不屬於職業心理諮詢的直接服務範
圍。當事人因缺乏工作技能以致造成失業問題，或者專業知識
不牢固而導致的升學問題等，則宜以教育或培訓的方式處理，
職業心理諮詢只能間接協助其收集有關個人與環境的資料，幫
助當事人選擇適當的教育或培訓機會，促進其職業發展。

（三）職業心理諮詢的類型

職業心理諮詢，從目標—功能角度劃分，主要有三種類

型：發展型職業心理諮詢、預防型職業心理諮詢與治療型職業心理諮詢。

◆發展型職業心理諮詢

發展型職業心理諮詢是終極性的諮詢，它以全體員工的整體性發展爲主。目前，在許多企業中開展的員工個性培養、人際溝通能力、耐挫能力和意志力的訓練以及職業心理適應諮詢等，都屬於發展型職業心理諮詢的範圍。發展型職業心理諮詢的特點是：

第一，以全體員工爲諮詢的重心，以協調職業組織內各種教育因素、提供最佳職業情境、有利員工整體的、全面的發展爲目的。

第二，員工的個別心理障礙問題不屬於諮詢的重點，但是，若有必要，諮詢人員可與職業組織其他人員一起，針對個別員工在發展中出現的、有代表性的問題進行個別或團體諮詢。

第三，諮詢人員或管理人員應特別重視從發展的觀點，對管理過程、生產流程等進行改革，增強員工參與等等。

第四，與社區建立廣泛、深入的聯繫，充分利用多方面社會資源，同時，也讓員工介入社區精神文明建設，發揮員工對社區文化發展的積極作用，使員工進步的道德價值觀、世界觀、人生觀得到進一步鞏固。當事人的職業問題具有不同的性質與根源，有的源於缺乏自我了解或缺乏有關工作世界的資訊，有的則因缺乏決策能力所致，而有的可能源於不當的職業價值觀。

針對不同性質的具體問題，應採取不同形式的諮詢方式。發展型職業心理諮詢從具體內容上來看，可以分爲以下四種模

式：

第一，問題解決式諮詢。諮詢人員透過提供有關資訊並澄清問題，以協助當事人處理特定的問題或作出決定，這種類型的諮詢屬於問題解決的「即刻治療式」諮詢，可以迅速解決問題，適應於處理當事人因缺乏有關個人的或環境的資訊而產生的問題，但是在這種諮詢模式中，當事人並不能學到處理問題的方法，因此，如果當事人再次遇到此類問題，仍需諮詢人員的幫助。

第二，能力培養式諮詢。職業諮詢不僅在於解決當事人的具體問題，還應注意培養當事人的決策能力或其他適應能力，以為其未來自行解決問題創造條件，當事人經過某一諮詢過程後，不僅能夠解決面臨的問題，而且能學到解決問題的方法，並可能自行運用習得的方法適應未來的需要，但這種諮詢的重點仍以職業、行業的局部問題為主，重視影響個人發展的外在因素，較少觸及個人內在心理過程。

第三，職業生涯發展式諮詢。這種諮詢模式視職業發展為一長期的連續的過程，而非局部的單一目標導向的職業選擇，諮詢的重點是以一連串的決策、適應為主，諮詢人員除注重各種決策技巧或適應能力的培養外，同時努力增進當事人的自我了解，將職業選擇與個人發展結合起來，考慮各種可能的選擇機會與發展途徑。

第四，自我發展式諮詢。這種諮詢模式充分重視個人內在品質的發展與完善，強調透過發展個人完整職業自我概念來達到個人主動地去開創自我發展的前景。在這個模式中，職業諮詢不是告訴諮詢對象應該怎麼做，而是在充分尊重當事人的前提下，培養當事人能動的自我價值觀，使其能夠主動地對自己

的前途負起責任。

上述四種諮詢模式並非截然分開，諮詢人員應視當事人的需要與諮詢目標選擇採用。對學生而言，職業心理諮詢的實施宜以個人的發展為主，而對面臨現實的職業選擇問題的當事人來說，即刻治療式諮詢無疑是解決應急問題的有效措施。但就個人整體發展的觀點而言，應把重點放在自我發展方面。

◆預防型職業心理諮詢

預防型諮詢是對可能有適應問題或正在遭遇適應問題的個人進行諮詢的工作。預防型心理諮詢的特點是：(1)主要以員工的心理問題為重心，諮詢工作早於問題發生或正在發生之際進行，目的是防止問題的發生或擴大；(2)也注重從預防的角度出發，對員工心理問題的診斷和干預；(3)對象以少數有心理問題的員工為主，力求遍及全體員工；(4)注重個別諮詢，同時也不排除採用團體諮詢的方法；(5)與家庭保持密切聯繫，以求及時合作與協助；(6)如員工問題比較嚴重，管理人員可向心理治療專家轉介。

◆治療型職業心理諮詢

以治療性為主的心理諮詢，其工作目標是幫助個人克服已經嚴重影響個人發展的心理障礙、疾患及問題。例如，影響正常工作的嚴重焦慮、嚴重影響員工心理功能的憂鬱症、強迫症等精神症，以及缺勤、出走、自殺等等。治療型心理諮詢的特點是：(1)以問題為重心開展診斷和治療；(2)諮詢對象限於少量問題員工；(3)經常使用心理測量或其他評價工具；(4)偏重個別諮詢；(5)一般情況下，管理人員力所不及，需要轉介給臨床心理治療專家；(6)需要家庭的密切配合。

職業組織中的心理諮詢應以發展型職業心理諮詢為主。為

使職業組織心理諮詢工作健康、積極地開展起來、發展下去，透過宣傳，讓員工和整個社會綜合了解心理諮詢的功能是有必要的。

（四）心理健康的標準

二十世紀初以來，隨著心理科學在社會各個領域中的運用和發展，有關健康的觀念有了很大的發展。1948年，聯合國世界衛生組織（WHO）提出了健康的新界定：「健康不僅是指沒有疾病和虛弱，而且包括身體、心理和社會適應在內的健全狀態。」1989年，WHO又將其補充爲「健康應包括：軀體健康、心理健康、社會適應良好和道德健康」。

「心理衛生」和「心理健康」這兩個概念曾一度被人們看成是同義詞。第二次世界大戰之前，人們一般用「心理衛生」一詞來描述個人身心和諧的狀況，到第二次世界大戰之後，人們改用「心理健康」一詞取代「心理衛生」的這種涵義。當代人用「心理衛生」一詞概括有關心理健康的工作，「心理健康」則被看成是心理衛生工作的目標。心理諮詢是心理衛生工作的一條重要途徑，因此，心理健康也是心理諮詢的重要工作目標。

7.1.2　心理諮詢的原則

（一）非指導性原則

職業心理諮詢是一種協助員工成長的服務，是透過協助達到員工的自助，以促進員工人格的自我完善，使他們在成長中

獲得解決問題的正確方法、積極態度和自我監控的能力，以利於在以後的整個人生中能自主、自立地解決自己面臨的問題。

因此，心理諮詢人員或管理人員不要「包辦代替」、「代作主張」，宜在「接受」、「澄清」的基礎上，協助員工自己勇敢、理智地作出決策。不宜在職業心理諮詢中提倡指示、教導的觀點。

非指導性原則的關鍵是支援和鼓勵員工的自我探索。

（二）合作性原則

心理諮詢中的人際關係是一種合作的關係。合作性原則可以從兩層意思上來理解：

◆個人願意接受心理諮詢，諮詢才可能產生應有的效能

因此，諮詢人員必須尊重被諮詢人員，透過「朋友式」的、溫暖、坦誠的溝通和關切、耐心的傾聽，消除被諮詢者的心理「抗拒」或「敵意」，以達成解決問題的協作關係。

◆能對員工產生影響的「重要他人」是多方面的

如行政人員、管理人員、家庭成員、好朋友等等，都可能是協助員工解決個人問題的重要社會資源。在職業心理諮詢工作中，諮詢人員要善於利用上述資源，善於與各方面人員合作，爲促成員工的積極轉變營造出一個有利的人際環境。

（三）客觀全面性原則

客觀全面地了解員工是心理諮詢的基本前提。

對員工的全面了解應包括三個方面：(1)員工的需要（被壓抑的合理需要，及不合理的需要）；(2)員工的問題（過程、情節）；(3)問題與需要之間的關係。

　　每個員工都有程度不同的基本需要，如生理需要、安全需要、愛和歸屬的需要、尊重的需要和自我實現的需要等等。在需要不能得到滿足的情況下，一個人若既無正確解決問題的經驗，又無克制需要或改變需要的意志力，就可能出現行為選擇上的偏差，用不恰當的方式求得需要的暫時滿足、威脅的暫時解除和自尊的暫時維護。「問題」和「需要」是一個問題的兩面，處理問題必須從潛在需要著手，才能有的放矢。

　　客觀全面的了解，要注意運用一定的策略：(1)通情的了解；(2)深入了解；(3)個別差異的體察。

　　通情的了解不是主觀臆測，不是想當然爾，而是：(1)設身處地；(2)保持客觀；(3)傳達感受，即：以當事人的眼睛去看，以當事人的耳朵去聽，以當事人的心去體會。

　　深入了解，即諮詢人員以高度的敏感性覺察當事人「問題」與「需要」之間的關係，用第三隻眼睛去看他那面具下的真實形象，用第三隻耳朵去聽出他那弦外之音，用第二顆心去體會他那深沈的感受。

　　體察員工個別差異時應注意：(1)個人需要層次和滿足順序既有共性，又有差異性；(2)需求與問題之間的關係與結構因人而異；(3)既重視人與人之間的差異，又要重視個人內在人格結構不同方面的差異；(4)既重視人際客觀性差異（如性別、種族、文化背景等等），又要重視主觀差異（如知覺、態度、興趣、價值觀等等）。

　　另一方面，諮詢人員應幫助員工客觀全面地了解自己。諮詢的一切措施，其根本目的都在於使員工能夠自我發現、自我評價、自我監控，從而導向健全的人格發展。

（四）系統性原則

由於人生發展是連續的、無時無刻不在應對新的內外環境變化。因此，心理諮詢也應是一種連續不斷的幫助過程。對少數適應不良的員工來說，由於問題的複雜性，短期諮詢所解決了的問題，在一定的情況下，再次發生的可能性很大，需要諮詢人員追根究底，追蹤諮詢，以力求從根本上解決其問題。為幫助員工人格的健全發展，心理諮詢工作採取終生發展的觀點和系統的觀點是完全必要的。

從諮詢工作的具體過程來講，也需要遵循系統的原則。對問題的因果分析、處理、評價，都應建立在系統全面收集資料的基礎上。

（五）保密性原則

諮詢工作之所以能夠幫助員工透過「他助」走向「自助」，很重要的一點就是員工可以在諮詢中獲得自己本人的客觀資料，並藉以達到較完整的自我認識。

自我認識是員工從「他助」通向「自助」的橋樑。諮詢人員應使員工對自己的能力、智力、性格等方面有一個客觀、準確的了解。諮詢人員可運用訪談、問卷調查、家訪、心理測驗、諮詢等方法，將有關員工身心發展的全部記錄彙集成一個完整的個案資料。這個資料是有關員工個人成長的，是完全個人的，因此，諮詢人員必須對員工作出嚴格保密的承諾，不向包括家長、其他管理人員和任何無關人員公開。

洩漏個人隱私一則可能造成人格傷害，二則使諮詢工作威信掃地。因此，在任何一種心理專業服務中，保密性原則都被

視爲最重要的職業道德倫理原則。

常言道：「不以規矩，不成方圓。」做任何事情，都必須有一套考慮問題和行事的規矩。要做好職業組織心理諮詢工作，遵循上述原則是十分重要的。

7.1.3 職業組織心理諮詢的基本工作方式

（一）心理諮詢的基本工作方式

心理諮詢的基本工作方式主要是團體諮詢和個別諮詢兩種。

◆團體諮詢

團體諮詢以班組或職業組織全體員工爲對象，也可以以具有共同心理需求的員工爲對象組成心理諮詢團體。其目的是使員工在集體生活中，透過平行影響，豐富認知和情感經驗，培養對社會的積極態度、責任感和良好的行爲習慣，促進健康成長。

團體諮詢的對象是日常生活中遭遇困難和挫折的正常人，主要目的是治療——爲求助者提供一個富有同情心和支援感的安全環境，讓他獲得機會理性地評價自己的問題、探索解決問題的途徑。

團體諮詢的總目標是：

1.培訓員工的社會適應能力。

2.加強員工的人際交往能力。

3.發展員工積極的社會性情感和相應的社會能力。

4.培養員工的領導能力。

5.養成員工團結互助的精神和寬容的態度。

團體諮詢的形式主要是利用員工之間積極充分的資訊交流達到相互了解、相互影響、相互支持，以團體的力量協助員工解決在成長過程中個人普遍面臨的觀念、情緒、行為問題。

團體諮詢的具體方法有：調查法、討論法（辯論法、討論法、腦力激盪法、配對討論法等）、價值澄清法、角色扮演法、活動法、參觀法、遊戲法、人際溝通訓練法等等。

◆個別諮詢

個別諮詢的對象是面臨適應問題的正常個人，透過諮詢幫助，使其立足現實，理性地認清自己的問題和潛能，積極地解決問題。

個別諮詢的目標是：

1.幫助員工了解自我，接納衝突中的自我，並引導員工進行自我教育，把握與適應周圍的環境。

2.幫助員工逐漸認清自己的內在潛能與資源，將諮詢過程中學到的經驗遷移到諮詢外的情境中去，最大程度地發揮他們的潛在能力。

3.發展員工優良的個性品質，使其加強自我的功能，促進心理健康。

4.診斷個人在認知、情緒、行為、學業、身體健康等方面的不良適應狀態，並予以矯正、治療，使其去除心理上的不適症狀，恢復健康和正常。

個別諮詢的方法較團體諮詢的方法更具靈活性、技術性和

針對性，而且強調保密性。

（二）職業心理諮詢人員的勝任條件

一般說來，職業心理諮詢人員應具備以下四個基本條件：

1. 高尚的職業道德，即熱愛心理諮詢事業，對員工負責，尊重員工利益，保守秘密，為人表率，團結合作。
2. 良好的個人修養，即真誠、富有同情心、自信、堅毅、謙虛進取。
3. 良好的專業理論素養，較好地掌握了人格發展理論、職業心理學理論、職業心理衛生理論、心理諮詢理論、心理測量與統計理論等等。
4. 具備較全面的諮詢技能。

心理健康是一個連續系統，從健康到不健康之間存在著若干漸進的層次，宛如從白到黑之間存在著由淺灰到深灰的漸進過程一樣。不同的「灰度」對諮詢人員的專業素養要求也不一樣，諮詢的涵義因此也有區別。廣義的諮詢更重視作為教育觀念的心理諮詢，面對廣大灰度較淺的員工，廣義的諮詢要求諮詢人員的熱心和經驗甚於高深的專業訓練。狹義的諮詢側重解決障礙和問題，面對「中等灰度」以上的員工，需要諮詢人員具有較系統的專業訓練和臨床經驗。

7.2　團體職業心理諮詢

7.2.1　團體職業心理諮詢中的團體構成

（一）共同問題團體

這是團體諮詢中使用最多的團體形式。這種同質性團體有很多優點，其中最基本的一條優點是：成員容易因共同的經驗而迅速認同，獲得心理支援感，也容易彼此分享關懷。「我們感」容易使團體產生凝聚力，促成自我表露、自我負責和自我成長。

（二）個案中心團體

這是共同問題團體的一種權變形式。當團體中有人提出不同問題時，團體中的其他人都變成協助者，爲這個人提供有價值的回饋資訊，並提供個人經驗以協助其解決問題。

（三）潛能開發團體

這種團體特別重視人的優點，以及個人積極、建設性的潛能。團體過程的目標是充分調動個人的優點和潛能，克服消極心理品質和心理阻抗，促進潛能開放和心理成長。

潛能開發團體可以是同質的，也可以是異質的。

（四）同輩催化團體

利用同輩人之間的「平行影響」，選拔員工中的領袖人物來充當諮詢員要建設這樣的團體，培訓工作十分重要。

7.2.2 職業心理諮詢團體的領導者

（一）職業心理諮詢團體的領導者的特質

在諮詢團體中，團體過程的成敗與諮詢員作為團體領導者的效能有著直接的關係。馬勒、達斯汀和喬治、伯恩鮑姆等人對有效諮詢團體領導的角色特質作了大量研究，發現下列一些必要的人格特點制約著團體諮詢的效果：

◆內省的能力，即「自我了解與覺察」的能力

諮詢員作為團體領導者，必須首先知道自己的哪些特質可以吸引團體，這些特質是如何影響別人同時又被別人所影響的；他必須了解自己的優點、缺點、衝突、動機和需要；他必須清楚自己的意向和目標，以避免決策無能和對團體產生不必要的壓力。

◆開放性和彈性

「開放」來自自我安全感。有了這種安全感，諮詢員就能夠從諫如流，坦然接受別人的意見而不致感到威脅了。團體諮詢員對成員開放自己，坦然地對待批評，不使用「防衛機制」來為自己「下台」，成員就會體驗到一種無條件的接受，並以此為榜樣進一步袒露自己。

「彈性」是諮詢員對成員的信心和敏感性的自然表露。一個

對自己越沒有信心的人，對團體就會越嚴格。作事有彈性的人一般都能了解自己的限制，同時又能在限制之內作出改變和嘗試。彈性往往是經驗豐富的象徵。須記取：經驗導致自信，自信導致彈性。

◆對曖昧情境的忍受力

團體指導和諮詢過程中，由於成員心理抗拒的存在，有時會出現偏離目標或「冷場」的情況。此時，指導員或諮詢員若能相應保持沈默，不急於為解除自己的緊張去打破沈默，而是冷靜地關注引起沈默的原因，等待沈默的壓力引發開放和經驗分享，就會鎮定自若地處理好「冷場」，獲得積極的諮詢效果。

◆建設性影響力

諮詢員應具有積極的個性特徵，能對周圍的人嘗試建設性影響，隨時準備發掘別人的優點，但絕不是「吹牛拍馬」。

◆濃厚的社會興趣

諮詢員須對「人」有好的感受，對別人感興趣，以致能把別人的事放在第一位，待人熱情、誠懇。

◆溫暖和關照

指導員、諮詢員表達溫暖和關照的方式很多：熱情的態度、微笑和行動、安祥和嚴肅等等，關鍵是內在的關懷之情。

◆客觀性

諮詢員在工作過程中既要能進行積極的情感投入，又要能保持評價問題的理性和客觀性。羅傑斯認為，這就是「同理心」，即能同其情而又不失去自己應有的立場。

◆人格的成熟

諮詢員能接納別人生活和成長中的衝突、痛苦和掙扎，並願意分享別人的經驗和看法，能堅強地面對團體諮詢中隨時可

能出現的挑釁情境，同時又能承認自己的缺陷和軟弱，不管在什麼情況下，都不回避自己應負的專業責任，隨時準備改善自己，並對自己始終充滿信心。

　　總之，有效的諮詢員或諮詢團體領導者是能竭盡全力達成人生目標，並與人建立良好人際關係的人。他們具有主動性，能自我成長，同時，也能理解別人對人生歷程的痛苦探索。

（二）職業心理諮詢人員的訓練

　　做好職業心理諮詢團體領導工作，諮詢員應有相應的一些訓練。除了心理諮詢人員的一般訓練要求外，團體諮詢人員還須具備如下三種訓練：

1.掌握與團體有關的理論與知識。
2.具備參與團體的經驗，包括擔任領導者和成員兩方面的經驗。
3.不斷的理論、技術交流和自修、進修。

　　團體諮詢的經驗對個別諮詢工作有著十分積極的意義。馬勒認為，一個能做好團體諮詢工作的人，在個別諮詢中也有可能成功。

7.2.3　團體諮詢的實施

（一）目標和內容

　　團體諮詢的基本目標之一是發展積極的、具有建設性的人際關係，以幫助團體中的成員充分表達和積極探索，透過發現

和有效利用團體中的心理－社會資源來克服面臨的困難，進而
實現自己既有社會意義、又有個人意義的目標。

　　在團體諮詢中發展良好的人際關係，一般須經過兩個步
驟：(1)關係的建立；(2)在一種助長性的團體氣氛中，經由團體
內部積極的人際互動導向積極問題的行動。

　　個人在團體的心理支援下，獲得解決問題的有效策略，付
諸訓練，並逐步應用到實際生活中去。

(二) 團體諮詢的五大要素

　　要實現團體心理諮詢的目標，必須對各種影響團體運作的
因素加以控制和協調，做好以下五個方面的工作是諮詢效果的
有力保證：

◆處理好諮詢人員的領導者角色

　　不管是在個別諮詢還是在團體諮詢中，大量資料表明，有
效的工作情境總是和諮詢員的適應角色的能力成正比。

　　諮詢員的諸多角色中，最主要的是領導者的角色。諮詢團
體中的領導者所領導的是具有某些特殊目標的團體，因此，角
色的內容與一般社會團體的領導者不同。

　　除了領導者角色外，在諮詢過程中，諮詢員還須勝任引導
者、催化者、參與者、觀察者和專家等次角色。作為引導者，
諮詢員須主動決定交互作用的性質和重點；作為催化者，須對
團體過程中發生的情況作出及時的反應；作為參與者，須在活
動或討論時扮演與其他成員一樣的角色；作為觀察者，須冷靜
地置身於團體之外，客觀地分析、評價團體過程中的動力關
係；作為專家，須向團體提供所必需的知識和資訊，協助成員
成長和團體的發展。

◆創造助長性情境

　　團體的人際氣氛是團體助長性的前提。一個助長性團體應該有如下七個特點：(1)信任；(2)接受；(3)尊敬；(4)溫暖；(5)溝通；(6)理解；(7)方向感。

　　信任包括信任別人和被別人信任兩個方面，是一個人感到安全的體驗，它使人願意與別人分享自己的經驗而不擔心被誤解和排斥；接受指不管一個人遇到什麼情況，他都能從別人的接納和對自己的認識中覺得自己還是自己；尊敬指團體中人人都承認並接納他人與自己的不同之處；溫暖是一種無條件的相互關懷；溝通指團體中人與人之間接觸、反應和接受的積極意願和行動；理解則是同理心，即站在對方的立場上看問題的能力。

　　由於團體的社會功能具有兩面性：既有建設性，又有毀滅性，因此，團體的方向性值得諮詢員（領導員）高度重視。諮詢員在成員持有反社會態度的情況下，一方面要鼓勵他的意見表達，另一方面，要透過團體成員在良好的氣氛中認真討論，進行有效的價值澄清，將成員的態度導向親社會的正軌上來。總之，對於成員表露出的反社會態度，諮詢員既不能操之過急，又不能等閒視之。

◆鼓勵自我表露

　　個人需要他人，需要團體，哪怕是一個性格最孤僻內向的人，也有與別人分享認知與情緒經驗的潛在動機。由於對社會禁忌和他人評價的恐懼，個人在一種主觀評價為不安全的情境中，又常常拒絕自我表露。拒絕自我表露是團體諮詢中心理抗拒的主要來源之一。在團體活動中，抗拒自我表露一般有兩種表現方式：緘默和岔開話題。嚴重的時候，抗拒表露可表現為

攻擊性自我防衛，如謾罵和身體攻擊，或者逃離團體。

諮詢員要在團體中努力創造一種安全、接納的人際氣氛，以鼓勵成員自我表露。諮詢員可先指導成員作一些熱身活動，然後引導成員的自我表露從淺層次逐步向深層次發展。循序漸進是必要的，過快的進入深層次自我表露，在大多數情況下不利於團體的發展，諮詢員要注意對這一過程作隨時評價、監控、調整。

◆積極、及時回饋

從團體其他成員那裡得到積極、及時的回饋是團體諮詢中最基本的要素之一。成員之間回饋的不僅僅是溝通的內容本身，更重要的是接受資訊成員的情況，對傳遞者的反應。回饋的目的主要是讓對方及時知道別人對他的看法，以促進成員間的互知、自知和自我探索。

◆運用團體規範或壓力

諮詢團體中親密的人際關係和凝聚力促使成員之間彼此認同。這種認同使成員更加在乎其他成員的意見和看法，並強烈希望得到別人的贊同。為避免遭到其他成員的反對而被排斥出團體之外，個人一方面儘量與團體的共同要求靠攏，儘量實踐對團體的承諾；另一方面，也感受到必須與團體保持一致的心理壓力。正是因為這種壓力的存在，團體對成員的態度和行為具有十分可觀的影響力。

團體諮詢中，要求成員接受責任、作出行為選擇和實踐的時候，要注意運用團體壓力，引導個人以明確的團體規範和「行動契約」等方式自主地接受團體的監督和對新態度、新行為的支援。

同時，諮詢員也應注意團體壓力的負面影響。團體壓力造

成的高度暗示力在使成員感覺順著團體去做就很安全的同時，也容易抹殺個人責任，造成所謂「責任分散」的情況。因此，在運用團體規範和壓力的時候，注意討論個人價值和責任歸屬是有必要的。

（三）團體諮詢的基本過程

團體諮詢從不同的工作目標出發，可以形成不同的模式。不同的團體諮詢模式，其基本過程所包含的具體階段也會各有千秋。

發展型團體諮詢的過程一般包括安全、接受、責任、行動和結束五個階段。不過，這些階段劃分是相對的：(1)實際工作中，階段之間並無嚴格的界限；(2)階段的順序在某些特殊情況下可能有變化，在某些情況下，幾個階段同時發生，在另一些情況下，某個階段可能維持很長，甚至導致停滯；(3)各階段的時間長短受團體領導（諮詢員）個人特點和成員特點的影響，團體諮詢的過程是由團體成員朝向目標的互動促成的，過程中不同的互動狀態既體現著接近最終目標的程度，又體現著互動的性質和特點。

◆安全階段

安全階段是諮詢團體建立的初始階段。在這個階段中，存在於成員和領導者（諮詢員）之間的心理氣氛是試探性的、曖昧的、焦慮的、懷疑的和抗拒的。這種試探一般會以抗拒、退縮或敵對的方式表現出來，形成緊張的氣氛。邦尼指出，抗拒和敵對的對象是領導者，衝突則存在於成員之間。造成這種狀況的原因主要是成員對即將進行的活動的不安全感，以及對領導者領導能力的懷疑。

　　在初始階段所面臨的這種情境下，諮詢員應把團體諮詢的最終目標暫時放在一邊，注意體察成員之間此時此地所感受到的不安全因素，以運用各種可能的策略和技術促成成員之間發生接觸並開放溝通。諮詢員可採用一些「熱身活動」幫助成員逐步消除心理上的防衛。

　　諮詢員在安全階段中應充分表現自己的溫暖、理解，以高度的覺察力、敏感性維持團體中友善、安全的氣氛，積極參與溝通，分享自己此時此地的經驗，自信但不獨裁。

　　一旦成員發展出信任，諮詢員就應及時將團體關注的內容導向真實生活情境，使他們開始把能力用於「表達」（讓別人了解自己的溝通）而不是「印象」（讓人被自己吸引的單向溝通）。

　　在安全階段，信任、非威脅性氣氛的發展應該成為主要工作目標。

◆接受階段

　　接受階段是團體諮詢朝向合作、排除抗拒進發的歷程。

　　在這個階段中，成員繼安全階段的進展，進一步透過接受團體氣氛、過程、領導者和其他成員而感到團體的安全和舒適。儘管他們這時並沒有完全清楚團體的最終目標，但對團體結構和領導的接受會導致整個團體人際關係的展開和凝聚力的形成。

　　接受是團體諮詢過程中的關鍵性因素。在團體中將被改變或影響改變的人，只有在團體中感受到歸屬感的時候，目標才可能達成。團體中成員的歸屬感來自團體凝聚力。歸屬感可以為成員提供一個逃離外在世界的緊張、壓力和威脅的庇護所，是一種有力的心理治療因素。

　　接受的重點應是成員整個的人，而不僅僅是問題的方面。
諮詢員應引導成員在接受別人和自我之前做到對別人和自己的
整體了解，參與類似「我是誰？」、「你是誰？」這樣的活動，
努力促成成員的自我開放。

　　特洛澤認為，接受階段團體的發展應達成如下三項目標：

1.團體凝聚力的形成。

2.讓成員感受到因為自己是一個人而被接受的價值所在，感
　受到團體把人放在目標之前。

3.同輩團體的影響力趨向肯定、而不是否定的狀態。

　　在此階段，諮詢員應以自己的開放態度為成員作出榜樣。

◆責任階段

　　這個階段的特徵是成員從自我接受出發，開始對自我負責
任。

　　成員只有在要求對自我負責、積極採取行動並有所成功的
時候，才會感到自尊和自重。如果成員覺得原因來自外界，與
自己無關，他們就往往會在外界尋求解決辦法，不願為自己負
責任，不願意從自己做起。

　　在前兩個階段，諮詢員工作的重點放在發展信任和接受上
面，強調的是相似性，而在這個階段，重心須導向基於個人獨
特性和責任的個別化和區分化。諮詢員要透過團體溝通，引導
個人由接受自己和別人開始，逐漸學習在團體中為自己負責。
諮詢員可以透過「我為……負責」這樣的活動，引導成員在表
達完自己的感覺以後，說一句「我為自己的……感覺負責」，使
成員學習為自己所表達的敵意或關懷負責，而不須冒任何日常
生活中時時可能存在的風險。當成員學會為自己的感覺負責以

後，再去學習為自己的行為及問題負責，就比較容易了。

這個階段中，諮詢員的主要任務是協助成員了解自我的責任。在諮詢團體中，成員接觸最多、最直接的道德榜樣就是諮詢員，成員只有在與負責任的人相處之後，才能學到責任感，因此，諮詢員作為領導者的榜樣作用就顯得十分重要。

責任階段的基本工作目標有三條：(1)肯定成員的個人價值；(2)確保對一個人為人價值的尊重；(3)透過團體互動，指出增進個人價值和解決問題的必備條件——這些條件包括積極客觀的自我評價、自我統整、尊重、責任感和承諾。

◆行動階段

當信任、接受、責任等方面達成以後，個人生活中有待解決的問題就變得越來越明顯，於是，成員們的注意重心就會轉向「如何做」的問題。

行動階段的基本目標有三個方面：

1. 個人在免除了威脅的情境中，認真、仔細地考慮自己問題的實際解決。
2. 探討有利於問題解決的策略和各方面意見。
3. 讓成員個人在介入外界真實生活情境之前，在諮詢團體這個安全的環境中嘗試新行為和新態度。

諮詢員在這個階段中，可以引導團體透過回饋、澄清、提供資料等途徑幫助個人實現上述三個目標。因此，諮詢員應在這個階段中扮演催化員和專家的角色，催化問題的討論，組織角色扮演、社會劇、心理劇等等溝通活動，對個人的問題解決方案進行真實性考驗，探討如此作法的種種可能性，使個人更加成熟、更加自信、更有能力應對未來真實生活中的困難和問

題。

在這個階段中，成員若能同時扮演幫助者和被幫助者的雙重角色，解決問題的效果將會更好。成員在扮演協助者的角色中可以增強自我價值，同時自己的求助傾向也會得到提高。

◆結束階段

最後一個階段——結束階段是一個以回饋、鼓勵和堅持求得成員持久心理支援感的階段。

由於諮詢團體外部的人際環境中，人們不一定知道或理解成員個人的新變化，仍保持以前的態度，這使成員個人容易遇到真實情境中的適應問題，而回到問題解決前的狀態。因此，團體要繼續發揮促動的作用，支援由團體過去的共同努力所達成個人的改變和統整，直到新的行為逐漸成為個人自然的習慣。

結束的方式多種多樣，一般是成員出席的間隔時間逐漸拉長，最後結束。也有成員間以相互贈言、贈小禮物等等，以紀念諮詢團體經歷並鼓勵未來成長為結束。一般的要求是：結束不要使成員感到太突然。

究竟什麼時候結束諮詢團體，是一件不容易決定的事。有專家認為，團體中大多數成員感覺問題解決的成功機率比失敗機率大的時候，成員行為的內在決定成分比外在決定成分大的時候，成員對團體的依賴相應就越來越小了，這時候，成員們互道「再見、珍重」的時候就來臨了。

7.3　個別職業心理諮詢

7.3.1　個案資料的收集整理

　　事先收集員工的個人資料至少有三個好處：(1)早期發現員工問題；(2)可以避免員工尋求諮詢時方才開始收集個人資料的倉促；(3)更可避免當事人尋求諮詢時方才收集個人資料所引起的不安和被侵犯感。

(一) 個人一般資料

　　個人一般資料通常包括以下內容：

1. 基本情況：姓名、性別、出生年月、家庭住址、家庭聯繫電話等等。
2. 身體發育及體能狀況：病史、身高、體重、視力、聽力、言語、運動機能等等。
3. 家庭資料：家庭成員年齡、教育程度、職業、家庭關係和感情、家庭氣氛、家居環境、經濟狀況、家庭重大事件。
4. 職業狀況資料：就業時間、年資、工作單位、工作崗位、職務、專長、出勤情況、獎懲情況、上下級關係、同事關係、行為習慣、品德等等。
5. 社會關係：職業外交友情況、業餘愛好及業餘活動情況。

　　員工基本情況中的有些情況由員工本人填寫，有些情況由

管理人員填寫，回收後可編號保存，以利日後檢索查閱。

（二）心理測驗資料

心理測驗可以幫助諮詢人員在很短的時間內獲得對員工更多、更全面，比日常觀察更深刻、更準確的了解。在個別諮詢中，心理測驗可以幫助當事人較全面地了解自己，確知自己的潛能，還可以幫助信心不足的當事人提高自信。

除了在前面的有關章節中提到的標準化心理測驗量表以外，爲適應某些特殊需要，心理諮詢人員還可以自編一些問卷，如了解員工價值觀的、人際關係的、自我概念的問卷。如果問卷的目的僅僅是了解員工團體的傾向，可讓員工最後填寫名字或不要求員工填寫名字，只要求他們填上其他基本情況（如性別、工作類別等等）就行了。匿名的調查方式可消除員工的防衛心理，獲得更準確的資訊（特別是某些敏感問題）。

不管使用何種心理測驗，使用者必須接受嚴格的培訓，必須嚴格按照程序和規則進行，防止實施中無關變數的干擾。回饋時須根據測驗的理論和範圍進行科學、全面的解釋，防止因不當解釋造成的消極作用。

心理測驗的資料，特別是智力測驗的資料，必須嚴格控制知曉人員的範圍並嚴格保密。心理測驗的資料應有專人保管，有專門的地點或專櫃存放，以利日後查詢。

7.3.2　個別心理諮詢會談

（一）心理諮詢會談前的準備工作

◆資料準備

　　資料準備的有關問題，我們已經在前面比較詳細地討論過了。在會談過程中是否作記錄的問題，應該求得當事人的同意。

◆場地安排

　　心理諮詢會談是諮詢工作的主要部分。諮詢會談是一種具有特殊性質的會談，因此它在場所的安排上有一些特殊的要求。

　　第一，心理諮詢室的基本條件。心理諮詢室的最基本要求是隔音，光線充足，環境安靜。心理諮詢室的牆壁可刷成白色、淡藍色或淡綠色，掛上一兩幅有關心性修養的格言或心理健康、人格發展圖解等等。

　　室內的基本陳設應有比較舒適的沙發或座椅、寫字台、書櫃。有條件的職業組織還可以爲諮詢室配備單向玻璃觀察室、收錄音機、電腦等現代化資料記錄處理設備。

　　千萬不要忘記在寫字台的抽屜裡放上足夠的衛生紙。你能在當事人哭述後及時遞上一方紙巾，這將在他的心理上產生莫大的支援感。

　　另外，錄音須事先與當事人商量，求得他的同意。

　　第二，心理諮詢中的空間安排。研究人類非言語行爲的心理學專家們發現，人與人在同一空間中位置的安排，往往傳達

著某些特定的人際交往和人際關係資訊。在諮詢會談中,諮詢人員與當事人的座位安排也存在著這樣的效應。諮詢會談中,座位安排一般有三種格局;對面式、平排式和角式。

對面式的好處是諮詢人員在整個會談中隨時都能注意到當事人的面部表情變化,諮詢人員的主動性容易得到發揮,不足之處是容易對當事人產生心理壓力。

平排式表達的是一種平等的、朋友式的關係格局,但會限制諮詢人員與當事人之間的目光接觸,限制諮詢人員對當事人面部表情變化的把握。

角式座位安排比較之下算是最好的一種。諮詢人員與當事人分坐同一直角的兩條邊上,既平等,又有一定距離,稍一轉頭,就能觀察當事人的面部表情變化和繼續目光接觸,不會因長時間直視對方而產生心理壓力。

(二) 個別心理諮詢會談的過程

會談是整個心理諮詢工作的中心環節。一般心理諮詢會談包括以下四個相互聯繫、相互交錯的環節:(1)建立諮詢關係;(2)診斷問題,確定目標;(3)諮詢干預;(4)結束諮詢。下面,我們主要就工作內容和操作要點對這四個環節進行介紹:

◆建立心理諮詢關係

國內外心理諮詢研究資料表明,心理諮詢實施過程一般包含四次左右會談,每次會談大約三十分鐘到一個小時(一般限制在一小時以內)。第一次會談的主要任務就是建立諮詢關係和了解當事人的問題。良好關係本身就具有治療意義和治療效果(如果我們把由諮詢引起的當事人行為變化看作是一種治療的話)。

　　要做好工作，建立起良好的諮詢人員－當事人關係，需要做以下幾件事：

　　第一，積極推銷自己，建立相互信任關係。諮詢人員首先要注意給當事人良好的第一印象：服飾整潔，儀態大方，舉止得體，熱情關切。在簡明的寒暄、詢問當事人的姓名等基本情況以後，對初次尋求諮詢的員工，可適當介紹一點有關心理諮詢的情況。諮詢人員要對自己的工作充滿信心，向當事人介紹自己的時候不要過分謙虛，同時，也不要把當事人的問題說得過於嚴重（諮詢人員正式工作之前可對自己進行一些自信心訓練）。總之，在與當事人的最初接觸中，要充分表現真誠、溫暖，而不要做作。

　　第二，細心聆聽，尊重、接納當事人。「聽」本身就是一種治療。聽也是最好的說服。美國心理諮詢學家帕特認為：「忘記傾聽，便失去了諮詢對象。」諮詢中的聽應是積極的聽——情感真摯、態度積極、潛心投入的聽。要善於聽，聽出弦外之音，聽出潛台詞，聽出隱義；要耐心聽，不判斷，無條件尊重；要主動聽，要有適當的回饋，言語的或非言語的回饋。

　　聆聽的主動性在諮詢會談中十分重要。從諮詢人員回饋中透出的「通情」（或叫「同理心」）可以使接納的氛圍達到令人滿意的程度。諮詢人員對當事人訴說內容的簡短歸納性反應可以加深對問題的澄清，甚至引發「頓悟」。

　　第三，積極思索，明確主要問題。當事人一般不會一開始就把自己最關心、最想解決的問題和盤托出。造成這種情況的原因可能有：(1)當事人所面臨的問題或情況比較複雜，他自己理不出頭緒，也不知從何談起；(2)問題或情況不一定複雜，但可能涉及隱私，難於啟齒；(3)當事人言語表達有障礙。

　　要避免當事人「繞圈子」，可採取小心提問的方法，複述、概括、小結當事人的談話內容，並加上這樣一些中性的問話，如「你的意思是不是這樣的？」等等。當事人在理解的氣氛中，必然要努力說明自己真實意圖，於是，他就會逐步道出實情，或理清自己的思路，把問題表述清楚，或讓諮詢人員弄清他言語障礙的實際情況。在當事人不願口述或口頭表達確有困難的情況下，諮詢人員也可以讓當事人作有關調查表，或讓他採用書面表達的方式，把困擾自己的問題寫出來。

　　根據當事人提供的情況，諮詢人員應一邊繼續交談，一邊思索，分析問題的主要矛盾所在，弄清究竟是什麼問題，究竟該首先解決什麼問題，解決問題的關鍵應在什麼範圍內去搜索。

　　第四，仔細推敲，判斷諮詢的適合性。在基本清楚問題性質的情況下，心理諮詢人員應仔細推敲，大體確定問題的類型，看看它是否屬於心理諮詢的解決範圍。並不是一切問題都能夠用心理諮詢的手段解決。一般說來，凡屬下列情況之一者，心理諮詢可能無效：(1)不與心理諮詢人員配合者；(2)請別人代理，當事人不出面者；(3)智力低下、無法溝通者；(4)精神病或屬於臨床醫學問題者；(5)其他罕見的、帶有明顯身體症狀者。

　　對於不適合心理諮詢的問題，諮詢人員要向當事人說明原因，同時向他提供有關醫療部門的資訊，作好轉介工作。

　　第五，坦誠支援，互訂諮詢契約。在第一次諮詢會談結束之前，諮詢人員在給予當事人充分心理支援並作出問題解決承諾的同時，在基本明確問題的情況下，一般需要與當事人共同達成一個口頭的「君子協定」。「君子協定」一般可包含這些內

容：(1)諮詢的具體目標；(2)後續諮詢的方式；(3)當事人前來諮詢的時間間隔（一般以一週為宜）。危機干預可不受此限，一般一天一次；(4)明確此次諮詢會談回去後當事人應做的練習和應完成的任務；(5)當事人所談問題的保密範圍；(6)以後的諮詢會談是否要其他人在場；(7)下次來的具體時間或聯繫方式等等。諮詢人員必須注意的是，「君子協定」一定要在當事人主動參與的情況下協商制定，嚴格避免強制或命令。

◆診斷問題，確定目標

上面已經談到，第一次諮詢會談的主要任務一是建立諮詢關係；二是了解當事人問題。了解和判定問題的性質就是診斷。診斷是確定諮詢目標和干預方式的基本依據。

第一，望、聞、問、切，全面把握問題。「望」是指諮詢人員對當事人目光、面部表情、姿勢等非言語行為的觀察。諮詢人員對當事人非言語資訊的敏感性在諮詢會談中十分重要。認識當事人的非言語行為不僅能揭示其真實的心態，而且還有利於談話的調整。一些心理學家認為，受意識控制的言語在焦慮狀態中可能透過調整措詞來掩蓋衝突，但不完全受意識控制的非言語行為卻常常「洩漏天機」。非言語行為是諮詢會談中洞察當事人真實內心狀態的鑰匙。

對諮詢人員具有重要意義的非言語行為主要有：面部表情、肢體動作（姿勢、手勢、身體運動等）、聲音特徵、能觀察到的自我生理反應及前述各方面共同構成的總體印象。「眼睛是心靈的窗戶」，在面部表情中最具情緒色彩的是眼睛，其次是嘴角。一些心理諮詢專家認為，人們主要用非言語行為來表達相互接納與重視的程度。其中，面部表情的心理暗示性比言語行為更強。在識別心、口是否一致的時候，肢體動作比面部表

情更有參考價值。一個人要掩蓋自己內心的焦慮和不安，言語可以平靜，面部可以微笑，然而腿的頻頻移換和微微顫動卻告訴別人他的內心衝突。當事人的體魄、服飾、髮型、言談舉止、與諮詢人員主動保持的空間距離等方面構成的綜合印象，也能給諮詢人員提供更多的有用資訊，有利於諮詢人員有效判斷當事人的性格、問題和需求。

「聞」是指諮詢人員對當事人言語的聆聽。諮詢的主要溝通管道是會談。因此，「聽」是諮詢人員的主要活動之一。聽可以幫助我們了解透過直接觀察得不到的情況以及不可能觀察的情況。注意、接受與理解是聆聽的三個基本步驟。保持穩定的目光接觸、前傾姿態的「注意的聽」有助於排除溝通障礙，促進當事人陳述；接受的態度可以避免對當事人陳述進行價值判斷所引起的不安，以致談話中斷；理解可以保證聆聽的準確性，在理解的會談氛圍中，諮詢人員才可能挖掘出當事人談話內容隱藏的感情、動機和需要。

諮詢中的「問」不是盤問，更不是審問或拷問。諮詢中的問話應是友好、關切的詢問，其目的是透過問題引發當事人進一步的自我表露，所問的問題一般具有很強的目的性，旨在探知情況、啟發反思、協助當事人自我了解和成長。所問的問題一般有開放式問題和封閉式問題兩大類：開放式問題指沒有規定回答方向的問題，這類問題多以「什麼」、「怎麼樣」、「為什麼」開頭，能夠收集到比較廣泛的資料；封閉式問題指對回答的方向有所限定的問題，問題中一般包含一種可能的事實或兩種以上可能的選擇，如「你覺得你現在的同學關係比以前好了還是差了？」當事人不須陳述，只須回答「是」或「否」。封閉式問題主要用來澄清事實，可以產生對問題進行分類、縮小

範圍、集中討論、避免偏離的作用，但太多這樣的被動性回答，容易使當事人處於一種「受審」的地位，不利於積極諮詢關係的形成。

從發問的策略上看，有獨立式發問和圍剿式發問兩種情況，前者圍繞一個關鍵問題進行解釋和回答，後者從各個角度、不同側面提出針對一個問題的一連串問題，讓當事人回答。後者澄清問題可能比較快，但容易陷當事人於被動。

「切」就是進行適當的檢查。檢查的方式一般為心理測驗或調查。在診斷中，除了在資料建立階段所介紹的用來作團體測驗的量表和調查表外，最常見的有矢田部—吉爾福特性格測驗、愛德華個人偏好測驗、艾森克人格問卷、主題統覺測驗、症狀自評量表等等。諮詢人員必須透過一定的專業培訓才能使用心理測驗量表。若諮詢人員對量表的解釋出現任何偏差，對當事人的心理影響都會是破壞性的。這是諮詢人員的職業道德所不允許的。

「望、聞、問、切」所涉及的具體技巧，與醫院裡醫生的探病不一樣，諮詢中的探查不僅僅要了解問題、問題的背景，還要透過一定的心理技術建立起積極的諮詢者—當事人關係。

第二，分析綜合，確定問題類型。在充分獲取第一手資料、對當事人的情況有了較全面把握的基礎上，進一步的分析綜合，診斷就有了保障。根據所收集的各種資料，判定問題產生的原因、類型、主要矛盾，就是診斷。諮詢中，診斷的種類有三：動力性診斷、臨床性診斷和病源學診斷。

動力性診斷主要是對造成和影響當事人問題狀況的各種動力性原因進行探究，以弄清當事人不良適應狀態的生理、心理和社會原因。

　　臨床性診斷主要是按照臨床心理學家的症狀分類方法，經過比較、甄別，將當事人的問題納入相應的類別進行考慮，以縮小處理方法的選擇範圍，提高擬選方法的命中率。

　　病源學診斷主要是明瞭問題的形成過程，以便對問題的複雜性和目前的程度有準確的把握，找出問題的癥結所在。

　　在診斷中，要注意透過表面原因認真分析當事人的深層心理原因，注意當事人防衛機制的形成過程。如果不注意這兩點，對問題的判定就可能只停留於表面，此後形成的解決方案也只可能是治標不治本的。

　　將當事人的問題納入相應的類別是臨床診斷的主要工作。心理諮詢中的分類可以參考精神疾病的分類方法。

　　非指導學派是非常反對心理諮詢中運用診斷方法的。他們認為診斷實際上會產生給當事人「貼標籤」的作用，不利於友好、安全的諮詢關係的建立。我們認為，這種看法也是有一定道理的。不過，諮詢會談中的診斷是發生在諮詢人員頭腦中的分析、綜合、判斷過程，或是事後針對疑難問題在諮詢人員內部進行的磋商，只要諮詢人員嚴守職業道德和諮詢規範，注意對無關人員和當事人適當保密，「貼標籤」這類消極暗示就可能在最大程度上得到避免。

　　當然，對心理問題的分類方法也不僅僅是精神疾病臨床診斷方法這一種，心理諮詢中常常使用根據問題現象進行分類的方法。這種方法沒有什麼消極暗示的危險，而且每種類別的界定都比較模糊，內涵也比較鬆散。按照這種分類方法，員工心理問題可分為工作問題、情緒問題、品行問題、人際關係問題、個性問題、性心理問題等等。

　　俗話說，一把鑰匙開一把鎖，諮詢人員只要對問題的原

因、形成過程和類型有了實在的把握，對方法、技術的選擇就有如探囊取物，十拿九穩了。

第三，預測、協商，確立解決目標。在當事人觀念上對問題有所澄清、諮詢人員選定干預方法和技術的情況下，預測效果以增強當事人信心、協商以使當事人積極配合就顯得十分重要了。

預測在諮詢業中可以看成是一種有條件的承諾，「你只要如此這般去作，情況就會好起來，問題就會解決……」（指導學派），「你現在對自己的問題已經十分明確了，解決問題的方向也十分清楚了，只要你再動動腦子，你就一定有辦法把問題解決得圓圓滿滿的……」（非指導學派），這類話語中雙向承諾的內涵往往將會談導向相互支援，達成共同目標。

心理諮詢的具體目標可以分成若干層次，其中最淺層也是最基本的目標就是排除當前的問題，改善當事人的心理適應狀況。怎樣排除、怎樣解決？這在不同的案例中情況很不一樣。然而，一切最具體的目標和方法都必須服從較高層次的目標：改善當事人的認知結構、情感傾向和行為模式，促進當事人積極健康的成長。

◆心理諮詢干預

諮詢干預是整個心理諮詢的核心，是最富挑戰性、技術性和藝術性的實踐環節。諮詢干預的形式主要有個體諮詢和團體諮詢兩種。個體諮詢是諮詢人員與當事人一對一的諮詢形式，優點是會談具有很強的個人性、私下性，一旦建立了友好信任的諮詢者－當事人關係，當事人的心理安全感就比較穩定，一般不會有什麼波動，因為當事人的心理秘密只暴露在唯一一個他所信任的具有心理諮詢素養的人員面前。但是，個體諮詢由

於缺乏同輩人或相同背景的人的經驗分享和平行影響，積極的激情不容易引發出來，而缺乏深刻的情緒體驗又使一些問題不容易解決。

非指導學派認為，進行諮詢干預時，對自信心不足、人際交往障礙、意志行動障礙、恐懼症等問題，採用「交朋友小組」等團體諮詢的形式十分有利於當事人問題的解決。團體諮詢干預的人員可採取同質組和異質組兩種形式編排。小組的活動一般要根據諮詢目標的需要精心設計、仔細安排。在活動中，當事人透過與其他成員的討論、交流、合作，實現充分的表達、溝通與經驗融合，有利於當事人的領悟、價值內化和行為改善。不過，一些心理諮詢專家也針對團體諮詢干預的問題，向使用這種技術的心理諮詢人員提出警告：一些性格特別內向、情感十分脆弱的當事人可能因在團體壓力下當眾暴露自己而事後感受到心理上的傷害。另外，在某些情況下，團體中其他人對某些當事人的情感暴露的評價不一定能控制在有利諮詢目標的範圍內，這些評價不一定會對當事人產生積極的諮詢效果。因此，團體諮詢干預也不是任何情況下都適用，也不是一用就會產生我們所期望的良好效果。其實，心理諮詢中，任何方法和技術都不是一應萬靈的。針對什麼樣的當事人，在什麼情況下採取什麼方法和技術並沒有固定的格式，「諮詢干預，法無定法」。諮詢作為靈活運用各家理論、方法、技術達到協助人成長目的的藝術，臨床實踐經驗有著極其重要的意義和價值。

不管是個體干預還是團體干預，其內容都不外乎以下幾種：(1)協助當事人獲得準確積極的自知，激發當事人的自尊與自信；(2)協助當事人調整認知方式，重建認知結構；(3)協助當事人調整情緒，改善情緒的動力模式；(4)協助當事人採取建設

性的意志行動，獲得健康的行為方式和生活方式；(5)向當事人提供自我心理訓練的技術和方法；(6)協調當事人家庭、職業組織、社會有關方面，幫助當事人調整外部環境。

◆結束諮詢

經過系統的諮詢干預，在當事人的問題基本上解決的情況下，諮詢人員就可以考慮結束諮詢會談。結束應該逐漸進行，以免由於諮詢這種特別的人際關係突然中斷而造成當事人新的心理不適。

結束時另一個必須認真考慮的問題是諮詢效果的鞏固問題，如果不預計到以後可能出現的新問題，提前向當事人交代需要進一步注意的問題和一些必要的自我諮詢技術，當事人問題的復發是完全可能的。

一般可以按下述三個步驟結束諮詢會談：

第一，綜合所有資料，對當事人的問題作出全面的、結論性的解釋。所謂所有資料，主要是指諮詢會談、干預中產生的資料，包括診斷中產生的、可以告訴當事人的情況，干預過程中當事人配合程度的評價以及目前達成諮詢目標的程度、水準的評價等等，不包括個人心理檔案中的、主要供諮詢人員了解當事人問題的那些資料。

所謂解釋（而不是論斷）是指：把上述資料資訊向當事人傳遞的過程應是一種討論而不是下達。解釋應是全面的，即全部與雙方的諮詢目標達成直接有關的方面，而不是所有方面。解釋的結論性主要表現在它的評價性上面。評價要注意充分，但不要絕對。絕對化所產生的疑慮會在最後的關頭影響當事人對諮詢人員的信任。

好的結束常常可以為當事人提供一種新的、積極的心理行

爲經驗，使他爲自己新的成長而振奮，使他更相信自己的力量，更有信心去戰勝未來生活中可能遭遇的種種困難。

第二，鼓勵當事人將諮詢中學會的方法投入運用。透過諮詢人員與當事人之間討論式的小結，諮詢所產生的積極經驗就會深深印入當事人的腦海。這些經驗在諮詢人員的協助下進一步提煉，就可能產生更廣泛的指導意義。比如說，引導當事人將自己的心得提升到世界觀、人生觀、方法論的高度上去認識，他就會在以後的生活中更加樂觀大度，更有能力迎接未來的挑戰。

在諮詢即將結束之際鼓勵當事人將諮詢中學會的方法投入運用是心理諮詢的基本目標之一，是諮詢效果得以鞏固的主要管道之一。

第三，幫助當事人愉快、自然地接受離別。良好的諮詢關係常常導致當事人向諮詢人員的積極移情——把諮詢人員當成是自己的親人。積極的移情有利於諮詢的順利進行，有利於諮詢效果的提高。然而，濃濃的情感又往往是諮詢結束時難以處理的問題。處理不當往往可能傷害當事人的感情，引起當事人的疑慮、傷感，甚至煩惱、憤怒，不僅會破壞業已建立的良好諮詢關係，而且還會因當事人重新失去心理支援感而使諮詢成果毀於一旦。要避免結束諮詢時可能產生的諮詢關係問題，讓當事人愉快、自然地接受離別，諮詢人員可以考慮以下兩點做法：

1.提前預告諮詢結束，使當事人不感到突然，不產生被拋棄感，提前預告可以安排在結束性會談的前一次會談末尾，也可以安排在結束性會談的開頭。提前預告宜與諮詢小結

有機結合起來進行。應告訴當事人你充分相信他已經能夠依靠自己的力量解決自己的問題，你準備給他一段時間讓他自己進一步考驗和鍛鍊自己，告訴他獨立的重要性等等。

2.一次一次縮短會談時間。一次一次縮短會談時間的實際意義是暗示當事人：你的問題已經解決得差不多了，現在是你去進一步實踐和發展成果的時候了。在這種暗示下，最後結束諮詢也顯得比較從容，不大會引起當事人的心理失衡。

總之，諮詢是一種特殊的人際關係，因此，在心理諮詢的全部過程中，妥善處理人際關係是一條貫穿始終的線。人際關係的成功就是心理諮詢的成功。

本章摘要

◆職業心理諮詢屬於諮詢領域中的一種針對職業人群的特殊服務項目。它是一種以語言為主要溝通方式，協助當事人自我了解、澄清問題、尋找問題解決的方法和技巧，並最終達到問題解決、增強心理適應、促進心理健康的助人方式。

◆職業諮詢的類型有：發展型職業心理諮詢、預防型職業心理諮詢與治療型職業心理諮詢。

◆心理諮詢的基本工作方式有：團體諮詢和個別諮詢。

◆發展型團體諮詢有五個階段：安全階段、接受階段、責任階段、行動階段和結束階段。

◆個別心理諮詢的過程包括：建立諮詢關係；診斷問題，確定目標；心理諮詢干預；結束諮詢。

思考與探索

1.試述職業心理諮詢的三種類型。

2.試述團體諮詢的要素。

3.試述如何與被諮詢者建立諮詢關係。

4.試比較團體諮詢和個別諮詢。

參考文獻

丁士昆（1994）。《就業指導教材》。北京：改革出版社。

于卓瑞（1999）。《新就業時代》。北京：改革出版社。

余凱成（1997）。《人力資源開發與管理》。北京：企業出版社。

汪劉生、施蘭芳（1998）。《職業教育學》。上海：立信會計出版社。

周曉虹（1990）。《現代西方社會心理學流派》。南京：南京大學出版社。

周曉虹（1997）。《現代社會心理學》。上海：上海人民出版社。

金一鳴（1991）。《中學的職業指導》。杭州：浙江教育出版社。

俞文釗（1989）。《管理心理學》。蘭州：甘肅人民出版社。

俞文釗（1996）。《職業心理與職業指導》。北京：人民教育出版社。

姚裕群（1997）。《市場經濟下的就業理論與就業促進》。北京，中國勞動出版社。

時蓉華（1989）。《現代社會心理學》。上海：華東師範大學出版社。

國家教委全國高等學校畢業生就業指導中心（1998）。《大學生就業指導》。北京：高等教育出版社。

國家勞動總局培訓局（1981）。《五國職業技術教育》。北京：

中國勞動出版社。

張光泉（1997）。《人、心理、管理》。北京：北京大學出版
社。

張偉遠（1991）。〈西方職業指導的理論與模式〉。《華東師範
大學學報（教育版）》，1991（1）。

張燕逸（1990）。《職業心理學》。延邊：延邊大學出版社。

鄂桂紅（1999）。《現代人事管理技術實用手冊》。北京：中國
人事出版社。

劉重慶、崔景貴（1998）。《職業教育心理學》。上海：立信會
計出版社。

劉遠我（1998）。《現代實用人才測評技術》。北京，經濟科學
出版社。

盧盛忠（1998）。《管理心理學》。杭州：浙江教育出版社。

穆憲（1998）。《現代職業知識諮詢手冊》。北京：人民出版
社。

戴忠恆（1991）。《心理與教育測量》。上海：華東師範大學出
版社。

繆克誠（1990）。《青年職業指導》。上海：華東師範大學出版
社。

〔美〕多蘿西・羅吉斯（1988）。《當代青年心理學》。張進輔
譯。長沙：湖南人民出版社。

〔美〕斯蒂芬・P・羅賓斯（1998）。《組織行為學》。孫建敏
譯。北京：人民出版社。

〔美〕愛德加・薛恩（1987）。《組織心理學》。余凱成譯。北
京：經濟管理出版社。

〔美〕維恩・卡西歐（1992）。《人事心理學》。彭和平譯。北

京：中國人民大學出版社。

〔美〕邁克爾‧比爾（1998）。《管理人力資本》。程化、潘潔夫譯。北京：華夏出版社。

〔英〕魯斯‧霍爾茲沃斯（1988）。《職業諮詢心理學》。李柳平、李伯宏譯。天津：天津大學出版社。

Baron, R. A. et al. (1994). *Social psychology*. Allyn and Bacon.

Brannon, L. & Feist, J. (1992). *Health psychology*. Books/Cole Publishing Company.

Cascio, W. F. (1991). *Applied psychology in personnel management*. Prentice Hall.

Critos, J. O. (1981). *Career counseling models, methods and materials*. New York: McGraw-Hill Book Co.

Drapela, V. J. & Washington, D. C. (1979). *Guidance and counseling around the world*. University Press of America.

Fadiman, J. et al. (1994). *Personality and personal growth*. Harper Collins College Publishers.

Gatewood, R. D. et al. (1994). *Human resource selection*. Harcourt Brace College Publishers.

Hamilton C. et al.(1997). *Communicating for results*. Wadsworth Publishing Company.

Henderson, R. I. (1994). *Compensation management*. Prentice Hall.

Herr, E. L. (1998). *Career guidance and counseling through the life span*. Scott Foresamancom.

Morris, C. G. (1990). *Contemporary psychology and effective behavior*. Harper Collins College Publishers.

Napli, V. et al.(1992). *Adjustment and growth in a changing world*.

West Publishing Company.

Noe, R. A. et al. (1994). *Human resource management: Gaining a competitive advantage*. Authen Press.

Patterson, C. H. (1986). *Theories of counseling and psychology*. Harper Collins College Publishers.

Prosser, C. A. et al. (1978). *Foundations of the vocational rehabilitation process*. University Park Press.

Rathus, S. A. et al. (1992). *Adjustment and growth-The challenge of life*. Harcourt Brace College Publishers.

Stark, R. (1994). *Sociology*. Wadsworth Publishing Company.

Wagner, J. A. et al. (1992). *Management of organizational behavior*. Prentice Hall, Inc.

Weiten, W. (1997). *Psychology themes and variations*. Books/Cole Publishing Company.

Wicher, A. W. (1979). *An introduction of ecological psychology*. Cambridge University Press.

職業心理學

編 著 者／呂建國‧孟慧

出 版 者／揚智文化事業股份有限公司

發 行 人／葉忠賢

總 編 輯／林新倫

執行編輯／晏華璞

美術編輯／周淑惠

登 記 證／局版北市業字第1117號

地　　址／台北市新生南路三段88號5樓之6

電　　話／(02)2366-0309

傳　　眞／(02)2366-0310

E - m a i l ／book3@ycrc.com.tw

網　　址／http://www.ycrc.com.tw

郵撥帳號／14534976

戶　　名／揚智文化事業股份有限公司

印　　刷／鼎易印刷事業股份有限公司

法律顧問／北辰著作權事務所　蕭雄淋律師

初版一刷／2002年10月

定　　價／新台幣400元

Ｉ Ｓ Ｂ Ｎ／957-818-422-0

本書由東北財經大學出版社授權出版發行

國家圖書館出版品預行編目資料

職業心理學 / 呂建國, 孟慧編著. -- 初版. -- 台北
市：揚智文化, 2002[民91]
　　面；　公分. -- （商學叢書）
參考書目：面
ISBN 957-818-422-0（平裝）

1. 職業心理學

542.7014　　　　　　　　　　　　　91012227